性暴力と刑事司法

性暴力と刑事司法

編 集
大阪弁護士会人権擁護委員会
性暴力被害検討プロジェクトチーム

信 山 社

本書の発刊に寄せて

　本書は、大阪弁護士会の性暴力被害検討プロジェクトチームによる編集・発行である。性暴力被害検討プロジェクトチームは、日本における性暴力犯罪の関係法規の見直しと被害者支援の制度の確立等を調査研究することを目的として、2010年4月、大阪弁護士会人権擁護委員会内に発足した。本書は、このプロジェクトチームの4年間の活動をまとめたものである。

　本書は、性暴力に関する刑事司法に焦点を当て、性暴力犯罪に関する刑法の規定や刑事司法の運用、刑事裁判における問題点を具体的に明らかにしようとしている。そして、性暴力分野における刑事司法の改革が極めて重要な課題であることを訴えている。

　わが国の改革の方向性を検討する際には、諸外国での先進例や経験が参考になる。本書では、アメリカ、フランス、ドイツ、イギリス、韓国における性刑法の改革の経過と到達点が、第一線の研究者の皆さんの協力により紹介されている。

　本書は、大阪弁護士会のプロジェクトチームのメンバーおよび、その趣旨に賛同した熱心な研究者らの協同作業により成り立っている。

　性刑法の分野は、刑事司法に関する教育や研究のなかで、これまであまり注目されることのなかった分野である。また、我々実務家の間でも認識が不十分であり、司法における二次被害も後を絶たない状況にある。

　このような現状のもとで、性暴力に関する刑事司法に焦点を当てた本書が発刊される意義は極めて大きい。本書がきっかけとなり、性刑法、性暴力に関する議論が大いになされ、基本的人権の保障や両性の平等を規定した日本国憲法の理念に沿う、性刑法の改革がなされることを期待する。

2014年2月

大阪弁護士会会長
福　原　哲　晃

目　次

本書の発刊に寄せて〔福原哲晃〕

序　章 ……………………………………………〔雪田樹理〕…3

第1部　わが国の性暴力犯罪と刑事司法の問題状況 ──────9

第1章　わが国の性刑法規定の問題点 ………〔斉藤豊治〕…11

第2章　性刑法の運用上の諸問題……………〔雪田樹理〕…22

第2部　無罪判例の批判的検討 ────────────33

第3章　2つの最高裁判例
【1】強制わいせつ無罪判決
　　　（最高裁平成21年4月14日決定）………〔宮地光子〕…35
【2】強姦無罪（最高裁平成23年7月25日判決）……〔島尾恵理〕…50

第4章　最近の下級審の裁判例
【3】強制わいせつ無罪
　　　（奈良地裁平成21年4月30日判決）………〔太平信恵〕…60
【4】強姦無罪（大阪地裁平成20年6月27日判決）…〔野澤佳弘〕…69
【5】集団強姦──1審無罪から控訴審有罪になった事例
　　　（大阪地裁平成23年12月21日判決、
　　　大阪高裁平成25年2月26日判決）………〔髙坂明奈〕…78
【6】強制わいせつ無罪
　　　（福岡地裁平成23年7月12日判決）………〔養父知美〕…89

目　次

第3部　性暴力に関する法の運用と課題
　　　──研究者の立場から──────────────99

　　第5章　最高裁判所の無罪判例の分析と問題提起
　　　　　──なぜ性犯罪無罪判決を歓迎できないのか……〔後藤弘子〕…*101*

　　第6章　裁判所の「経験則」は正しいか？
　　　　　──誤判を防ぐために ………………………〔井上摩耶子〕…*119*

　　第7章　法医学者からみた性暴力対応の現状………〔髙瀬　泉〕…*132*

　　第8章　性犯罪の裁判員裁判の現状と課題
　　　　　──「市民の目線」は何を変えるのか…………〔平山真理〕…*145*

第4部　諸外国における性刑法の改革──────────────*157*

　　第9章　アメリカにおける性刑法の改革…………〔斉藤豊治〕…*159*

　　第10章　フランスにおける性刑法の改革…………〔島岡まな〕…*178*

　　第11章　ドイツにおける性刑法の改革……………〔高山佳奈子〕…*196*

　　第12章　イギリスにおける性刑法の改革…………〔川本哲郎〕…*212*

　　第13章　韓国における性刑法の改革………………〔崔　鐘植〕…*227*

　　第14章　まとめ──諸外国の性刑法改革…………〔斉藤豊治〕…*254*

　　終　章　改革の提言……………………〔雪田樹理・斉藤豊治〕…*262*

　あとがき ……………………………………………………〔雪田樹理〕…*273*

性暴力と刑事司法

序　章

雪　田　樹　理

性刑法と「ジェンダー主流化」

　わが国でも男女共同参画社会の実現に向けて、さまざまな取り組みが蓄積されており、そのなかで「ジェンダー主流化」が主張されている。その重要な契機となったのは、1995年に北京で開催された世界女性会議である。ジェンダー主流化は、男女平等という究極目標を達成するための根本的な戦略、パラダイム転換として位置づけることができる。すなわち、ジェンダーの視点が国家のすべての政策のなかで統合されることを通じて、新たな見直しと再定立が可能となる。「主流化」という表現の中には、男女の平等という視点が付け足しの位置にとどまるのではなく、すべての分野、段階、政策において性平等の観点が統合されて、それが主流となっていくべきだという意味が込められている。

　このジェンダーの視点からは、刑事法の分野でも、既存の制度や学問においてさまざまな性差別が伏在していることが指摘されるようになった。日本でも、ジェンダーの視点の広がりや深化とあいまって、DV、ストーカー、性暴力、児童買春、性表現の規制、セクシュアル・ハラスメントなどに関して、一連の立法が行われるようになった。

　このような成果にもかかわらず、刑事法制度の構築と運用および刑事法学の教育と研究において、ジェンダー主流化が実現されているのか、といえばそうではない。性刑法の改正は、重罰化の一つの柱にとどまり、性平等の視点からの性刑法の見直しと抜本改正は棚上げされて、男女差別を内在したままである。刑事手続における被害者の保護と手続参加が認められるようになったものの、女性に固有な課題はなお、山積している。刑事司法の運用においても、男性中心主義の観念が強固に存在し、近時の最高裁判例ではジェンダー・バイアスに浸食された意識を伴った、性犯罪に関する「経験則」が援用されている。刑法

序　章

学の状況をみても、性刑法に関する研究は活発とは言えず、これを抜本的に見直そうという人々は、依然として数少ない。こうした状況は、性刑法という領域においても、状況は「ジェンダー主流化」とはほど遠いといわざるを得ない。

　そうした状況を変えていくために、本書は、日本における性刑法の改革に向け、その議論の一助となる素材を提供することを目的としている。本書は大阪弁護士会・人権擁護委員会性暴力被害検討プロジェクトチーム（以下、当プロジェクトチーム）のシンポジウムをきっかけとして生まれたものである。従来ならば、プロジェクトチームの活動の成果は、多くの場合「報告書」の作成で終わるところであったが、あえて書物の出版という形をとった。言うまでもなく、この問題を広く社会に知ってもらい、性刑法改正の必要性を喚起するためであり、ひいては、ジェンダー主流化をこの分野で推し進めることを意図しているからである。

| 女性に対する性暴力問題の克服 |

　ここ数年、性暴力の被害当事者や支援者・研究者などを中心に、「性暴力禁止法を作ろうネットワーク」をはじめとして、性暴力に関する市民運動が展開されている。それらは、日本の性犯罪に関する立法が不十分であることを指摘している。また、2009年、2011年に最高裁による性犯罪無罪判決が相次いでいるが、こうした最近の裁判所の対応や判断に対する批判が巻き起こっており、性暴力と刑事司法をめぐる議論が活発になされるようになっている。

　内閣府においても、平成24年7月、男女共同参画会議の女性に対する暴力に関する専門調査会が「『女性に対する暴力』を根絶するための課題と対策──性犯罪への対策の推進──」を取りまとめている。そこでは、性犯罪への厳正な対処として、強姦罪の規定の見直しや非親告罪化、性交同意年齢の引き上げ、証拠の採取と保全などについて、議論がなされている。また、性犯罪被害者に対するワンストップ支援センターの設置の促進等についても提言がなされている。

　国際的には、国連事務総長が2008年に「団結しよう、女性に対する暴力を終わらせるために」（UNiTE To End Violence Against Women）と呼ばれるキャンペーンを開始し、2009年に国連事務総長のもとにある経済社会局

序　　章

(Department of Economic and Social Affairs) 女性の地位向上部（現 UN Women）が、『女性に対する暴力に関する立法ハンドブック』を刊行し、各国に 2015 年までの立法の整備を呼びかけている。日本政府は、すでに 2008 年に国連の自由権規約委員会から、2009 年には女性差別撤廃委員会から、性暴力を含む女性に対する暴力に関する立法等の見直しに対する勧告を受けており、この分野での改革は喫緊の課題となっている。

　他方、大阪で、2010 年 4 月、全国初の性暴力被害者のためのワンストップ支援センターとして、「性暴力救援センター・大阪」(Sexual Assault Crisis Healing Intervention Center Osaka、略称 SACHICO) が、民間の阪南中央病院内でスタートし、それ以後、各地で性暴力救援センターやネットワークを作る動きが広まっている。性暴力救援センター・大阪には、3 年間で 1 万件を超える電話相談が寄せられ、レイプ・強制わいせつ・性虐待等での初診者は 557 人にも及んでいる。しかし、警察に行けない被害者が過半数を占め、また、刑法上の性犯罪には該当しないとされる性暴力が多いうえに、告訴をしても不起訴となったり、起訴がなされても無罪判決が出されるなどしている。性暴力被害をめぐる取組みが広まるにつれて、刑事司法手続の中で、これまで性暴力被害がないがしろにされてきた実態も浮き彫りになってきている。

　本書では、日本の性刑法の規定のどこに問題があるのか、また、捜査や裁判など運用上の問題はどこにあるのかを明らかにし、さらに、諸外国の法制度に関する先進例を紹介することにより、今後の日本の性犯罪に関する刑事司法のあるべき姿を展望する。

本書の構成

　第 1 部は「日本法の立法および運用上の諸問題」である。まず、第 1 章で、わが国の性刑法規定の問題点を明らかにしている。明治 40 年に制定された日本における性刑法の規定は、男系世襲制・家父長制の思想に基づくものであり、個人の尊厳、男女平等を基本とする日本国憲法とは相いれないものであること、したがって、性中立性（ジェンダー・ニュートラル）の観点から、見直しの時機が到来していることを指摘し、刑法の強姦罪や強制わいせつ罪の規定の問題点を具体的に論述している。

序　章

　第2章では、日本における法の運用上の諸問題について、まず、法の運用実態として、性暴力が処罰されにくいことを明らかにする。当プロジェクトチームが継続的に取り組んだ無罪判決に関する分析の成果を踏まえて、浮かび上がってきた問題点を総論的に述べている。

　第2部「無罪判例の批判的検討」では、最高裁無罪判決（2009年・2011年）を含む最近の6つの無罪判決を検討している。第3章では、二つの最高裁での無罪判決が検討されており、問題点が指摘されている。第4章では、下級審の4つの判例が取り上げられている。そこでは、強姦罪の暴行・脅迫の要件に関する判例・学説の問題点の指摘や、裁判において「強姦神話」に影響された事実認定がなされたり、「強姦神話」が「経験則」として用いられているなどの問題があること、女性の被害者の供述に関して、信用性判断でことさらに厳しい基準が求められていることなど、最近の刑事裁判の傾向やその問題点について指摘している。

　第3部「性暴力に関する法の運用と課題――研究者の立場から」では、後藤弘子さんの講演録（第5章）と井上摩耶子さんの講演録（第6章）が、第7章では髙瀬泉さん、第8章では平山真理さんの研究報告が収録されている。

　当プロジェクトチームは、2012年9月29日に大阪弁護士会館においてシンポジウム「性犯罪の無罪判決を検証する」を開催した。後藤弘子（千葉大学法科大学院教授）さんと井上摩耶子（ウィメンズカウンセリング京都のフェミニスト・カウンセラー）さんが講演をしている。第3部では、さらに、二本の論稿が収録されているが、いずれも当プロジェクトチームで報告をしていただいたゲストの髙瀬泉（山口大学大学院医学系研究科准教授）さんと平山真理（白鷗大学法学部准教授）さんの報告を収録している

　第4部は「諸外国の性刑法改革」である。ここでは、アメリカ（第9章）、ドイツ（第10章）、フランス（第11章）、イギリス（第12章）、韓国（第13章）について、研究者の方々に執筆をお願いしている。各執筆者は対象国の法律事情に詳しい専門家である。執筆者には、主として実体刑法における性犯罪規定の改正の経緯、背景と到達点を中心に叙述していただき、余裕があれば、証拠法や親告罪の存廃など手続法の改革にも言及していただいている。諸外国における被害者のケアや犯罪者処遇に関しては、すでに研究、調査もある程度蓄

　　　　　　　　　　序　　章

積されているので、原則として触れないということで、執筆をお願いしている。執筆者には、それぞれの国の動向を骨太に提示するとともに、日本法への示唆についても執筆していただいた。

　終章は、本書の全体のまとめであり、諸外国の法制度の改革や国連の「女性に対する暴力に関する立法ハンドブック」に示された国際水準に言及したうえで、日本における法の運用の改善と立法の改革に向け、方向を提示する。

第 1 部
わが国の性暴力犯罪と刑事司法の問題状況

第1部は、わが国の性暴力犯罪と刑事司法に関して、基本的な問題点を指摘し、改革の必要性を提起している。

　第1章では、まず日本の刑法における性犯罪に関する規定（性刑法）を紹介している。日本の刑法では強姦罪が強制わいせつ罪とは区別される特別な位置づけがなされている。そのような特別な位置づけは、男系世襲制・家父長制に根ざし、女性は「子どもを生む道具」という考え方を前提にしており、性差別的な性格を有する。女性は、夫以外の者に対して貞操義務が課せられ、抵抗が義務づけられる。強姦の被害者は、貞操義務を尽くさなかったものとして、非難される。性暴力、とりわけ強姦罪では強い暴行・脅迫がなければ犯罪は成立しない。このことは、かなりの程度の暴行・脅迫をともなう性的加害をしても、犯罪とは認定されないことを意味する。他方、妻は夫に対して性交応諾義務があるとされて、妻に対しては強姦罪が否定される。

　第2章では、性刑法の運用上の問題点が指摘されている。法の運用実態として、多くの性暴力が捜査、訴追、処罰を免れている。これは、被害者が非難されるという性犯罪被害の特質と密接不可分である。こうした傾向は、最高裁の近年の相次ぐ無罪判決によって、いっそうひどくなっている。最高裁は、不同意であれば強く抵抗をしたはずだという「経験則」を振りかざして、強姦罪や強制わいせつ罪の成立を否定した。それは、性犯罪被害者の心理に関する現代的な知見にまったく反する。「いやよ、いやよも好きのうち」といった「強姦神話」、ジェンダー・バイアスに支配されている。そうしたバイアスの克服には、裁判官の研修が重要である。性犯罪の捜査の過程でも多くの課題が残されている。

第1章　わが国の性刑法規定の問題点

斉藤豊治

日本の性刑法の規定

　性に関連する犯罪は、刑法と刑法以外の法令に分かれて規定されている。基本となるのは、刑法22章「わいせつ、姦淫および重婚の罪」に規定する犯罪の各類型である。第22章の犯罪は、性に関する個人の利益（個人的法益）よりもむしろ社会の利益（社会的法益）を保護しようとしている。本書で「性刑法」という場合、強制わいせつ罪（176条）、強姦罪（177条）を中心とした性暴力犯罪を言い表すものとして用いている。性に対する攻撃であり、性的自由や性的自己決定を侵害する犯罪である。刑法の公然わいせつ罪（174条）およびわいせつ物頒布罪（175条）は除いている。

　刑法は明治40年に制定されているが、当時の立法者は、性的秩序という社会の利益を保護するという目的で、刑法22章の一連の規定を置いていた。このことは、第22章の前後の章立てから明らかとなる。明治末期には、明治憲法を基盤として、個人の利益よりも国家・社会の利益を重視するという考え方（国家主義）が優勢であったが、このような思想が刑法の性犯罪規定にも反映している。

　第2次大戦後、個人の尊厳、男女の基本的平等を重視する日本国憲法が制定され、個人主義の思想の影響の下に性犯罪規定の理解にも重要な変化が生じた。封建的な「いえ」制度が廃止されて姦通罪が削除され、強制わいせつ罪（176条）や強姦罪（177条）に関しては、個人的法益である性的自由を保護するものであるという理解が広まった。これによれば、公然わいせつ罪（174条）およびわいせつ物頒布罪（175条）は性的秩序という社会的法益に対する罪であるが、強制わいせつ罪および強姦罪は、個人的法益に対する罪とされ、22章は二分されるという理解が支配的となった。

　しかし、強制わいせつ罪および強姦罪を個人的法益に対する罪として再構成

第1部　わが国の性暴力犯罪と刑事司法の問題状況

したことで、問題が解決したわけではない。強制わいせつ罪および強姦罪に関しては、数多くの問題点が未解決のままに放置されてきている。それらの問題点の多くは、男性中心主義の社会的意識に内在するジェンダー・バイアスと密接に関連する。ジェンダー・バイアスに基づく性犯罪の立法や法の運用に対しては、欧米諸国で強い批判を受けて、抜本的な改革が進められており、韓国などアジア諸国でも改革が進んでいる。

> 刑法はどのような行為を性犯罪として処罰しているか

どのようなタイプの性的行為が日本の刑法で処罰されるか。強制わいせつ罪は、13歳以上の男女に対して、暴行または脅迫を用いてわいせつな行為をすることであり、刑罰は6月以上10年以下の懲役である。13歳未満に対する強制わいせつは、暴行・脅迫を伴わないものであっても、強制わいせつ罪が成立する。すなわち、この年齢の低い者に対するわいせつ罪は、その者が同意をしている場合でも、犯罪となる。強制わいせつ罪は、男女を問わず被害者となるし、行為者も男女を問わない。

　これに対して、強姦罪は、暴行または脅迫を用いて13歳以上の女子を姦淫する行為である。相手が13歳未満の場合は、暴行または脅迫を用いなくても、姦淫だけで強姦罪となる。姦淫とは性交を意味し、男性性器が女性性器に挿入されることで、犯罪は既遂となる。したがって、強姦罪の被害者は女性に限られ、行為者（加害者）は、男性である。もっとも、女性が協力する場合には、その女性は共犯者として処罰される。強姦罪の刑罰は、3年以上の有期懲役である。有期懲役刑の上限は20年である。

　強制わいせつ罪および強姦罪には、暴行・脅迫だけではなく、行為者が相手に酒を飲ませたりして心神喪失や抵抗不能の状態にさせたり、あるいは相手が心神喪失または抵抗不能の状態にあることを察知して、これに乗じてわいせつ行為をしたり、姦淫したりする行為を準強制わいせつ罪（178条1項）、準強姦罪（178条2項）としており、強制わいせつ罪および強姦罪と同じ重さの刑を規定している。強姦罪に関しては、近年有名私立大学の学生たちによる悪質な事件が摘発されたことをきっかけに、集団強姦罪の規定（178条の2）が新たに設けられ、刑罰は4年以上の有期懲役に引き上げられている。

第1章　わが国の性刑法規定の問題点

　以上の犯罪に関しては、未遂も処罰の対象となる。
　強制わいせつ罪も強姦罪も、基本的には親告罪とされており、告訴がなければ起訴できない（180条）。もっとも、集団強姦罪や集団で行われた強制わいせつ罪に関しては、親告罪ではないとされている。
　強制わいせつによって被害者が死傷した場合は無期懲役または3年以上の有期懲役であり、強姦によって被害者が死傷した場合は、無期懲役または懲役4年以上であり、集団強姦による死傷の場合は、無期懲役または懲役5年以上である。
　一見したところでは、刑法の強制わいせつ罪や強姦罪の規定は条文の数が多いように思われるかもしれない。しかし、諸外国の法制度と比べると、条文の数は少なく、用いられている用語も広い意味を持っている。すなわち、包括的で抽象的な文言が使われている。

強姦罪の特別扱い

　日本の刑法では、強姦罪は、強制わいせつ罪などと区別して、特別に重い類型とされている。
　強姦罪の特別扱いを正当化するため、次のような根拠が示されている。「強姦は、被害女性への射精と妊娠の危険があるため、強姦罪を特別扱いし、それによって女性を保護している」。また、「男性が肛門性交の強制で被害を受ける事例が存在することは事実であろうが、その被害の深刻さは、人々の共通の認識とはなっていない。今後、それが人々の間で共通の認識となった時点で、法制度の根本的見直しを図ればよい」。
　強姦罪の特別扱いは、欧米諸国でもかつては当然のことと見なされていた。アメリカでは、強姦を重罪とする反面、多くの州で強制わいせつ罪の規定自体が存在せず、暴行罪、傷害罪ないし脅迫罪に含まれていた。しかし、この30年の間に、伝統的な扱いは、強く批判されて改革が進められた結果、姿を消しつつある。わが国ではこのような特別扱いが存続している。

男系世襲制・家父長制と強姦罪

　欧米諸国の改革で出発点となったのは、強姦罪の特別扱いが男性中心の世襲制ないし家父長制に基づくものであるという点である。強姦罪は、女性の保護を重視するというよりも、むしろ男性中心主義のイデオロギーに基づいて、特別視されてき

第 1 部　わが国の性暴力犯罪と刑事司法の問題状況

た。男系世襲制、家父長制の下で、女は子どもを産み、家のために子孫を増やすための道具と見なされていた。英米法では、長い間、妻は「夫の所有物」とされ、強姦は所有物を侵害する犯罪として、財産犯に近いとされてきた。娘もまた父親の所有物であり、将来娘の結婚相手に譲り渡すものとされ、これを「傷もの」とすることはやはり財産罪に匹敵するものとされてきた。

　日本では、夫や父親の所有物であるというような露骨な表現がおこなわれてきたわけではないが、実情はさほど変わりがない。かつて厚生労働大臣が女性は「子どもを産む機械」であると発言し、物議をかもした。

　このような発想からすれば、妻に対する夫以外のものによる強姦は、夫以外の男性の血統の子どもが作られる危険があり、男系世襲制、家父長制に対する根本的な敵対とされる。他方で妻に対する強姦はあり得ないことになる。

　歴史的に見ると強姦罪に対する刑罰は、大変重い。英米法では、死刑または終身刑が科された。大陸法でも刑罰は重い。

廃止された姦通罪と同じ根っこ

　強姦罪は、姦通罪と基盤を同じくする。前近代社会までさかのぼれば、支配階級では、君主・大名や貴族・武士階級は子孫を増やして、血統を維持していくために、側室制度が存在した。妻も側室も、子どもを産むための道具に他ならなかった。明治以降の近代化のなかで、制度として側室制度はほぼ消滅したが、男系中心の世襲制、家父長制は家族法の「いえ」制度のなかで、強固に築かれていた。「いえ」のなかで妻は無能力であり、家長は夫がなるものとされた。

　このような仕組みの中で、日本の刑法でも姦通罪が存在した。日本の姦通罪は、妻が夫以外の者と性交することによって成立するとされた。妻は罰せられるが、夫が妻以外の女性と性交渉をすることは、処罰を免れた。妻が夫以外の者と性交することは、夫の血統ではない子どもができる可能性がある行為であり、強い非難が加えられ、犯罪とされた。その反面、夫が妻以外の女性と性交することは、罪に問われなかった。夫が妻以外の女性と関係を持ち、子どもができることは、刑法では問題視されなかった。その子どもは夫の血統を引くからである。このような姦通罪の基盤もまた、女性は子どもを産む道具であるという思想にあった。

第1章　わが国の性刑法規定の問題点

　姦通罪は、いわゆる親告罪であり、夫の告訴がない限り起訴はできないとされていた。昭和期に入り、大陸と太平洋での戦争が拡大し、夫が出征中に妻がほかの男と性的関係を持つことが、戦時動員体制のもとで、問題とされた。戦地の夫としてみれば、後方が気になって、戦闘に身が入らなくおそれがあると考えられた。そのうえ、夫が戦地にいるため、姦通罪で告訴することも事実上困難であった。この問題に対処するために、考え出されたのが、住居侵入罪による間男の処罰である。住居侵入罪は、親告罪でないから、夫が告訴していないケースでも立件できる。また、夫は家長であり、妻が無能力者であるから、住居への立ち入りは夫だけが同意をすることができるとされ、妻が相手の男に招き入れたとしても、住居侵入罪が成立するとされた。

　姦通罪における男女の差別は、男女の本質的平等を求める日本国憲法のもとで、廃止された。男系世襲制、家父長制の現れであった姦通罪が廃止されたのは、当然のことである。法改正にあたり、妻も夫も犯罪となるという形で改正すべきであるとの主張もあったが、退けられた。

　姦通罪は廃止されたが、強姦罪の見直しは今日まで行われてきていない。強姦罪が強制わいせつ罪とは区別される特別な犯罪類型である。その根底には、男系世襲制、家父長制が存在する。

　欧米諸国では、この40年間、性刑法のなかで、強姦罪を特別扱いせず、性中立性（ジェンダー・ニュートラル）を大前提として、性刑法を見直すことが行われてきており、その流れは韓国にも及んでいる。その結果、性刑法は、性的侵入罪と性的接触罪に大別されるようになっている。性的侵入の対象は、女性の性器だけではなく、肛門や口腔——男女を問わない——も含む。性的侵入の方法も、男性性器だけではなく、器具を用いる場合も含まれる。日本の性刑法も性中立性の観点から見直すべき時機が到来している。

妻に対する強姦罪

　欧米諸国でも、日本でも、長い間妻に対しては強姦罪が成立しないとされていた。欧米では、法律の文言でも、確立された判例法でも、「妻以外の」女性に対してのみ強姦罪が成立することが明示されてきた。この点、日本の刑法は、「女子」とだけ規定しているのであり、妻を除いてはいない。しかし、日本でも長

第1部　わが国の性暴力犯罪と刑事司法の問題状況

い間、妻は婚姻した以上、夫の性交の要求に応じる義務（性交応諾義務）が生じており、妻に対しては、強姦罪は成立しないという考え方が有力であった。すなわち、解釈・運用では法文よりも狭い「限定解釈」をしていた。

　その後、判例では、婚姻関係が事実上破綻してしまっている場合や、夫がほかの男と共同して姦淫をした場合などでは、強姦罪が成立するとされるようになった。しかし、婚姻関係が破綻しているとまでは言えない状況にある夫婦関係については、強姦罪は成立しないと一般に考えられている。

　夫への性交応諾義務は、妻の貞操維持の義務と表裏一体のものとして考えられてきている。妻に対する強姦罪を広く認めると、「妻との性交にあたり、その都度、同意書を作成して、同意を得る必要があるのか。冗談じゃない」といった男性の側の意見を聞くことがある。しかし、性交の同意は、要式行為ではないし、通常の夫婦関係では、刑事事件になることは、実際上は考えにくい。しかし、妻が強く拒否し、さらには抵抗しているのもかかわらず、性交を強制する行為が反復継続して行われる場合には性的虐待であり、DV（ドメスティック・バイオレンス）の一種である。

　近年DVが社会問題となるにともない、夫の妻に対する深刻な性的虐待の実態が明らかとなり、人々の意識も変わりつつある。国によっては、配偶者による性的虐待として強姦が行われた場合、一般の強姦よりもむしろ重く処罰しているところもある。日本では、英米法などのかつてのルールとは異なり、などとことなり、法律が強姦罪の成立を「妻以外の」女性に限っていないから、妻に対する強姦罪の成立を認めることは、現行法の下でも不可能ではない。しかし、妻の性的自己決定を重視し、性的虐待が犯罪であることを明確にするため、配偶者間の強姦罪に関して特別の類型を法律で定めることが検討に値する。

　夫に対する妻の性交応諾義務を認め、他方で貞操維持義務を強調することは、妻の性的自己決定を軽視するものと言える。それは、ジェンダー・バイアスに根ざすものと言える。

| 女性の抵抗は強姦罪の成立に必要か | 男系世襲制、家父長制のもとで、強姦罪は一般に重い刑罰が規定されていた。女性の貞操維持義務が強調された。それは、夫に対する関係で妻に課される義務で |

第1章　わが国の性刑法規定の問題点

ある。その結果、夫以外の男性からの性交要求に対しては、最大限の抵抗ないし真剣な抵抗を行う義務が発生する。英米法の国々では、強姦罪が成立するには、女性が最大限の（あるいは、真剣な）抵抗をしたにもかかわらず、これを屈服させるような強度の暴行・脅迫が行われて、性交を強要されたことが、必要とされてきた。殺人や傷害罪、暴行罪など、ほかの犯罪に関しては、このような抵抗が犯罪の成立を左右することはない。なぜ、強姦罪に関してのみ、そのような特別なことが要求されたのであろうか。日本でも、「暴行、脅迫に容易に屈するような貞操は保護に値しない」という意見を有する論者もいる。このような見解も、英米法の伝統的な考え方と共通の基盤に立っている。

　貞操義務の強調は、一転して、実際に強姦の被害を受けた者に対する非難を呼び起こす。「本気になって抵抗すれば、強姦は防げるはずだ」というのは「強姦神話」である。この強姦神話では、被害を受けたのは、真剣に抵抗しなかったからだということになり、被害者が社会的に非難され、辱められる。

強姦罪・強制わいせつ罪の暴行・脅迫とはなにか

日本の刑法の規定が包括的で抽象的ある。そのことは、暴行・脅迫といった行為の手段・方法についても見られる特徴である。刑法は、強制わいせつ罪および強姦罪のそれぞれについて、暴行・脅迫が基本的な手段・方法とされている。暴行も脅迫も大変広い意味をもつ言葉である。暴行、脅迫は、強制わいせつ罪、強姦罪のほか、刑法の規定する相当数の犯罪類型で用いられている。

　暴行という文言は、強制わいせつ罪や強姦罪だけではなく、暴行罪、強要罪、強盗罪、公務執行妨害罪、騒乱罪などにも採用されている。一般に暴行は、不法な有形力（物理的な力）の行使を意味する。しかし、「暴行」の対象と程度は、それぞれの犯罪類型ごとに異なって解釈されている。暴行、すなわち「有形力の行使」は、軽いものからきわめて重いものまである。強制わいせつ罪に関しては、暴行、脅迫の程度は相手方の抵抗を著しく困難にする強度のものであることは必ずしも必要ではないとされている。短時間に隙を突いて、性器や乳房等に触ったり、口づけをする行為も強制わいせつ罪に当たる。事の性質上、強制わいせつ罪では、強度の暴行、脅迫でなくてもよいとされているのである。

第 1 部　わが国の性暴力犯罪と刑事司法の問題状況

　これに対して、判例・通説は強姦罪の暴行は、強盗罪の暴行に近い強度のものが必要であるとしている。強盗罪は、相手方の抵抗を抑圧し、不可能にする程度のものが求められる。強姦罪は、それよりは若干軽く、「相手方の反抗を著しく困難にする」程度のものが必要とされている。典型的には、抵抗する被害者に対して殴りつけて、反対できないようにして、わいせつ行為や姦淫をする場合がある。

　脅迫は、一般に「害悪の告知」と定義されている。脅迫も、脅迫罪、強要罪、恐喝罪、騒乱罪などで用いられている。暴行と同様に、脅迫の対象と程度は、それぞれの犯罪類型に応じて、異なって解釈されている。強姦罪の脅迫は、相手方の犯行を著しく困難にする程度のものと解されている。典型的な場合は、「言うことを聞かないと刺すぞ」と言ってナイフを突きつけ、抵抗できない状態にして、性交をした場合などである。

　暴行も脅迫も、対象の広がりや程度が問題となるが、刑法はとくに限定をしていない。しかし、判例・通説は、暴行・脅迫の程度を引き上げることで、強姦罪の処罰範囲を限定してきている。しかし、この点が実は問題となる。

> 強姦罪における暴行・脅迫の程度

強姦罪に関しては判例や学説の多くは、「相手方の抵抗を著しく困難にする程度」の強度の暴行が必要であるとされている。脅迫に関してもこれと同様に強い程度の脅迫を要求している。被害者が性交を拒んでいても、加えられた暴行、脅迫の程度が抵抗を著しく困難にするようなものでなければ、強姦罪は成立しないとされる。

　第一の説明は、性交──刑法ではこれを「姦淫」という──はそれ自体が女性に対する物理的な力の行使を含んでいるから、暴行について、検討してみよう。

　低いレベルの暴行で足りるとすれば、すべての不同意性交に関して、強姦罪が成立してしまい、妥当ではないという見解がある。すなわち、強姦は、強制的に男性の性器を女性の性器に挿入することであるから、事の性質上、相応の強度の有形力が要求されるというのである。このような説明は、妥当であろうか。真意に基づく同意に基づく性交において通常生じる有形力の行使は、本来違法なものではなく、顧慮に値しない。これらの有形力の行使を差し引いた有

第1章　わが国の性刑法規定の問題点

形力の行使は、「相手方の抵抗を著しく困難にする程度」といった強い暴行とは一致しない。

　また、脅迫に関しては、「事の性質」上という説明はそもそも当てはまらない。脅迫は性交に通常ともなうものではないからである。暴行が強度のものを要求していることとのバランスから、脅迫についても、同程度の強いものが要求されているのである。言い換えると、脅迫に関しては、事の性質論ではなく、バランス論から、「抵抗を著しく困難にする」という強度のものが必要だとされている。しかし、事の性質論が「脅迫」の程度に関して、説得力ある説明をしていないことは否定できない。このように考えると、強姦罪における暴行・脅迫の程度を「相手方の抵抗を著しく困難にする程度」のものでなければならないとする判例・通説は疑問である。

> いやよ、いやよも好きのうち?!

強姦罪では高度の暴行・脅迫が必要であるとすることの第二の説明は、性的行為に関しては、女性の「いや」という意思表示を額面通り受け取ることは妥当ではないというものである。強姦罪は、夜間暗いところで、見知らぬ男が現れて暗闇に連れ込んで、引き起こされるケースもある。しかし、それよりも顔見知りの男性から被害を受けることが少なくない。

　こういった、顔見知りによる犯行では、女性の拒絶の意思をそのまま受け入れる必要がないという意識が社会において相当広く浸透している。「いやよ、いやよも、好きのうち」という俗言はまさにこのような意識を示している。英語でも、"No Means Yes" という対応する言葉がある。こうした俗言は、男に都合の良い、身勝手な男性支配、男性中心主義の意識の現れであり、それ自体が「強姦神話」の一種である。

　そうした考え方によれば、「いや」の本気度が問われることになり、軽い程度の拒絶では、不同意とは言えないとされる。その結果、女性が本気で強く抵抗し、加害者である男性がこのような抵抗を排除したうえで、性交した場合にしか、強姦罪は成立しない。こうした強い拒絶を排除するには、抵抗を著しく困難にする程度の暴行、脅迫が必要となるはずである、とされる。

　これと同様な考え方は、英米でも伝統的に受け入れられていた。英米では、

第1部　わが国の性暴力犯罪と刑事司法の問題状況

長い間、強姦罪が成立するには、抵抗要件を充たす必要があるとしていた。抵抗要件とは、①被害者の女性が現実に真剣に——最大限に——抵抗をしたこと、②男性の加害者はこのような抵抗を暴行、脅迫によって排除したことを意味し、英米法では長い間、強姦罪の成立を認めるのにこのような要件を充たす必要があるとされた。この点は、70年代以降の英米における性刑法改革の焦点の一つとされ、現在では基本的に否定されている。

> 強姦罪は規定のうえでは抵抗要件を組み込んではいない

日本では、刑法の強姦罪でこのような抵抗要件を明記しているわけではない。判例および多数説がいう「相手方の抵抗を著しく困難にする程度」は、行為そのものの程度を表すものであり、実際に女性が強く抵抗をしたこと、加害者がそのような抵抗を強度の暴行または脅迫によって排除したことを必ずしも必要とはしていない。たとえば、銃を突きつけられて、性交を強いられたような場合、被害者は抵抗することがそもそも不可能である。抵抗すれば殺されてしまうという恐怖心から、身動きがとれない場合もある。また、突然襲われて、気も動転し、頭が真っ白になり、屈辱感のあまり、抵抗する余裕もない場合もありうる。このような場合には、現実の抵抗がなくても、「相手方の抵抗を著しく困難にする程度」の暴行・脅迫は存在することになり、強姦罪は成立する。

> 事実認定では、抵抗が重視されている

日本では、規定上は、強姦罪は抵抗要件を明記していない。抵抗することが著しく困難であることが誰の目にも明らかな事例では、現実に抵抗がなくても、強姦罪は成立するとされる。問題となるのは、外形的にそこまでは達していない暴行、脅迫を用いた場合である。こうした領域では、実際には刑事司法——警察、検察、刑事裁判——において、暴行・脅迫が「相手方の抵抗を著しく困難にする程度」のものであるか否かが問題となるとき、真剣な抵抗が存在したかどうかが、しばしば立証のポイントとされ、犯罪が成立するかどうかの判断の決め手となる。事実認定のレベルでは、日本の強姦罪でも、抵抗要件を組み込んだ運用が行われている。

　裁判では、裁判官の「経験則」なるものを根拠に、抵抗したり、助けを求め

第1章　わが国の性刑法規定の問題点

たりしなかったのは不自然であるとされる。また、強姦された後も怖くて、身動きができない状態が継続していてすぐに逃げ出さなかった事例で、すぐに逃げ出すのが「経験則」であるといった判断が示されることがある。

　こうした傾向は、風俗産業で働いている女性を被害者とする事件では、いっそう明確である。こうした職業の女性については、強度の拒絶の意思と態度がないことを理由に、強姦罪の成立が認められないという傾向がある。男性の裁判官は、彼らの「経験則」に照らして、これらの女性は、仕事外であっても性交に対して、同意しやすいといった、ステレオタイプな判断を行いがちである。

　性犯罪被害者の心理に詳しい多くの専門家たちは、そのような裁判官たちの経験則が誤りであると指摘し、司法の判断におけるジェンダー・バイアスを批判し、次のように指摘している。たとえば、被害者が恐怖心にとらわれ、客観的にみれば合理的でない行為をすることも少なくない。また、必死の抵抗をすれば、実際に殺されるリスクもあるし、被害者が殺されるかもしれないと判断したとしても、決して不自然ではない。

　裁判所の前述のような判断は、性的自由、性的自己決定を法益と解する現在の通説・判例と整合するものかも疑問である。不同意性交を強いられること自体が、性的自由、性的自己決定を侵害する。暴行、脅迫により抵抗が著しく困難な状態にならなくても、性的自由、性的自己決定は害されていると考えるのが自然だからである。

第1部　わが国の性暴力犯罪と刑事司法の問題状況

第2章　性刑法の運用上の諸問題

雪 田 樹 理

① 法の運用実態として、多くの性暴力が処罰を免れている

性暴力はどのくらい発生しているか

社会の中で発生している性暴力ケースのうち、刑法上の性犯罪として刑事裁判の手続に現れている事件は、氷山の一角にすぎない。

そもそも社会の中で実際に発生している性暴力の件数（いわゆる「暗数」）を把握することは不可能であり、その数字は不明である。しかしながら、内閣府が2011（平成23）年11〜12月に実施した「男女間における暴力に関する調査報告書」（平成24年4月内閣府男女共同参画局）の結果は、性暴力被害の実態を推し量る一つの指標となる。この調査は、全国20歳以上の男女5,000人を対象に実施したものである

調査の結果をみると、女性のみを対象とした「これまでに異性から無理やりに性交されたことがあるか」という質問に対して、7.7パーセントの女性が「あった」と回答している。2008年度に行われた同調査でも、7.3パーセントの女性が、平成17年度の同調査でも7.2パーセントの女性がそれぞれ「あった」と答えている。女性の約13人に1人の割合で、意に反した性交をされた経験があることになる。

被害者は被害を届けているか

この内閣府の調査によれば、異性から無理やり性交された経験のある女性のうち、被害について誰かに相談した人はわずか28.4パーセントであり、2008年度は31.7パーセント、2005年度は35.1パーセントであった。そのうち警察に連絡・相談したと答えた人は、2011年には3.7パーセントにすぎない。

また、法務総合研究所が、2008（平成20）年に行った第3回犯罪被害実態（暗

第 2 章　性刑法の運用上の諸問題

数）調査結果によると、強姦、強制わいせつ、および性的に不快な行為（痴漢、セクハラなどを指し、日本の法律上必ずしも処罰の対象とはならない行為も一部含まれている）による被害について、過去 5 年間に被害に遭った個人のうち、直近の被害を捜査機関に届け出た比率は 13.3 パーセントであった。

告訴しているのは1割にも満たない

第 1 章で述べたように、強姦罪や強制わいせつ罪は親告罪であり、被害者またはその法定代理人の告訴がなければ捜査は開始されない。上述のように、性暴力の被害に遭った人の中でも、警察に相談に行く人はごくわずかであり、しかも、たとえ警察に相談に出向いたとしても、刑法上の性犯罪に当たらないことも少なくない。また、「証拠がないと無理だ」と言われたり、とりわけ顔見知りによる犯行の場合には被害内容をまともに聞いてもらえなかったり、被害として理解してもらえないなど、警察で二次被害を受けることもあり、最終的に告訴にまで至らないことも多い。これらの数字から見るならば、刑事司法の場で性犯罪として扱われている性暴力の件数は、実際に発生している性暴力のわずか数パーセント程度にすぎないといえよう。

起訴率は 5 割前後

被害者が告訴をしても、警察や検察による犯罪捜査の結果、起訴に至らないことも少なくない。起訴率（裁判所に公訴提起される割合）は、強姦罪および強制わいせつ罪ともに近年低下傾向を示している。強制わいせつ罪については、従前は 60 パーセント前後の起訴率であったが、2011（平成 23）年の起訴率は 52.9 パーセントに低下している。また、強姦罪の起訴率は、2009 年以降 50 パーセントを切っており、2011 年の起訴率は 47.9 パーセントであった。

嫌疑不十分による不起訴処分の増加

不起訴となった理由を見ると、近年、嫌疑不十分を理由とする強姦罪の不起訴処分が増加している。その背景には、裁判所によって、被害者の「落ち度」を指摘されやすいこととか、顔見知りによる事件を起訴しない傾向があるのではないか、という指摘がなされている（検察統計年報：内閣府男女共同参画会議女性に対する暴力に関する専門調査会（第 61 回）における宮園久栄氏の報告より）。この

第1部　わが国の性暴力犯罪と刑事司法の問題状況

指摘は、実際に強姦事件の告訴事件を担当している我々弁護士の実感にも合致している。

顔見知りによる性暴力は処罰されていない

先に述べた内閣府の「男女間における暴力に関する調査報告書」によると、異性から無理やり性交された経験のある女性に対して、加害者との関係を尋ねたところ、加害者が「面識のある人」と答えた人は76.9パーセントであり、他方、加害者が「まったく知らない人」であった人は17.2パーセントであった。このように性暴力事件の7～8割程度が、顔見知りの加害者によって行われていることは、その他の調査や民間支援団体の相談現場などでも明らかとなっている。このような被害の実態は、諸外国でも同様である。

しかしながら、実際に捜査機関が検挙した事件数をみると、2010(平成22)年の強姦事件では、被害者の面識のない被疑者が58.7パーセントを占めており、強制わいせつ事件では77.2パーセントを占めている(内閣府・平成24年版犯罪被害者白書)。このことは、顔見知りによって行われた性犯罪は、まず告訴の段階で刑事手続から排除され、次に起訴の段階で、嫌疑不十分であるとして不起訴となっているケースが多いことを示している。

② 最近の判例の問題点と改善の必要性

大阪弁護士会人権擁護委員会の性暴力被害検討プロジェクトチームは、2つの最高裁無罪判決に続いて、大阪や神戸などで下級審の無罪判決が相次ぐ状況が出現したことから、最近約10年間の無罪判例(犯人性には争いのなく、かつ、いわゆる『冤罪』ではない無罪の事例)を集積し、その分析作業を行った。無罪判例のなかには、なるべくして無罪となった事件も存在する。しかし、無罪判例の中には、看過しえない問題点が含まれているものが存在した。詳しくは、第2部でその結果を示すこととし、ここでは、総論的に問題点を指摘したい。

最高裁の無罪判決後、相次ぐ無罪判決

このように現行の刑事司法システムの下では、無数の性暴力被害のうち、法制度上、厳選された性暴力被害のみが刑事事件として起訴され、裁判所で審理されているのが、刑事裁判の現実である。

第 2 章　性刑法の運用上の諸問題

　さらに、第 1 章でみた刑法の性犯罪規定上の制約や捜査段階での問題をくぐりぬけ、厳選されて起訴に至った事例についても、裁判で審理された結果、無罪となったケースが相次いで発生している。

　最高裁第三小法廷は、2009(平成 21)年 4 月 14 日、一審および控訴審で有罪とされた強制わいせつ事件で逆転無罪の判決を言い渡している。次いで、2011(平成 23)年 7 月 25 日に最高裁第二小法廷は、一審および控訴審で有罪とされた強姦事件について逆転無罪判決を言い渡した。これらの最高裁の無罪判決以後、下級審における無罪判決が相次いでいる。

　2011(平成 23)年には、大阪における新聞報道で知り得ただけでも、同年 2 月に神戸地裁で義父による女子高校生に対する強姦事件で無罪判決（同年 12 月、大阪高裁で逆転有罪）、同年 3 月には大阪地裁で見知らぬ男性による未成年女子に対する強姦事件で無罪判決、同年 11 月には神戸地裁で職務従事中の女性巡査に対する強制わいせつ事件で無罪判決、同年 12 月に大阪地裁で集団強姦事件について無罪判決が出ている（2013 年 2 月、大阪高裁で逆転有罪）。また、同年 7 月には福岡地裁でも強制わいせつ事件で無罪判決が出ている。

無罪率の高さ

　罪種別に無罪率をあらわす統計資料が存在しないことから、性犯罪と他の犯罪との無罪率を比較することはできない。しかしながら、最高裁の司法統計（平成 23 年度）を読み説くことによって、性犯罪は無罪率がほかの犯罪と比べて高いことが指摘できる。

　2011(平成 23)年の刑事訴訟事件の通常第一審事件（地裁）の事件総数は 80,886 件であり、うち無罪となったのは 79 件であった。これらすべての事件における無罪率は 0.0976 パーセントである。他方、刑事通常第一審事件の罪名別終局人員のうち、「わいせつ、姦淫および重婚の罪」（強姦や強制わいせつのほか、公然わいせつ罪や重婚罪等を含む）は 1,884 人であり、1,884 人には強姦および強制わいせつ以外の性風俗関連の犯罪も含まれているが、この 1,884 人に全体の無罪率 0.0976 パーセントを掛けると 1.8 となる。すなわち、仮にどの罪種もほぼ同様の事情や理由によって無罪判決が導かれるとすれば、性風俗関連を含んだ性犯罪での第一審における無罪判決の件数は、全国で年間 1.8 件程度ということになる。

第1部　わが国の性暴力犯罪と刑事司法の問題状況

　ところが、先述のとおり、平成23年度の大阪での新聞報道で確認できただけでも、第一審での強姦罪および強制わいせつ罪での無罪判決が4件も出ており、福岡地裁のケースを併せると我々が把握できているだけで5件もの無罪判決が出ている。大阪や神戸で突出して無罪判決が続いたのだとしても、大阪・兵庫・福岡の3県で5件の無罪判決が出ているのであり、全国的にもみれば他にも無罪判決が一定数、出ている可能性も否定できない。仮に全国でこれら5件であったとしても、全体の無罪率に比して件数が多く（平均すれば1.8件程度でなければならない）、性犯罪は他の罪種の犯罪と比較して無罪率が高いことが指摘できる。

　性犯罪規定の「暴行または脅迫」をめぐる問題

　第1章で述べたとおり、強姦罪が成立するためには、暴行または脅迫を用いたことが必要とされており、その暴行または脅迫の程度は、確立された判例により、「相手方の抵抗を著しく困難にする程度」のものであることが必要とされている。

　しかし、実際の性暴力の場面では、このような強度の暴行や脅迫がなくとも、被害者は恐怖により抵抗できないことが少なくない。とくに加害者が保護者や年上の親族・雇用主・上司・教師等の関係にある者である場合には、被害者はそもそも抵抗すること自体極めて困難である。そのため、このような事件は、強姦罪が成立するための強い暴行または脅迫が認められずに、そもそも起訴に至っていないことが少なくない。

　したがって、起訴されたケースは、少なくとも検察によって、明らかに「相手方の抵抗を著しく困難にする程度」の暴行または脅迫があったと判断された、厳選された事件ということになる。

　「暴行または脅迫」が認められずに無罪となったケース

　しかし、それでもなお、裁判所によって、相手方の抵抗を著しく困難にする程度の暴行または脅迫の要件を満たさないと判断され、無罪となった事件がいくつか散見された。

　例えば、事例〔4〕では、14歳の被害少女が、強姦行為に対して拒絶する態度を示して、「やめて」と言って抵抗し、加害者の身体を手で押さえたり、両足

第2章　性刑法の運用上の諸問題

を閉じたりして物理的にも抵抗していた事実が認められ、被害少女が性交に同意していなかったことを認めながらも、反抗を著しく困難にする程度の有形力の行使が認められないとして、無罪とした。

また、事例〔3〕では、21歳の女性が口淫による強制わいせつの被害を受けた事件で、積極的に同意していたとは言えないが、殴る蹴るといった激しい暴行や「殺す」などの生命・身体に害を及ぼす旨の苛烈な脅迫がなされたわけではないとし、暴行または脅迫を加えてわいせつ行為をしたものとはいえないとした事例がある。判決は「女性の内心において性的な行為を拒否する心情は相当高まっていたことはうかがわれるけれども、被告人のしつこさや強引さに押し切られる形で、内心は嫌々であったとしても、結局のところ任意に行為に及んだ可能性を完全には払拭できない。」との判断を示した。

いずれも、裁判所は、被害者は同意していないこと、一定の暴行や脅迫が加えられており、被害者もそれに対して抵抗を示したことを認めながらも、暴行または脅迫の要件を満たさないとの結論を出しているのである。

裁判官の専門的知見の欠如　前者の判例は、強姦罪の「暴行または脅迫」を満たす暴行の強度の解釈、後者の判例は、強制わいせつ罪の「暴行または脅迫」の解釈に関するものである。いずれの判決でも、現実の性暴力被害の実態や恐怖等の被害者心理、「強姦神話」に関して裁判官には専門的知見が欠けていることが見受けられた。

性犯罪規定の見直しが必要　「暴行または脅迫」の程度に関する解釈が、性暴力の分野における専門的知見に基づくのではなく、裁判官個人の、しかも性に関する男性的経験に偏った価値観やジェンダー・バイアスによってなされており、有罪・無罪という犯罪の成否が、裁判官個人の不平等なジェンダー意識や価値観によって左右されている実態が示されている。当然のことながら、裁判官個人の価値観やジェンダー・バイアスによって、犯罪の成否、有罪・無罪の判断が左右されるようなことがあってはならない。

このような現実は、第1章で指摘したように、わが国の性刑法が、強姦罪や強制わいせつ罪の構成要件として「暴行または脅迫」という、それ自体、大変

第 1 部　わが国の性暴力犯罪と刑事司法の問題状況

広い意味を有する言葉を用いていることから生じる限界を如実に示している。

　こうした現実を改革するためには、現行刑法の性犯罪規定の見直しを行い、性暴力の実態を踏まえた、きめ細かな性犯罪の類型を確立することが求められている。

> 裁判所が用いる「経験則」の問題

「暴行または脅迫」の解釈において、裁判官個人の価値観が色濃く反映されているにとどまらず、無罪判決では、被害者の供述の信用性を判断する前提となる事実認定において、真正面から裁判官個人の歪んだ価値観、ジェンダー・バイアスが「経験則」という名のもとで用いられている。

　経験則とは、広く社会生活の中で、経験から帰納して得られた知識、法則、物の見方であり、裁判官個人の経験や価値観・偏見にもとづく物の見方であってはならない。しかしながら、多くの無罪判決において、性犯罪被害の実態や経験に基づく研究から導き出された専門的な知見とは異なり、被害実態とはかけ離れたジェンダー・バイアスによる物の見方が「経験則」と称され、事実認定に用いられている。その経験則は、いわゆる「強姦神話」と称されるものであり、被害者の心理やその対処行動に理解を欠いたものとなっている。

　すなわち、被害者が「周囲に助けを求めなかった」「すぐに逃げなかった」「抵抗が弱かった」などの被害者の対処行動を捉えて、被害者の供述は不自然であるとか、信用できないとすることは、被害実態を踏まえない「強姦神話」の典型であるが、一連の無罪判例でそのような事実認定がみられた。

　また、被害女性の職業や人物像に関する偏見から、その証言の信用性を否定、排斥していると見られる判例も複数、見受けられた。

> 2009 年と 2011 年の最高裁無罪判例

このような性暴力の実態に無理解な経験則が用いられた代表的な判例は、2009 年の最高裁判決（事例〔1〕）と 2011 年の最高裁判決（事例〔2〕）である。これらについての詳しい判例分析は、後出の宮地光子、島尾恵理の論稿のほか、第 3 部の後藤弘子および井上摩耶子の講演でも行われている。

　2009 年の最高裁判決は、「被害者の供述は特に慎重に判断する」という新しい基準を立てた。この最高裁判例の考え方が、その後の判例に影響を及ぼして

第 2 章　性刑法の運用上の諸問題

いることは明らかである。

　2009 年の最高裁判決で、那須弘平裁判官は、被害者の「詳細かつ具体的な」供述に加えて、それを補強する証拠を要求する補足意見を付した。その影響を受けたと考えられる判例がその直後に出されている。すなわち、慎重な検討を加えた結果、被害者の証言は信用できるとされた場合であっても、その供述を補強する客観的な証拠がなければ、被告人を有罪にすることはできないとするものである。

　那須補足意見は、性犯罪に関しては、事実上、被害者の供述だけでは事実を認定してはならず、補強証拠を必要とするというものである。このような「補強法則」は、人身犯罪を含むほかの犯罪の被害者には求められていない。性犯罪についてのみ、そのような扱いをする根拠は何であろうか。そもそも密室で行われることが多いという性犯罪の特性から、目撃証言などの客観的証拠に乏しく、犯罪の立証が被害者の供述に大きく依存せざるを得ない性犯罪において、被害者の供述の信用性に関して、「特に慎重な判断」を要求し、加えて、それを補強する証拠を要求することは、刑事司法が被害者に泣き寝入りを促し、性犯罪を温存させているに等しい。現に相次ぐ無罪判決は、捜査の現場に消極的な影響を与えているふしがみられる。

> 性暴力に加担する？裁判所

　被害者が性交に同意していなくとも、被告人が暴行脅迫を加えた結果、最終的に受け入れたと被告人が「誤信」していた場合には、強姦の故意を否定するという判例も複数あった（事例〔4〕および事例〔5〕の第一審判決）。

　最近の判例には、被害者の供述の信用性に関しては「特に慎重な判断」を要求し、被害者に対しては「不信」から出発するのに対して、被告人の不合理、不自然な弁解については、いくら不合理な供述であろうがそれを無視し、結果的に許容するという、極めて偏頗な傾向がみられるといっても過言ではない。

　さらに、暴行や脅迫を加えた結果、被害者がおとなしくなり、それを理由として被告人が「同意していると思った」と弁解すれば、被告人には「誤信」があり、強姦の故意が認められないとして無罪となる。まさに加害者の暴力による支配という性暴力の論理を、裁判所が容認し、性暴力へのお墨付きを与えて

第1部　わが国の性暴力犯罪と刑事司法の問題状況

いるに等しい。

裁判所の改革のために　裁判所は、そのよって立つ経験則につき、性暴力の実態や被害者心理、被害者の対処行動に関する専門的知見を見につけるため、裁判官教育を実施し、性暴力被害の正しい理解に基づいた、偏見のない経験則を採用しなければならない。

司法におけるジェンダー・バイアスをなくすための裁判官教育は、1980年代からアメリカをはじめ諸外国で行われており、日本が参考とすべき実践例がある。

また、隣国の韓国をはじめとする諸外国では、裁判所や捜査機関の専門性を確保するための性犯罪の専門部が設置されている。このような制度改革を含め、わが国の性犯罪に関する刑事司法の在り方を改革するために参考にすべき実践例は、少なくない。

浮かび上がる捜査の問題　無罪判決の分析によって、捜査上の問題があったのではないかと考えられる事例も散見された。

具体的には、初動捜査の遅れにより客観的な証拠の収集がなされなかったのではないか、犯行現場で直後に採取し得ていた可能性のある科学的な証拠の収集がなされていないのではないか、と考えられるものがあった。あるいは、捜査官による被害者の供述調書の取り方が不適切であり、あるいは捜査報告書に記載ミスがあったために、被害者の供述の信用性が否定的に捉えられてしまった可能性が大きいものなどがみられた。

性犯罪捜査に関して捜査官の消極的な姿勢がみられるケースもある。その要因として、性犯罪に関する専門的な知識の欠如、専門的な捜査能力や技法の不足、供述調書の作成手法などを指摘できる。

児童などの被害供述の聴取　被害者が幼い児童の被害事例においては、被害児童に対する被害供述の取り方のまずさから、裁判において、被害者の供述の信用性がないという裁判所の判断を招くことになった事例もある。また、無罪事例の多くが、その被害者が未成年者であることも特徴である。自らの体験を表現することができない未熟さをもった被

第2章　性刑法の運用上の諸問題

害者から、供述を十分に引き出すことが出来ていない捜査の現状もうかがえた。

　わが国において、児童や知的障害のある人などに対する捜査段階での事情聴取の方法や人的物的体制の整備が確立されていないことが問題となる。

> 犯罪捜査の改革に向けて

全国の警察において、性犯罪捜査証拠採取セットや性犯罪被害者捜査用ダミー人形を整備するなどの取組みは始まっているが、2011(平成23)年4月時点で犯罪捜査指導官は全国でわずか295名（うち女性144名）しか配置されていない。

　捜査機関には性犯罪を軽視する姿勢がいまだ根強く存在し、初動捜査の遅れや怠慢により、被害直後の客観的な証拠の採取や保全がなされないことも少なくない。身体の損傷や唾液や精液の付着・混入等の証拠採取、薬物投与による犯行が疑われるケースでの薬物反応の検査の実施等、徹底しているとはいえないのが現状である。また、事情聴取等による二次被害も後を絶たない。

　捜査機関の証拠収集の能力を高めること、ビデオを利用した映像録画による被害者供述の証拠保全や、司法面接の手法により児童や知的障害のある被害者の信用性の担保された供述を確保するなど、新たな制度の導入が必要である。

第2部
無罪判例の批判的検討

大阪弁護士会人権擁護委員会の性暴力被害検討プロジェクトチームは、2つの最高裁無罪判決に続いて、大阪や神戸などで下級審の無罪判決が相次ぐ状況が出現したことから、最近約 10 年間の無罪判例（犯人性に争いがなく、かつ、いわゆる『冤罪』ではない無罪の事例）を集積し、その分析を行った。
　プロジェクトチームで集積した 27 の判例であるが、うち 17 の判決では、無罪判決が導かれた過程において、なんらかの刑事司法上の問題があったのではないかという分析結果を得た。27 の無罪判決の収集はアトランダムに行ったものであり、分析対象となる資料として、万全であったとは言えない。しかしながら、そこから浮かび上がってきた刑事司法の問題点は、われわれ弁護士が日頃の事件活動を通じて実感している刑事司法上の困難や問題点と符合するものであった。これらの無罪判決の検討結果を紹介することは、これからの刑法の性犯罪規定の改革に向けた議論や刑事司法手続の改革をすすめる上で、有益な資料となると考えている。ここでは、そのうち 2 件の最高裁判例と 4 件の下級審判例を検討する。

第 3 章　2 つの最高裁判例

第3章　2つの最高裁判例

【1】強制わいせつ無罪判決
―― 最高裁平成 21 年 4 月 14 日決定

宮地光子

　本件は、満員電車内で女子高生に対して強制わいせつを行ったとして、防衛医大教授（当時 60 歳）が起訴された事案である。1 審判決は、被害者の供述を「当時の心情も交えた具体的、迫真的なものである」として、その信用性を肯定して有罪とし、控訴審判決においても、この判断が是認されていたが、最高裁は、被害者証言の信用性を否定し、1 審、2 審の有罪判決を破棄して無罪を言い渡した。最高裁判決の多数意見では、被害者が積極的な被害回避行動をとっていない点などを不自然であるとして、被害者供述の信用性が認められないとした。那須裁判官の補足意見は、被害者供述が詳細かつ具体的であるだけでは、信用性を認めることができないとした。しかし 2 名の裁判官の反対意見があり、堀籠裁判官の反対意見は、多数意見の指摘するような点は、被害者の行動として不自然とは言えないとした。

1　事案の概要

被害者の供述から

　本件の犯行は、小田急線の電車内で行われたが、被害者が乗車していた区間の駅名は、読売ランド前、生田、向ヶ丘遊園、登戸、成城学園前、下北沢の順である。1 審判決（東京地裁平成 18 年 10 月 31 日判決・最高裁刑事判例集 63 巻 439 頁）において、被害者の供述の信用性が認められた。この信用性は被害者の検察官調書での供述の内容および公判廷での供述に基づいて認定された。その内容は以下のとおりである。

第2部　無罪判例の批判的検討

「読売ランド前から乗車した後、左側ドア付近に立っていると、生田を発車してすぐに、私と向かい合わせに立っていた被告人が、私の頭越しに、かばんを無理やり網棚に載せた。そこまで無理に上げる必要はないんじゃないかと思った。その後、私と被告人は、お互いの左半身がくっつくような感じで立っていた。向ヶ丘遊園を出てから痴漢に遭い、スカートの上から体を触られた後、スカートの中に手を入れられ、下着の上から陰部を触られた。登戸に着く少し前に、その手は抜かれたが、登戸を出ると、成城学園前に着く直前まで、下着の前の方から手を入れられ、陰部を直接触られた。触られている感覚から、犯人は正面にいる被告人と思ったが、されている行為を見るのが嫌だったので、目で見て確認はしなかった。成城学園前に着いてドアが開き、駅のホーム上に押し出された。被告人がまだいたらドアを替えようと思ったが、被告人を見失って迷っているうち、ドアが閉まりそうになったので、再び、同じドアから乗った。乗る直前に、被告人がいるのに気付いたが、後ろから押し込まれる感じで、また被告人と向かい合う状態になった。私が、少しでも避けようと思って体の向きを変えたため、私の左肩が被告人の体の中心にくっつくような形になった。成城学園前を出ると、今度は、スカートの中に手を入れられ、右の太ももを触られた。私は、いったん電車の外に出たのにまたするなんて許せない、捕まえたり、警察に行ったときに説明できるようにするため、しっかり見ておかなければいけないと思い、その状況を確認した。すると、スカートのすそが持ち上がっている部分に腕が入っており、ひじ、肩、顔と順番に見ていき、被告人の左手で触られていることが分かった。その後、被告人は、下着のわきから手を入れて陰部を触り、さらに、その手を抜いて、今度は、下着の前の方から手を入れて陰部を触ってきた。その間、再び、お互いの左半身がくっつくような感じになっていた。私が、下北沢に着く直前、被告人のネクタイをつかんだのと同じころ、被告人は、私の体を触るのを止めた」。

被告人の供述

1審判決によれば、被告人は公判廷および検察官調書において、次のとおり供述している（以下、被害者をAと表示する）。

「網棚にかばんを置いたのは、登戸を出て成城学園前に着くまでの間であっ

第3章　2つの最高裁判例

て、生田駅を出て直ぐではない。電車が成城学園前を出て、しばらくして、前に立っていた男性が、左の方につり革を1つずれたので、少し前に出て、その男性がそれまで持っていたつり革をつかんだとき、体の左側に向かい合って立っている女性（A）に気付いた。それまで、その女性がどこにいたのかは分からない。私は、左手がその女性の胸に当たりそうになったので、左肩の方に回したりしたが、そのような姿勢も続けられず、途中で下に降ろした。そうしていたところ、電車が下北沢に到着してドアが開こうとしたころ、その女性にネクタイをつかまれた。私は、その女性に痴漢行為はしていない。」

② 争点と裁判所の判断

1　被告人は真犯人か

犯人性について

1審および控訴審では、被告人が真犯人であるかどうか（犯人性）が争点にはなっているが、前記の被告人の供述から明らかなとおり、Aと被告人の位置関係については、被告人もAが被告人と向き合う形で立っていたことを認めている。

従って、本件において弁護人が犯人性を争ったのは、被害者が加害者を誤認した可能性を主張するものではない。被告人がAとそのような位置関係にあったとしても、Aが主張するようなわいせつ行為を、被告人が行えたはずがないと主張するものであった。

1審の判断

1審判決は、Aの証言した被害内容の信用性を認めた上で、そのような行為をすることが可能だったのは、同人の左前にいた被告人だけであったとした。弁護人は、被告人がAが主張するようなわいせつ行為を行えたはずがないと主張したが、裁判所は以下の理由でこの主張を排斥した。

弁護人は、被告人が直立したままで、Aのスカートの手の中に手を入れることができないと主張した。これに対し、判決は、「スカートをつまんでたくし上げるなどすれば、直立したままで、その中に手を入れることは容易である。」とした。

弁護人は、被告人がAの右ももの外側を触るためには、中腰になったり、体

37

第 2 部　無罪判例の批判的検討

を左に傾けたりする必要があるが、被告人はそのようなことをしていないと主張した。これに対し、判決は、Aの左腕が被告人の体の中心にきている状態で、左肩を大きく下げることなく、右太ももを触ることができたという実況見分調書の結果から、上記の弁護人の主張を排斥している。

　弁護人は、本件車両は混雑していたから、被告人においてパンティの右わきから手を入れる余裕はないとも主張した。これに対し、判決は「本件当時、本件車両の中が混み合っていたことはそのとおりであるが、その体勢から見て、パンティの右わきから手を差し入れるのに、さほどの空間を要するものとは考えられない。」とした。

　さらに、弁護人が、パンティの中に手を、上方から手のひらを上にして差し入れると、スカートが大きくめくれ上がるはずであるが、Aはそのようなことはなかったと供述していることや、パンティの上端を引き下げれば、スカートがめくり上げることなく、手を差し入れることができるが、Aは、パンティが引き下げられたこともなかったと供述していると主張した。これに対して、判決は、次のように判示して、この主張を斥けている。

　「写真撮影報告書および実況見分調書によると、Aが当時はいていたパンティは上下の幅がさほど広いものではなく、その上縁は、下腹部の比較的下の方にあったことが認められるから、スカートを大きくめくり上げることなく、パンティの上方から手をその中に差し入れることは可能と考えられる。実況見分調書によると、指先から床までの距離が被告人とほぼ同様の者を被告人に見立てて実験した結果、Aと被告人の左半身が重なっている状態で、パンティの右わきからその中にいれていた指を抜いて、パンティの上部から入れ直しても、スカートは大きくめくれ上がることはなかったというのである」。

控訴審の判断

　控訴審判決（東京高裁平成 19 年 8 月 23 日判決・最高裁刑事判例集 63 巻 4 号 450 頁）は「被告人は、検察官に対し、女性とお互いの左半身前側が接着している状態で左手を下げており、周りのだれかが痴漢行為をしておれば、気付いたのではないかなどと述べているが、その供述からしても、被告人の下ろした左手は女性の陰部付近にあったことが認められる。女性がわいせつな行為をされた相手方を誤認した

第3章 2つの最高裁判例

可能性はないというべきである。これらに照らせば、被告人が女性にわいせつな行為をした犯人であるということができる。」として犯人性を認めている。

また弁護人は控訴審でも1審と同様の理由で、被告人はAが主張するようなわいせつ行為を行えたはずがないと主張した。これに対して、裁判所は次のように判示して、弁護人の主張を排斥している。「被害の再現状況実況見分調書によれば、女性と被告人のそれぞれの左半身前側が接着して互いに正面を向かい合う形となった二人の位置関係を前提にしても、被告人の左腕をさほど曲げずに下着の上部から手を入れて女性の陰部を触ることは可能であると認められる。(中略)結局、被告人はその姿勢を大きくは崩さずにわいせつな行為をしたと考えられるから、満員電車の中で、他の乗客に騒がれなかったにしても不自然ではない」。

控訴審において、弁護人は、次の主張も行っている。①女性の陰部に直接触れたという被告人の指には女性の体液が付着していなかったと考えられる、②女性の下着に触れたという被告人の指には女性の下着に含まれる化学繊維ならびに一部赤色色素付着の綿繊維及び一部黒色色素付着の綿繊維が付着していなかったと鑑定されている。したがって、被告人が女性に触れてわいせつな行為をしたことには合理的な疑いがあるとして、被告人の犯人性を争った。

しかしながら、控訴審判決は、上記①の点については「被告人の指に付着した物質についてDNA鑑定を実施したという証拠はなく、検察官がその証拠を提出していない事実から被告人の指に女性の体液が付着していないという事実を推認することはできない」とした。

②について、控訴審判決は「女性の原審供述によると、被告人が下着の上から女性の陰部を触ったというのは、向ヶ丘遊園から登戸までの2分間弱のうちの一部分であり、かなり短かったと考えられる。また、下着の中に手を入れて陰部を触っている間、指先が下着にも触れていると考えられるものの、陰部が接触する部分の裏地(クロッチ布部分)は無色綿繊維により構成されていると認められる。下着の中に手を入れる際に化学繊維が含まれる他の部分に触れたにしても、その時間はごく短時間であったと考えられるから、指先に化学繊維の付着がしにくい状況であったといえる。さらに、化学繊維は、綿繊維と比較した場合、一般に、繊維が長いために着衣から離脱しにくい、繊維の吸湿性が

少なく、表面が滑らかであるために手指に付着しにくい、という特徴があることも認められる。また、一部赤色色素付着の綿繊維及び一部黒色色素（光学顕微鏡下での観察による）付着の綿繊維は、下着の生地に占める面積割合が少ないハート柄部分の表側だけに存在している。そして、これらの色素の付着した綿繊維は、顔料が付いているため、衣服からはがれにくい、という特徴があることが認められる。その上、被告人が女性の下着に触った時刻が午前8時ころであるのに対し、被告人の指先から繊維を採取したのは、弁解録取手続が終わった午前9時25分ころから取調べが開始された午前10時ころまでの間である。その間被告人が指先をどのような状態にしていたか明らかでない。そうすると、下着を構成する化学繊維や色素付着の綿繊維が被告人の指から発見することができなかったにしても、特に不自然ではない。被告人が女性に触れてわいせつな行為をしたことには合理的な疑いがあるということはできない」としている。

|上告審の判断| 上告審の判決（最高裁平成21年4月14日）では、多数意見・補足意見も、専ら被害者の供述の信用性を争点にしており、被告人の犯人性を争点としていない。この点に関しては、田原裁判官が反対意見を述べるなかで「加害者誤認の可能性の点は、1審判決が判示する犯人現認に関するAの供述の信用性が認められる限り、否定されるのであり、また弁護人からも加害者誤認の可能性を窺わせるに足る証拠はない。そうすると本件では、Aの被害事実に関する供述の信用性の有無のみが問題となる。」としている。

2 被害者の供述の信用性について

|1審の判断| 1審判決は、以下の理由をあげて被害者の供述の信用性を肯定した。
① Aは、下北沢駅に到着する直前、被告人のネクタイをつかんで、降車を求め、同駅に到着すると、直ちに、駅員に被告人から痴漢された旨告げ、その措置に委ねており、そこに何らかの不当な意図が介在することをうかがわせる事情は全く見当たらない。

第3章 2つの最高裁判例

② 被告人とAは、当日、同じ電車に乗り合わせただけの関係にすぎないから、被告人がやや強引に鞄を網棚に上げたことについて不快感を有していたとしても、同人が、ことさら被告人を痴漢に仕立て上げる理由はない。

③ Aは、成城学園駅前以前の痴漢も被告人と思うが、確認していないので断定できないなど、分かる部分と分からない部分を明確に区別して述べており、その供述態度は、真しと認められる。

④ Aの前記供述は、例えば、成城学園駅前では、痴漢されているのを見るのがいやだったので、犯人がだれか確認しなかったが、同駅を出て、再び同様の行為をされたので、捕まえたり、警察に行って説明できるようにするため、しっかり見ておかなければいけないと思い、その状況を確認したと述べるなど、当時の心情も交えた具体的、迫真的なもので、その内容自体に、不自然・不合理な点はない。また、同供述によると、同人は、意識的に当時の状況を観察・把握していたというのであるから、犯行内容や犯行確認状況について、勘違いや記憶の混乱等が起こることも考えにくい。こうした事情に照らすと、被害状況、犯人確認状況に関するAの前記供述は十分信用できる。」とした。

これに対して、弁護人は、以下のとおりその信用性を争ったが、1審判決はその主張を排斥した。

弁護人は、当時、本件車両内は混んでいた上、Aは、右肩にかばんを提げていたのであるから、スカートのすそから手が出ているのを見ることは不可能であると主張した。

しかし、1審判決は、次のように判示して、弁護人の主張を排斥した。Aの公判証言によると、当時、同人の右前には、ドアを向き、同人に背を向けて立っていた人がいたため、少し空間があったとしていることや、実況見分調書によると、警察官らが、Aの供述に従って、当時の状況を再現したところ、スカートのすそから出ている腕を視認することができた。

弁護人は、Aの供述によれば、本件当時、その体の直ぐ前には、痴漢をしている犯人の左腕があったことになるのに、犯人確保のため、その腕をつかまず、被告人のネクタイをつかんだのは不自然であると主張した。

これに対して、1審判決は、「Aは、右手はかばんの手提げ部分を持っていて、使えなかったから、犯人の手をつかむためには、左手を使うしかなかった

ところ、当時、左手は、犯人の体の真ん中辺りにあって、うまく右に移動させることができなかったし、手をつかんでも、動かして逃げられる可能性があると思ったことなどから、左手の直ぐ近くにあったネクタイをつかんだというのであるから、同人が犯人確保のため被告人のネクタイをつかんだことには相応の理由があり、何ら不自然とはいえない。」とした。

　弁護人は、Aの犯人確認に関する供述は、捜査段階から不自然に変遷しているとして、信用性に疑問を呈した。これに対して、1審判決は、「本件当日作成された警察官調書は、当時の状況を細かく分析することなく、大枠でとらえて作成されたものと推認され、その後、捜査の進展により、具体的行為・状況により裏付けられたものであるかどうか分析的な事情聴取が行なわれた結果、上記のとおり、裏付けのあるものと、そうでないものとの仕分けが行われたものと推認できる。そうすると、この点に関する、Aの上記警察官調書と公判証言の違いは、そのような捜査の状況を反映しているに過ぎないもので、後者の方がより精緻・正確なものと見るのが相当であり、そこに不自然な変遷があるとはいえない。」とした。

控訴審の判断　控訴審判決も「女性の原審供述は詳細かつ具体的であり、疑問を差し挟む余地はない。」とした。
　弁護人は、「女性は、向ヶ丘遊園から成城学園駅前までの電車の中で、被害を受けたと言うのに何らの回避行為をしていない」とか「女性は、成城学園駅前でいったん下車しながら、再び、わいせつな行為をしたという被告人の近くに乗車しているがいずれも不自然であり、女性の供述は信用することができない」と主張した。

　これに対し、控訴審判決は「電車内でわいせつな被害を受けた女性が、はずかしさや弱さから、なかなかそれを回避する行動を取れないでいることは何ら不自然なことではない。しかも、本件では、結局女性は被告人をわいせつな行為をした犯人として警察に連れて行こうとしている。さらに、女性が成城学園前でいったん下車しながら再び被告人の側に乗車して行ったことはいささか不自然な点があるといえるものの、混み合ったホームで人の波に流され、そのような事態に至ることはあり得ることであり、不合理とまではいえない」とした。

第3章　2つの最高裁判例

上告審

上告審では、意見が分かれ、多数意見に対して、那須裁判官の補足意見と堀籠裁判官及び田原裁判官の反対意見とがある。

多数意見は、まず「被告人は、本件当時60歳であったが、前科、前歴はなく、この種の犯行を行うような性向をうかがわせる事情も記録上は見当たらない。したがって、Ａの供述の信用性判断は特に慎重に行う必要がある」と前置きしたうえで、以下の理由から、被害者の供述の信用性を否定した。

① Ａが述べる痴漢被害は、相当に執ようかつ強度なものであるにもかかわらず、Ａは、車内で積極的な回避行動を執っていない。

② そのことと、Ａが被告人のネクタイをつかみ「電車降りましょう」「あなた今痴漢をしたでしょう」などと言って、被告人に対して積極的な糾弾行為を行なったことと必ずしもそぐわないように思われる。

③ Ａが、成城学園前駅でいったん下車しながら、車両を替えることなく、再び被告人のそばに乗車しているのは不自然である。

これらの事情を勘案すると、同駅までにＡが受けたという痴漢被害に関する供述の信用性にはなお疑いをいれる余地がある。そうすると、その後にＡが受けたという公訴事実記載の痴漢被害に関する供述の信用性についても疑いを入れる余地があることは否定し難いのであって、Ａの供述の信用性を全面的に肯定した1審判決及び原判決の判断は、必要とされる慎重さを欠くものというべきであり、これを是認することができない。被告人が公訴事実記載の犯行を行ったと断定するについては、なお合理的な疑いが残るというべきである。

補足意見

上告審では、那須裁判官が以下のような補足意見を述べている。

「混雑した電車の中での痴漢とされる犯罪行為は、時間的にも空間にもまた当事者間の人的関係という点から見ても、単純かつ類型的な態様のものが多く、犯行の痕跡も残らないため、『触ったか否か』という単純な事実が争われる点に特徴がある。このため普通の能力を有する者（例えば十代後半の女性等）がその気になれば、その内容が真実である場合と、虚偽、錯覚ないし誇張等を含む場合であるとにかかわらず、法廷において「具体的で詳

第2部　無罪判例の批判的検討

細」な体裁を具えた供述をすることはさほど困難でもない。」

「被害者が公判で供述する場合には……検察官の要請により、事前に面接して尋問の内容及び方法等について詳細な打合せを行うことは、広く行われている。……このような作業が念入りに行われれば行われるほど、公判での供述は外見上『詳細かつ具体的』『迫真的』で『不自然・不合理な点がない』ものとなるのは自然の成り行きである。」「以上検討したところを踏まえてAの供述を見るに、1審及び原審の各判決が示すような『詳細かつ具体的』等の一般的・抽象的性質は具えているものの、これを超えて特別に信用性を強める方向の内容を含まず、他にこれといった補強する証拠等もないことから、事実誤認の危険が潜む典型的な被害者供述であると認められる。」

反対意見

堀籠裁判官の反対意見は以下のとおりである。
多数意見①および②の点について
　身動き困難な超満員電車の中で被害に遭った場合、これを避けることは困難であり、また、犯人との争いになることや周囲の乗客の関心の的となることに対する気後れ、羞恥心などから、我慢していることは十分にあり得ることであり、Aがその場からの離脱や制止などの回避行動を執らなかったとしても、これを不自然ということはできない。

　犯人との争いになることや周囲の乗客の関心の的となることに対する気後れ、羞恥心などから短い間のこととして我慢していた性的被害者が、執拗に被害を受けて我慢の限界に達し、犯人を捕らえるため、次の停車駅近くになったときに、反撃的行為に出ることは十分にあり得ることであり、非力な少女の行為として、犯人のネクタイをつかむことは有効な方法であるといえるから、この点をもってAの供述の信用性を否定するのは、無理というべきである。

　同③の点について
　Aは、成城学園前駅では乗客の乗降のためプラットホームに押し出され、他のドアから乗車することも考えたが、犯人の姿を見失ったので、迷っているうちに、ドアが閉まりそうになったため、再び同じドアから電車に入ったところ、たまたま同じ位置のところに押し戻された旨供述しているのである。Aは一度下車しており、加えて犯人の姿が見えなくなったというのであるから、乗車し

第3章　2つの最高裁判例

直せば犯人との位置が離れるであろうと考えることは自然であり、同じドアから再び乗車したことをもって不自然ということはできないというべきである。

3　被告人の供述の信用性

最高裁の法廷意見

　　1審判決においても控訴審判決においても、被告人の供述の信用性については、特に判断されていない。このことは最高裁の多数意見・補足意見においても、同様である。しかし最高裁の多数意見は、前記のとおり、被告人について、前科、前歴はなく、この種の犯行を行うような性向をうかがわせる事情も記録上は見当たらないことを、Aの供述の信用性判断を特に慎重に行う理由としている。このことは、被告人が前科、前歴はなく、この種の犯行を行うような性向をうかがわせる事情も記録上は見当たらないとされれば、その供述の信用性が、まず肯定されるのと同じである。

反対意見

　　このような多数意見に対して、堀籠裁判官以下のとおり、被告人の供述の信用性に疑いを入れる事情があると反対意見を述べている。

　被告人は、検察官の取調べに対し、下北沢駅では電車に戻ろうとしたことはないと供述しておきながら、同じ日の取調べ中に、急に思い出したなどと言って、電車に戻ろうとしたことを認めるに至っている。これは、下北沢駅ではプラットホームの状況についてビデオ録画がされていることから、被告人が自己の供述に反する客観的証拠の存在を察知して供述を変遷させたものと考えられるのであり、こうした供述状況は、確たる証拠がない限り被告人は不利益な事実を認めないことをうかがわせるのである。被告人は、電車内の自分の近くにいた人については、よく記憶し、具体的に供述しているのであるが、被害者Aのことについては、ほとんど記憶がないと供述しているのであって、被告人の供述には不自然さが残るといわざるを得ない。

第 2 部　無罪判例の批判的検討

③ 考　察

被害者の供述の信用性

　本件の1審判決は、被害者において、ことさら被告人を痴漢に仕立て上げようとする動機のないこと、被害者の供述態度が分かる部分と分からない部分を区別して述べるなど真摯であり、当時の心情も交えた具体的、迫真的なもので、その内容自体に不自然・不合理な点はないことを理由に、被害者供述の信用性を認めた。また控訴審判決も、被害者の1審での供述が詳細かつ具体的であり、疑問を差し挟む余地はないとして信用性を認めた。

　しかるに最高裁判決の多数意見は、上告審の審理のあり方について、「本件のような満員電車内の痴漢事件においては、被害事実や犯人の特定について物的証拠等の客観的証拠が得られにくく、被害者の供述が唯一の証拠である場合も多い上、被害者の思い込みその他により被害申告がされて犯人と特定された場合、その者が有効な防御を行うことが容易ではないという特質が認められることから、これらの点を考慮した上で特に慎重な判断をすることが求められる。」と述べたうえで、前記のとおり、①痴漢被害に対して積極的な回避行動をとっていないこと　②そのことと被害を申告する直前の積極的な糾弾行動がそぐわないこと、③一旦、下車しながら、再び被告人と同じ車両に乗車しているのが不自然であること理由に、被害者供述の信用性になお疑いを入れる余地があるとして、無罪判決を行なった。

　しかしながら、この多数意見の①～③の事由が、被害者供述の信用性を否定するような理由にならないことは、堀籠裁判官の反対意見で述べられているとおりである。多数意見の①～③の事由のみで、被害者供述の信用性を否定するのは、あまりにも説得力を欠くものである。このような多数意見の結論に至った真の理由は、むしろ那須裁判官の補足意見に示されていると見ることができる。すなわち同補足意見は、痴漢は、単純かつ類型的な態様のものが多く、犯行の痕跡も残らないことから、「触ったか否か」という単純な事実が争われるため、普通の能力を有する者（例えば十代後半の女性等）がその気になれば、法廷において「具体的で詳細」な体裁を具えた供述をすることはさほど困難でないとし、1審および原審の各判決が示すような「詳細かつ具体的」等の一般

第3章　2つの最高裁判例

的・抽象的性質を具えているだけでは有罪の根拠にはならず、さらに特別に信用性を強める方向の内容や、他に補強する証拠等が存在することが必要であるとしている。

　一般に供述が「具体的で詳細」であることは、供述の信用性を高める方向に作用するはずであるにもかかわらず、本件最高裁判決の多数意見および補足意見は、痴漢被害者の供述については、「具体的で詳細」であっても、信用性を認めるべきでないという大前提を置いているのである。このことは、痴漢被害者は虚偽の被害申告を行なう可能性があるとの予断と偏見のもとに、他の犯罪被害者に比して、痴漢被害者を不利益に扱うものであり、痴漢被害者に対する差別的な取扱いと言わざるを得ない。

　しかも本件に即して判断すれば、その被害者供述の内容は決して単純で類型的なものとは言えない。

　そして最高裁判決は、前記のとおり「被害事実や犯人の特定について物的証拠等の客観的証拠が得られにくく、被害者の供述が唯一の証拠である場合も多い」として、被害者供述を客観的証拠とは異なる主観的なものと位置づけ、それゆえに被害者供述だけで有罪にすることについての慎重論を説いているのであるが、この点も本件被害者供述の具体的内容に即した判断とは言い得ない。1審判決や控訴審判決において示されているとおり、本件被害者供述は、それを元に、被害を再現した実況見分によって裏付けられている。控訴審においては、弁護人からはこの実況見分調書の再現とは異なる再現結果を示すDVDが証拠で提出されたが、裁判所は、逆にこの弁護人から示された再現結果こそが恣意的であると排斥している経緯も存在する。このような検討を経た被害者供述は、客観的な検証が行なわれた被害者供述と評価するに相応しいものである。にもかかわらず、なおこの被害者供述に加えて、特別に信用できる事情や補強証拠がなければ、被害者供述の信用性を求めることができないとするのは、事実認定の経験則にも違反するものと言わざるを得ない。

　本件最高裁多数意見・補足意見は、本件被害者供述の信用性をめぐって、被害再現を行なった実況見分調書の信用性については全く触れずに、被害者供述の些細な疑問点を過大に評価し、また、痴漢は単純で類型的な被害であるという一般論から、虚偽の供述が容易であるとなどという誤った前提を置いて、そ

の信用性を否定しているのである。被害者供述の信用性が、このような判断の枠組みで行なわれるのであれば、痴漢被害を有罪となし得るケースは、DNA鑑定や繊維鑑定で犯行を直接的に裏付けることのできる極めて限定されたものとならざるを得ない。しかしDNA鑑定や繊維鑑定は、決して万能なものではなく、DNA鑑定や繊維鑑定で、犯人識別の結果が消極であっても、必ずしも被告人が加害者であることを否定することにならないことは、前記のとおり、本件控訴審判決でも判示されているところである。

被告人の供述の信用性

前述のとおり、本件最高裁判決の多数意見・補足意見によれば、被害者供述の信用性は、他に特別の事情や補強証拠がない限り、原則として否定される結果になっているのに対し、被告人の供述は、前科、前歴がなく、この種の犯行を行うような性向をうかがわせる事情が見当たらないというだけで、その信用性が原則として肯定されているのである。

そして本件最高裁判決の反対意見で指摘されているような、被告人が、確たる証拠がない限り不利益な事実を認めない性向にあることや、電車内の自分の近くにいた人については、具体的に供述しているのに、被害者Aのことについては、ほとんど記憶がないという不自然さは、多数意見・補足意見では、全く考慮の対象とされていないのである。

本件最高裁判決における被害者供述と被告人供述の信用性の判断は、明らかに偏頗なものと言うほかない。

被害者の供述録画と証拠能力付与の必要性

痴漢の被害者供述に特別の信用性を要求し、それを被告人の供述より不利益に扱う刑事司法のあり様は、「疑わしきは被告人の利益に」という刑事司法の原則を徹底するものと評価する声のある一方で、痴漢被害の申告をためらわざるを得ない状況を作り出す恐れがある。

本件補足意見に見られるように、法廷での尋問に備えて検察官との尋問の打合せが行われることを理由の1つにして、性暴力の被害者が法廷において「具体的で詳細」な体裁を具えた供述をすることは、さほど困難でないとして、裁判所がその供述の信用性を認めないのであれば、被害者には捜査機関への被害

第3章　2つの最高裁判例

申告の端緒から、具体的で詳細な供述をしていたことを証明する手立てが保障されるべきである。

　この点において、捜査段階における被害者の供述について、被害申告の端緒の段階から、その内容を全面的に録画し、その供述録画に証拠能力を認めるなど、刑事訴訟手続きの改正もあわせて検討される必要がある。

第 2 部　無罪判例の批判的検討

【2】強姦無罪
―最高裁平成23年7月25日判決

島 尾 恵 理

　本件は、被害を申告した女性の供述の信用性を認めて有罪とした第1審および控訴審判決を最高裁が破棄し、無罪を言い渡したケースである。
　最高裁は、暴行、脅迫、姦淫行為の客観的な証拠がなく、被害者供述が唯一の決め手である場合に、その信用性判断は特に慎重に行うべきとした。そして、客観的にみれば容易に逃げたり助けを求めたりすることができる状況であったのにそうしなかった等の点から、女性の供述の信用性を否定した。
　また、本件では、キャバレークラブ勤務という被害者の属性から、予断をもった判断がなされた疑いがある。

1　事案の概要

　被告人は、当時18歳であった通行中の女性に対し、「ついてこないと殺すぞ。」
　などと脅迫し、女性のコートの袖をつかんで引っ張るなどしてビルの外階段屋上踊り場まで連行し、女性を壁に押しつけ、左腕で女性の右脚を持ち上げるなどして強姦したとして起訴されていた。
　これに対し、被告人は、報酬支払を条件に女性の同意を得て現場に一緒に行き、手淫してもらって射精したが、現金を渡さずに逃走した、強姦はしていないと主張していた。
　第1審は、女性の供述の信用性を認めて被告人を懲役4年に処した。控訴審は、改めて女性の証人尋問を実施した上で、第一審判決の事実認定を是認し、控訴を棄却した。
　最高裁が関係証拠から明らかであるとした事実関係は、以下のとおりである。
　被告人は、午後7時10分頃、駅前でたまたま通りかかった面識のない女性

第3章　2つの最高裁判例

に声をかけ、会話を交わし、約80メートル離れたビルに歩いて移動し、階段を上って本件現場に至った。午後7時20分頃、警備員が現場にいた被告人と女性のすぐ近くを通りかかり、そのまま通り過ぎた。午後7時25分頃、被告人は射精し、精液が女性の着用していたコートの右袖口に付着した。

午後8時30分頃、女性の勤務先飲食店の経営者と従業員が女性とともに本件ビルの警備室を訪ね、警備員らに強姦被害を訴えた。その後、警備員らの通報で、警察官がやってきたので、強姦被害を申告した。

約1年半後、被告人は、報酬支払いを条件に、別の女性に手淫行為を見るよう依頼し、同女の手に射精したが報酬を支払わず逃走したため、被害申告され、警察で事情聴取を受けた。この件は立件されなかったが、精液のDNA鑑定から、本件について検挙されるに至った。

② 争　点

強姦事件については、被害者の抵抗を著しく困難にする程度の暴行脅迫がなされたことが必要であるとするのが、確立した判例である。この事件で争点となったのは、抵抗が著しく困難な状況だったかどうか、及び姦淫行為の有無であった。そして、これらの争点につき判断する上で問題となったのが、女性の供述の信用性である。

③ 裁判の経緯

第一審は有罪認定

第1審判決は、次のように事実を認定した。
①被害状況に関する女性の供述が、屋上階段踊場で被告人が射精し女性のコートの右そでに精液が付着したとの事実に符合すること、②下着を脱がされた際パンティストッキングが破れたので近くのコンビニエンスストアで新しいものを購入し履き替えたとの供述が、本件犯行直後の時間帯の同店の販売記録で裏付けられている、③勤務先飲食店で出す飲料水等を買いに出たのに、これらを買わず、泣き顔で店に戻り従業員らに被害事実を申告した経緯は、被害に遭っ女性の行動として自然かつ合理的であること、④警備室を訪れ、通りかかった警備員を識別して申告しており、事実を真摯に訴えようとしていること、⑤虚偽供述をする動機がないこと

第2部　無罪判例の批判的検討

等に照らせば、女性の供述は、やや不自然な側面があるものの全体として十分信用できるとし、強姦罪の成立を認めた。

> 控訴審も有罪認定

控訴審は、女性の被害直後の供述、検挙時の供述、第1審での公判供述、控訴審での公判供述が、細部についてはともかく基本的に一貫しており、弁護人の反対尋問にも動揺していないとして、女性の供述の信用性を認めた。

> 最高裁では
> 一転して無罪

しかし、最高裁は無罪とした。最高裁は、暴行、脅迫及び姦淫行為の点を基礎付ける客観的な証拠がなく、女性の供述しかないのだから、その信用性判断は特に慎重に行う必要があるとした。そして、強姦に至るまでの状況に関する女性の供述内容は不自然で、容易には信じがたく、抵抗が著しく困難な状況に陥っていたかは疑問であるとし、姦淫行為に関する一連の女性の供述についても、不自然さを免れず姦淫行為があったとすることには疑義がある、とした。

そのうえで、全面的に女性の供述を信用できるとした第一審及び高裁判決は経験則に照らして不合理で是認できないのであり、なお合理的な疑いが残り犯罪の証明は十分でない、として無罪とした。

この判決においては、古田佑紀裁判官の反対意見があり、また須藤正彦裁判官と千葉勝美裁判官の補足意見がある。

④ 最高裁の法廷意見

1　女性の供述の信用性が否定された理由

最高裁の法廷意見は、姦淫に至る状況および姦淫行為の有無に関する女性の供述について、これを信用できないとした。

> 姦淫行為に至る
> 状況について

多数意見は、女性が逃げたり助けを求めたりしなかったことを何度も指摘し、不自然であるとしている。

すなわち、①人通りもあり、近くに交番もあり、駐車場の係員もいて、逃げたり助けを求めることが容易にできる状況であることを分かっていたのに、叫んだり、助けを呼んだりしなかったこと、②物理的に拘束

第 3 章　2 つの最高裁判例

されていたわけでもないのに、逃げ出すこともなく、脅迫等を受けて言われるがままに被告人の後ろを歩いてついて行ったこと、③強姦される直前に、すぐ後ろを通った制服姿の警備員に対し、声を出して積極的に助けを求めなかったこと等が、強姦の危機に瀕している被害者の対応として不自然で信用できないとしたのである。

須藤正彦裁判官の補足意見は、被告人から脅迫されたとの女性の供述に関して、被告人には、巧みに虚言を用い金銭で刺激するなどして女性をついて来させる行動傾向があり、出会った直後に脅迫するようなリスクの大きい手口の行為に出ることは経験則上考えにくいとし、意に反して対価もなく手や袖口に精液をかけられた女性の被害感情は強く、脅迫等につき意図的に虚偽の供述をし続ける動機があるとした。

千葉勝美裁判官の補足意見は、助けを求められなくなるほどの恐怖心を抱いたということには疑問を抱かざるを得ないとし、被告人が殴る蹴る等の暴行はしておらず、刃物を突きつけるなどの行為もしていないことを指摘し、日常的な会話をしていたのに突然「ついてこないと殺すぞ」と言い出したというのは、あまりにも唐突だとしている。

そして、特筆すべきことであるが、同裁判官は、女性は 18 歳だがキャバクラで勤務し、接客業務の経験もあり、それなりの社会経験を有しており、若年であることを過度に重視すべきでないと述べている。

また、帰社途中で 2、30 分の時間的余裕しかなかった被告人が強姦という大きな犯行をやり遂げるには時間が足りない気がする、暗い屋上を避け人が通る階段の明るい踊り場を選んだ行動や、警備員の足音を聞いても交際中の男女をよそおってやり過ごす対応は、強姦犯人の行為とは思えないとも述べて、女性の供述についてはにわかに信用性を認めることはできないとした。

姦淫行為の有無について　多数意見は、20 cm 余りの身長差のある被告人の左手で右脚を持ち上げられた不安定な体勢で、立ったまま強姦されたという女性の供述した態様は、わずかな抵抗をしさえすれば拒むことができる態様であり、姦淫は容易でなく、姦淫が行われたこと自体疑わしいとした。

また、当日深夜に採取された女性の膣液からは精液の混在は認められなかったし、膣等に傷ができているなど、無理矢理姦淫されたことを裏付ける事実が認められなかったことを指摘している。
　さらに、第1審が、販売記録により一応裏付けられていると評価した破れたパンティストッキングについて、直後の捜査で発見されていないことを指摘した上で、当初はパンティストッキングのみを購入したとしていたのが、第1審では何かを一緒に購入したかもしれないとし、レジの記録に沿うよう供述を変化させ、控訴審では飲物を買ったような記憶があるとしている点、供述内容に変遷が見られるとして、信用性に疑問を呈している。
　千葉勝美裁判官の補足意見は、さらに、挿入時間についての女性の供述が変遷していることを指摘し、姦淫の裏付けとなる客観的証拠が全く存在していない以上、信用性を有する他の十分な証拠の存在が強く要請されるとしている。

2　被告人供述の信用性に対する評価

　多数意見は、①被告人は、報酬支払を条件に女性の同意を得て現場に一緒に行き、手淫してもらって射精した旨供述しているところ、同様の行為について被害申告され本件について検挙されるにいたっていること、②被告人は日頃からそのような行為にしばしば及んでいたと供述し、そうした機会に撮影されたと見られる写真が被告人の携帯電話中に相当数存在していたこと、を指摘し、これらの事情を併せ考慮すると、被告人の供述はたやすく排斥できないとした。
　また、千葉裁判官の補足意見も、被告人供述は大筋において当時の状況を無理なく説明でき、客観的事実とも矛盾せず、むげに排斥できないとした。そして、犯行現場へ来た経緯や射精した時期、現金を置いて帰ったかどうかについて被告人の供述が変遷していることについては、犯罪の成立に直接関係するものでなかったり、弁解の骨格を変更するものでなく、犯罪の成立を基礎づける事実そのものについての否認ではないとし、供述が変わっていることのみを理由に、むげに信用性を否定できないと述べている。

⑤ 反 対 意 見

【古田裁判官の反対意見】　古田裁判官は、控訴審の判断は多数意見が指摘

第3章　2つの最高裁判例

するような問題を踏まえ2回にわたる女性の証人調べや数回にわたる被告人質問を含む事実調べを行って慎重に判断したもので、経験則に照らし不合理な点はないとした。

1　女性の供述の信用性を肯定した理由

古田裁判官が女性の供述の信用性を肯定した理由は、以下の通りである。

<u>姦淫行為に至る状況について</u>

通行人が相当数ある路上で脅迫、暴行が行われることはまれでない。性犯罪では被害者が威圧的言動で萎縮して抵抗できなくなる場合が少なくないのが実態で、相手が態度を豹変させ粗暴な威圧的言動を示すと恐怖を感じパニックに陥るのはよくあることである。「殺すぞ」と言われ抵抗できなくなることに何の不自然もない。客観的、事後的には、助けを求め、あるいは逃げることが容易であると認められる状況や機会がありながら、積極的にそのような行動に出ることができず、抵抗しないまま犯人の意のままになっていることもしばしば見られる。警察官が近くにいても助けを求められないことも珍しくない。

被害者が、容易に逃げたり助けを求めることができる状況なのにこれらの行動に出ないことは、性犯罪に関する研究等でしばしば指摘され、多くの性犯罪を取り扱う職務に従事する者の共通の認識となっており、これを不自然とする考えは、この種犯罪の実態から乖離したものである。

脅迫するために大声を出す必要はなく、通行人等に気付かれないように脅迫することが困難とは考えられないし、袖を引っ張るなどして女性に威圧を加えながら本件ビルに至ったというのであり、女性の行動が不自然とはいえない。

本件脅迫は、女性が話を打ち切って立ち去ろうとしたことを受けて行われたもので、唐突というより態度を豹変させたというのが相当である。女性が当時キャバクラに勤務しており、接客業務の経験があるとしても、路上で見知らぬ男から「殺すぞ」と脅迫された場合に抱く恐怖感に影響するような事情とはいえない。

第 2 部　無罪判例の批判的検討

> 姦淫行為の
> 有無について

女性が述べる姦淫の方法、姿勢は、想像により容易に述べられるようなものではなく、不自然なものではない。姦淫行為の実行に支障はないし、壁にもたれかかる姿勢をとらせていたのだから被告人の姿勢が特別不安定になるようなものでもない。強姦は必ずしも長時間をかけて行うものではない。屋上は寒気が強いのに対し、階段踊り場は滅多に人が来ないところであり、強姦は薄暗いところで行われるのが通常といえるものでもなく、階段踊り場はしばしば性犯罪に利用されている。警備員の足音を聞いても逃げようとせず、交際中の男女を装ってやり過ごすのは、むしろ常套的な手段である。

　膣内から精液が検出されていないのは、膣内で射精していないので当然であり、精液等が検出されないことが不自然との法医学上の知見は承知しない。女性は被告人にされるがままになっていたのだから、体表に外傷が生じる契機はなく、膣内についても顕著な傷害が生じる可能性は考えられず、何らかの傷害が生じるかどうかは、女性の体調、年齢等によることが大きい。結局、女性の供述以外に姦淫行為があったことを示す客観的な証拠はないというにとどまり、女性の供述が不自然であるという理由とはならない。

　パンティストッキングが発見されなかった理由は不明だが、捜査がされるまでの間のゴミ箱の処理の状況等も明らかでないし、捨ててもいないのに特定のゴミ箱に捨てたという、裏付けを取れば判明するおそれが高い虚偽の事実を女性が作出する理由はない。

　強い精神的ショックを受けた場合、強く意識したものでない行動の記憶が欠落していることはしばしば見受けられ、他の証拠から、明瞭な記憶はないものの実際はそのようなことがあったのかもしれないと考えるようになることは自然なことである。女性は、飲物を買ったことの確実な記憶があるとしているわけではなく、「確実なことは分からないが、そのようなことがあった気もするようになった。」という趣旨で、自己の記憶について率直に供述しており、供述の信用性に疑義を生じさせるような変遷とすることは失当である。パンティストッキングを購入したことは破れたストッキングを取り替えるという明確な意識を持った行動で記憶に残るものであるが、その際飲物を買うことは半ば反射的な行動で、記憶が欠落することは十分に考えられる上、警備員に抗議に行

くという事態になり、その騒ぎのため忘れるに至ったとしても不自然ではない。原判断は、女性が帰店した際にコンビニのビニール袋を持っており、コンビニで買物をしたことが推認できることを踏まえたものである。

2　被告人供述の信用性に対する評価

　古田裁判官は、被告人供述については、以下のように述べている。

　被告人は、捜査段階では3万円をおいて立ち去ったと述べ、第一審では女性が自分について下りてくれば金を渡すつもりだったが下りてこなかったと弁解し、この弁解が排斥されると、控訴審では、空の包みを渡して立ち去った旨の弁解をするに至った。第1審の弁解がいれられなかったことから、立件されなかった事件での弁解を利用した疑いがある。金銭の提供に関する供述は合意による行為と認められるかどうかに関し重要なのに、その具体的態様は、金銭の提供の有無を含め大きく変遷しており、信用性を認めるのは困難である。女性に手淫等をさせている写真等があるとしても、すべてが金銭の提供を約束してさせていたものということはできない。

　床に出すので撮影させてほしいといって手淫させ、実際はコートのポケットに入れた包みが空であることが直ちに確認されないようにするため、女性の右手のひらに射精し撮影したと弁解するが、手淫している右手の手のひらで精液を受けさせるように射精することが可能か疑問の上、手のひらに射精されることを予期していなかった女性は反射的に手を離すのが自然で、精液を受けさせた右手を撮影するということも想定し難い。コートの袖口にも掛かったのだから、女性は苦情を言うのが自然だが、そのような状況は被告人の供述からも現れない。

　他にも被告人の供述は、重要な点の変遷が随所に見られる。自己に不利益と考える事実は当初は述べようとせず、状況を見ながら弁解を転々と変更している様子が顕著で、不自然な点が多々あり、積極的、具体的に信用性を認めるべき事情はなく、その弁解が客観的状況によく整合するというような評価には無理がある。

　女性は、店で使用するおつまみなどを買いに行く途中で、被告人の誘いに応じるとか、被告人が見せ金をして誘うようなゆとりのある状況ではなかった。

第2部　無罪判例の批判的検討

店に戻った女性は震えて泣いており、約1年半を経過しても強い処罰感情を維持している。騙されて結果的に不本意な行為をさせられたという怒りよりも、意に反する屈辱的な行為を強制された反応として自然なものである。

⑥ 考　察

「強姦神話」が経験則？

　前記のとおり、本判決は、客観的な証拠がなく、被害者供述が唯一の決め手である場合に、その信用性判断は特に慎重に行うべき、という最高裁第三小法廷平成21年4月14日判決のスタンスを踏襲したものである。

　信用性の判断を慎重におこなうこと自体は、いかなる事件においても重要なステップである。しかし、判断の基準となる経験則自体がジェンダー・バイアスにもとづく現実と乖離したものであれば、判断結果も当然現実と乖離したものとならざるを得ない。本判決の事実認定は、まさにジェンダー・バイアスに満ちた、現実とは乖離した経験則によってなされたものと評価せざるを得ない。

　「本当に襲われたのであれば、逃げたり激しく抵抗したはずだ」、「強姦は暗い場所でおこなわれるものだ」等、本判決の理由として用いられた事柄は、まさに「強姦神話」として語られているものである。

　古田裁判官の反対意見にあるように、事後的客観的にみれば容易に逃げたり助けを求めることができる状況であったのに被害者が必ずしもこのような行動に出ないことは、性犯罪に関する研究等で指摘されているところであり、多くの性犯罪を取り扱う職務に従事する者の共通の認識である。これを不自然とする考えは、この種の犯罪の実態から乖離したものであり、まさに「神話」というべきものである。

　判決は、全面的に女性の供述を信用できるとした高裁判決及び第一審判決は経験則に照らして不合理で是認できない、なお合理的な疑いが残る、とした。しかし、性犯罪に関する研究等で指摘され、性犯罪を取り扱う職務に従事する者の共通認識と乖離する「経験則」は、到底合理的なものであるとは言い難い。判断を慎重におこなうことは必要であろうが、合理的でない経験則にもとづいて疑いを差し挟むことは、慎重な判断として肯定的に評価されるべきものでは決してない。

第3章　2つの最高裁判例

被害者属性に対する偏見

本件では、被害者の属性から予断をもった判断がなされた疑いがきわめて濃厚である。

被害女性は、事件当時18歳であった。ほんの数カ月前であれば、青少年健全育成条例等で保護の対象とされていたような若年者である。ところが、本件の被害者は、いわゆるキャバクラ嬢であったがために、「接客業務の経験もあって、それなりの社会経験を有しており、若年であることを過度に重視すべきでない」とされた（千葉裁判官補足意見）。

しかし、一般に、接客業務に従事しているからといって、暴行脅迫にさらされた場合の恐怖心が一律に低減するわけではないことは言うまでもない。たとえば銀行の窓口等、いわゆる水商売以外の接客業務の経験がある女性に対しても、同じ意見を裁判官は述べるだろうか。

過去にも、ホステス等いわゆる水商売従事経験のある女性が被害者となった性暴力事件において、「一般人から見ればかなり自由な性意識をもった女性」であることが理由中に述べられ無罪判決が出されたものがある（東京地裁平成14年3月27日判決等）。また、客から暴行脅迫を受け屈辱的な性行為を強いられその場面を撮影されたホテル嬢が客を刺した池袋事件（昭和63年6月9日東京高裁判決）においては、検察官が「性的自由及び身体の自由を放棄していた」と主張し、裁判所も「被告の性的自由及び身体の自由に対する侵害の程度については、これを一般の婦女子に対する場合と同一に論ずることはできず、相当に減殺して考慮せざるを得ない」と述べた。

このように、水商売従事者に対する偏見のもと、その性的自由が他職従事者の性的自由と同程度に保護されないというのはきわめて不当である。

初動捜査の拙さ

本件では、被害者が捨てたと述べた破れたストッキングが発見されなかったことも、被害者供述の信用性を否定する一要因となっている。しかし、ストッキングを特定のゴミ箱に捨てたことは、裏付捜査によって通常すぐに判明することであって、わざわざこのような虚偽の供述をする可能性は極めて低いものと思われる。

本件では、捜査がなされるまでの間のゴミ箱の処理の状況等も明らかでない等、初動捜査が尽くされていなかったことも無罪判決の一因となっている。

第2部　無罪判例の批判的検討

第4章　最近の下級審の裁判例

【3】強制わいせつ無罪
──奈良地裁平成21年4月30日判決

太平信恵

> 本件の被告人は、被害者（女性、当時21歳）を車で連れ去り、車内及び公園内で意思に反してわいせつ行為（口淫）を強制したとして、強制わいせつ罪で起訴された。奈良地裁は、①女性の供述について、変遷や自己を正当化する傾向が端々にみられることから、信用するには躊躇を覚えること、②口淫させる行為については、激しい暴行・脅迫を加えて相当の恐怖心を感じさせることが必要であるが、恐怖心についての証明が不十分である、として無罪とした。

① 事案の概要

犯行に至る経過

事件当日、被告人は友人Aと一緒に駅前付近で「ナンパ」をしており、バス停付近で女性（当時21歳）に声をかけた。女性はこれに応じ立ち話をし、赤外線通信により、携帯電話の番号とメールアドレスを被告人に教えた。

被告人と女性はいったん別れたが、被告人が早速女性の携帯電話に電話をかけ、自動車で自宅まで送っていくと伝えたところ、女性と被告人らは合流し、Aの運転するワンボックスカーに3人で乗り込んだ。Aの自宅に到着してから、被告人と女性は、被告人所有の左ハンドルのフォルクスワーゲンに乗り込んだ。

公判での女性の供述

女性は、公判で次のような供述を行っている。
被告人と車内で交際中の男性の話をしていたが、被告人から、しつこく口説かれ、第1現場に停車させ

第4章　最近の下級審の裁判例

た車内で、突然被告人に眼鏡を外されて、いきなりキスされた。突然のことで怖かったし、ほとんど声も出ない状態で、体がこわばって十分に抵抗できなかった。

　被告人を押しのけられずにいると、被告人に右胸をもまれ、服をずらして右胸をなめられた。その後、被告人はズボン脱ぎ、私の手首をつかんで引っ張り、もう一方の手で頭を押さえて股間のところに頭を引き寄せ、被告人の陰茎を私の口に入れた。

　その後、被告人から、眼鏡を落としたので拾うから一旦車外に出るよう言われて自動車を降りたが、空き地に連れて行かれそうになり、身の危険を感じ、再び自動車に乗った。自宅の前を通った時に、降ろして、と頼んだが降ろしてくれなかった。

　第2現場に着いてから、眼鏡を返してもらい、自宅に帰ろうと歩き始めたところ、被告人に手をつかまれ、公園へ連れて行かれた。公園入口近くのベンチに座らされ、被告人が私の正面に立って、私の頬を持ち上げてキスしてきた。被告人から肩を押さえられていたので抵抗できずにいると、右胸を触られ、なめられ、ズボンを脱がされそうになったので私はズボンを押さえたところ、被告人は手を離した。被告人は自分のズボンを脱ぎ、私の口に陰茎を入れた。怖くて体が全然動かず立てなかったところ、口の中に射精され、飲み込んだ。

　その後自宅に帰ったが、自分から車に乗ったのが悪いと言われると思い、家族に話せなかった。その後、友人B、母親、警察に被害申告した時に無理やり自動車に乗せられたと話した。自分から自動車に乗ったと話せば親に叱られると思ったからである。

② 公判での争点

　被告人は、女性を押さえつけたり、脅迫したことはなく、女性は同意していたのであり、強制的な行為はしていないとして無罪を主張した。また、本件では、目撃者がおらず、女性の供述が唯一の直接証拠である。

　そこで、①女性の供述の信用性、及び、②口淫させる行為について、暴行・脅迫があったのか（同意の有無）の2点が争点となった。

第2部　無罪判例の批判的検討

③ 裁判所の判断

女性の供述の信用性について

裁判所は、女性は自らを正当化するため敢えて被告人に不利な供述をすることを厭わない傾向が顕著にうかがわれる、とした。

裁判所は、女性が、当初は、被告人に無理やり自動車に乗せられたと述べた理由について、親に叱られると思ったからと述べたことは、そのような心情は了解可能であるとした。

しかし、女性が警察官らに対しても積極的に虚偽の供を維持し、告訴状まで提出し、出頭前に携帯電話の着信履歴を抹消した事実を指摘し、「女性の内心では、自らを正当化するためにあえて被告人に不利な供述等をすることを厭わない傾向が顕著にうかがわれるから、その供述の信用性は相当慎重に判断しなければならない」とした。

裁判所は、女性が、自己の記憶に忠実に供述していない、自己を正当化しようとする傾向が言葉のはしばしにうかがわれる、とした。

裁判所は、女性が、①第2現場での行為時に触られたのが、再現実況見分の際には左胸としていたが、どちらでも問題がないと思って、検察官に対して全部右胸だと述べたこと、②第1現場で、被告人が自動車を乗降した際、運転席側から出入りしたか、助手席側からかという点についても供述を変遷させていることから、無理やり自動車に乗せられたとする供述以外の点でも、必ずしも自己の記憶に忠実に供述していない、とした。

そのため、「（女性は）あえて嘘をつきとおそうという態度までは認められないものの、なお自己を正当化しようとする傾向が言葉のはしばしにうかがわれると言わざるを得ない」とされた。

裁判所は以下のとおり、女性の供述内容が不合理であると判断した。

女性は、眼鏡なしで歩けないので返して欲しかったとするが、本件時には眼鏡なしで車外を歩いて人家の明かりを見つけたり、自宅前で父親の自動車を確認しているから、眼鏡がないと全く歩けないほど極端に視力が悪かったとは思われない、とした。

また、女性は、自宅の近所には暗い所はないので大丈夫だと思ったと述べる

第4章　最近の下級審の裁判例

が、今まさに自動車内で強制わいせつした被告人が、なぜ自分を無事に自宅に送り届けてくれると信用したのか、なぜもう大丈夫と思ったのか、犯人に自宅を教えたのはどうしてなのか疑問である、とした。

　さらに、女性は、当初は第1現場での被害を警察官に申告していないが、自動車に乗ったこと自体は供述しており、あえて被害申告をしない理由はないから、第1現場での行為については強制わいせつの被害を受けたとの認識に乏しかった可能性も否定できない、とした。

口淫させる行為について

　裁判所は、強制わいせつ罪の成立には激しい暴行・脅迫が必要であるとした。
　すなわち口淫させる行為は、被害者が頑なに口を閉じてしまえば、単独犯の場合は相当困難で、一時的に口内に陰茎を入れることが可能であっても、通常は被害者に対し強姦の場合にも匹敵するような激しい暴行・脅迫を加えて、相当の恐怖心を感じさせていいなりに口淫させる、ということになる。ところが、本件では、わいせつ行為そのもの以外に殴る蹴るといった激しい暴行や「殺す」といったような苛烈な脅迫がなされていない、とした。

　裁判所は、さらに激しい暴行・脅迫がないのに女性が恐怖心を生じたのは不自然とした。女性は、①第1現場で再度自動車に乗った理由について、恐怖心から逆らえずに乗ったとは述べていないこと、②被告人が同意を主張していることに対しては、嫌だったことを理解してほしいと述べているが、自分の受けた恐怖心については触れていないこと、及び③事件直後に帰宅し、翌日は仕事にも出たが、家族や職場の者から様子がおかしいという指摘を受けたとの事実も認められない、とした。

　そして、第1現場における行為については、当初、警察官に申告していないことなどから、恐怖心を感じて口淫を強いられたといえるのか疑問である、とされた。

　また、第2現場でも、ことさらに激しい暴行・脅迫がなされたわけでもないのに、突如として口淫させられるほどの恐怖心を生じた、というのはいかにも唐突であって不自然である、とされた。

第2部　無罪判例の批判的検討

まとめ

裁判所は、「女性の供述をそのまま信用することには躊躇を覚えると言わざるを得ない」と述べ、被告人を無罪とした。
第1現場では、女性自ら再度自動車に乗り込んでいること、当初、被害申告していないことから同意に基づく可能性は否定できない、とした。

第2現場においては、女性の内心において性的行為を拒否する心情は相当高まっていたと伺われるが、被告人のしつこさや強引さに押し切られる形で内心は嫌々であったとしても、結局のところ任意に行為に及んだ可能性を完全には払しょくできないから、被告人が暴行脅迫を加えてわいせつ行為をしたと断定するには合理的な疑いが残る、とした。

④ 考　察

以下では、この事件での裁判所の判断の問題点を検討する。

被害者の行動はつねに合理的か

女性の行動が不合理であれば、その供述は信用できなくなるのか？　裁判所は、被害当時及び被害後の女性の行動が不合理であることを、供述の信用性の判断根拠とし、その信用性を否定した。

しかしながら、性暴力の被害を受けた女性が被害時及び被害直後において、後に振り返って客観的にみれば「不合理である」といえる行動をとっていることは珍しくない。性暴力の被害に遭えば、冷静に合理的行動ができなくなるのが通常である。また、翌日、仕事に出たこと、様子がおかしいという指摘がないというのも、一般的に性被害者にみられる事象である。

精神科医師である宮地尚子氏は、「被害者が事件の次の日に仕事に行くのは珍しいことではありません。どうしていいかわからず、とりあえずは誰にも知られたくないので、予定通りの行動をとり続ける人もいます。あまりに衝撃が強く、感情が麻痺してしまうために、事件後の被害者や遺族が冷静に見えるということは少なくありません。こういった麻痺や離人感、現実感の喪失を「急性解離」「周トラウマ性解離」といいます。」（宮地尚子著「トラウマ」岩波新書）。と述べている。「周トラウマ性解離」とは、トラウマ体験の最中または直後に

第4章　最近の下級審の裁判例

起こる解離のことである。

　特に性暴力被害者は、恐怖の中で、恥辱感や屈辱感を味わうため、被害を受け止めることができず、何事もなかったかのように、被害前と同じ生活を送ることで、精神の安定を保とうとする行動をとる。また、性的なことを誰かに話をするには勇気がいるし、被害を受けたことを自分の落ち度であると感じて、家族には知られたくない、心配をかけたくないと思い、平静を装うものである。そのため、自らの受けた性暴力被害を過少申告することもある。

　裁判所は、このような性暴力被害者の心理を全く考慮することなく（裁判において、被害女性の取った対処行動に関する専門家証言といった立証を経た形跡はない）、被害女性の事後の対処行動を捉えて、専門的知見からではなく、素人的に「なぜ？」とその合理性に疑問を投げかけ、また、被害者が事後的にとった行動について誤った理解の上で、被害者の供述の信用性を判断しており、問題である。

| 細部の食い違い と供述の信用性 |

　女性の供述が細かい点で食い違っているだけで、供述の信用性を否定するのは妥当であろうか？
　裁判所は、①被告人に触られたのが、右胸か左胸かという点について、女性が供述を変遷させたこと、その理由について、女性がどちらでも問題がないと思っていたと述べたこと、及び②被告人が車を乗降したのが、運転席側か助手席側か、供述を変遷させたことについて、女性が自己の記憶に忠実に供述していない、自己を正当化する傾向がある、として、供述の信用性判断の材料としている。

　しかしながら、通常、性暴力の被害者は、恐怖の中で行われた性的な被害について、「汚された」「屈服させられた」「恥ずかしい」という気持ちになり、被害申告することをためらう。また、被害者は、被害申告をする際にも、自分の受けた被害を思い出すことで、再度、恥辱感や屈辱感を味わうことになる。そのため、被害者が被害の内容を、全て事細かく告白することは、勇気のいることであるし、また非常に辛いことである。

　被害者はあくまで受け身であるから、被告人の行為（右胸を触ったか、左胸を触ったか）について正確に記憶していなければならないというのは、あまり

第2部　無罪判例の批判的検討

にも過酷である。

　被害者は、まさに今行われている被害についてショックを受け、一時も早く逃れたいという気持ちである。それなのに、被害を受けている最中に、屈辱的・恥辱的な被害の内容を記憶に留めようとする被害者がいるだろうか。

　トラウマ的な体験をした場合、意識や記憶を一時的に消失することは珍しいことではないし（前掲、宮地）、時間の経過により、細かい記憶が薄れてくるのは誰しもよく経験することである。にもかかわらず、裁判所は、被害者の受けた被害の内容（態様）について、従前から左胸か右胸かと言った些細な事柄にこだわる傾向であり、本件においても、同様に左右どちらの胸であったかという被害者の供述について、信用性判断の材料としている。

　左右どちらの胸であろうと、「被害者の胸が触られた」のであり、「被害者の胸が触られた」という供述は変遷していないのである。

　裁判所は、性暴力被害者の心理を理解せず、些細な事実について、供述に変遷があることをもって、女性の供述の信用性の判断材料としている点で不当である。

口淫の強制

　口淫させる行為は、口を閉じてしまえば、力ずくではできないのか？　裁判所は、わいせつ行為そのもの以外に強姦の場合にも匹敵するような激しい暴行・脅迫が必要とした。

　一般に、強制わいせつ罪においては、「わいせつ行為」そのものが暴行であるとされており、例えば、痴漢が被害者の下着の中に手を入れて性器等を触る行為や、無理やりキスする行為について、強制わいせつ罪が成立するとされている。これらのわいせつ行為については、わいせつ行為そのもの以外に、激しい暴行・脅迫は要求されていない。わいせつ行為を受けたことは、まさに激しい暴行・脅迫を受けたことを意味するからである。

　にもかかわらず、裁判所は、口淫については、被害者が頑なに口を閉じてしまえば、犯行が相当困難であることを理由に、その他のわいせつ行為とは区別して、激しい暴行・脅迫を要求した。

　しかし、被害者の目の前に性器を突き付けて口淫させる行為は、それだけで、被害者に十分な恐怖心を与える行為ではなかろうか。また、口淫させる行為は、

第4章　最近の下級審の裁判例

加害者の性器を被害者の身体内部にまで挿入するものであり、わいせつ行為の中でも、特に、被害者に屈辱感を与えるものである。

　加害者が、被害者の口内に性器を挿入しようとすれば、必然的に、被害者の頭部もしくは顔面を押さえ付けることになる。被害者の頭部や顔面を押さえ付けて、被害者の面前にむき出しにした性器を突き付け、その口内に性器を挿入する行為自体、まさしく激しい暴行・脅迫行為にほかならない。

　裁判所は、被害者が口を閉じれば犯行を防ぐことが出来ると考えているようであるが、実際、そのような抵抗をするのは困難である。口は呼吸器官であるため、長時間口を閉じていれば息苦しくなるし、被害者が、自分の目の前に性器を突き付けてくる強引な加害者に対して、頑なに口を閉じるという抵抗をいつまでも続けることは相当困難である。また、性器を突き付けられた被害者は、口淫を拒めば、暴行を加えられたり、強姦されたりするかもしれないし、抵抗しても無駄だと感じる。

　物理的な暴行や脅迫・「殺す」といった言葉での脅迫を要求する裁判所の考えは、性暴力を受けた被害者の恐怖心に対する理解を全く欠くものである。

口淫強制の罪質と法改正の必要

　そもそも、口淫させる行為を強制わいせつ罪として処罰するのは相当であるのか？
　本件は、検察官により、強制わいせつ罪として起訴された。刑法上、強姦とは、加害者の男性器を被害者の女性器に挿入することが要件とされているため、口淫させる行為については、強姦罪ではなく、強制わいせつ罪として処罰されているからである。

　しかしながら、そもそも強姦罪は、被害者の性的自由を保護の対象としている。口淫させる行為は、性器への挿入はないものの、被害者の身体内部への侵襲行為であり、被害者に対して与える屈辱感や恥辱感は、強姦行為と変わらないし、性器を口内に挿入することにより、性病を移される危険性は高い。したがって、口淫させる行為は、被害者の性的自由を著しく侵害するものであり、無理やりキスをするとか胸を触るというような他のわいせつ行為よりも、被害者に与える打撃ははるかに大きい。

　現行法においては、口淫させる行為について強制わいせつ罪の処罰対象とさ

第 2 部　無罪判例の批判的検討

れることは仕方がないとしても、本件では、他のわいせつ行為と区別し、厳しく処罰する方向で検討するのではなく、「激しい暴行・脅迫」を要求することにより、かえって犯罪を成立しにくくしており、非常に問題である。

　この点、多くの先進国では、性犯罪の類型化において、加害者の性器の被害者の体内への侵襲行為（口淫、肛門性交）を他のわいせつ行為とは区別し、性的自由の侵害の程度に応じた厳しい処罰を規定している。日本でも、性犯罪について類型化を行い、行為態様や被害の程度に応じた規定の制定に向けた検討がなされるべきである。

| 強姦神話に支配された裁判 | 裁判所は、「内心は嫌々であったとしても、結局のところ任意に行為に及んだ可能性を完全には払拭できない」と判断している。これは、「嫌よ嫌よも好きのうち」といった |

代表的な「強姦神話」に裁判所もしばられていることを意味するといってよい。多少強引であったとしても、激しい暴行・脅迫が立証されない限り、無罪であるとするのは、性暴力被害に対する無理解をあらわにしたものである。

第 4 章　最近の下級審の裁判例

【4】強姦無罪
── 大阪地裁平成 20 年 6 月 27 日判決

野　澤　佳　弘

　本件は、成人の被告人が出会って 2 日目の 14 歳の少女を姦淫した事件である。裁判所は、少女が被告人による姦淫行為に対して、「やめて」と言って被告人の肩や腕を手で押さえたり、両足に力を入れて閉じたりしており、被害少女が性交に同意していなかったことを認めながらも、暴行の程度は反抗を著しく困難にする程度のものとは認められないとし、また、被告人に被害少女が受け入れていたとの誤信もありえたとして、無罪とした。
（最高裁判所ホームページ掲載）

1　事案の概要

経　過

　裁判所は、次にように事実を認定している。
　被害少女は当時 14 歳の中学生であり、被告人は当時 24 歳で交際相手と同棲中であった。被害少女と被告人とは、被害があった日の前日の朝に、車に乗った被告人が被害少女に声をかけたのが、最初の出会いである。被告人は、被害少女をかわいいと思い、声をかけた。被害少女は、これに応じて被告人と車内で話をした。被告人は、被害少女に偽名を伝え、年齢は 18 歳と答えた。被告人は「付き合おうか。」と言い、被害少女は「1 日待って。」と言って、番号交換をして、被告人がその日の夜に電話をかけると約束して、その場は別れた。
　次の日（事件当日）の昼、被害少女は、友人らにはやされて被告人に電話をかけ、なぜ前日に電話してこなかったのかを尋ねた。被告人は、仕事中だったため、午後 6 時ころ、折り返しの電話をかけた。そのとき、被害少女は友人 J 宅にいた。電話で、被告人は会って話そうと言い、被害少女は、最初は断ったが、結局会うことになった。被告人は、学校の制服を着てくるように言った。友人 J は、被告人が制服を着てくるように言ったことを聞き、被害少女に被告

第2部　無罪判例の批判的検討

人と会わないように話したが、被害少女は、大丈夫だと言い、自宅に戻って入浴し、化粧をし、制服ではなく、ジャージのズボンとTシャツを着て家を出た。

午後8時過ぎに、被害少女は被告人と公園で待ち合わせをして、被告人の車に乗り込み、市内をドライブした。被告人の車は、座席が3列あるワンボックスタイプだった。ドライブ中、車内で被告人が付き合うかどうか尋ね、被害少女は付き合うことを承諾した。その後、被告人は被害少女にキスをした。被告人は、神社と住宅地の間の路上に停車した。

被告人は、セックスをしたいと思い、被害少女に後部座席に移ろうと誘った。まず被告人が後部座席に移動して背もたれを全て倒し、被害少女も移動した。座ったまま少し話をして、寝ころび、キスをした。被害少女は、このキスは嫌ではなかった。

被告人は、被害少女のブラジャーのホックを外し、胸を揉むと、被害少女は「今日はやめとかへん。」、「早すぎひん。」と言って、被告人の肩ないし腕を押した。しかし、被告人は「いいんじゃない。」と言って止めなかった。そして、被告人が下着の中に手を入れて陰部を触ろうとした際も、被害少女は両足に力を入れて閉じて「今日はやめとかへん。」と言ったが、被告人は「いいやん。」と言いながら行為を続けた。その後、被告人は被害少女が足を閉じているにもかかわらず、ジャージのズボンとパンツを脱がして、座席のポケットからコンドームを取り出し、コンドームをはめ、被害少女の足を開いて、被害少女に覆い被さって姦淫した。被害少女が涙を流すことはなかった。

性交後、被告人は被害少女に大丈夫か聞き、被害少女は大丈夫と答えた。車を発進させる前、被告人が、自分の携帯電話に、見知らぬ番号から着信履歴があることに気付いて、「誰やろ。」などと言うと、被害少女は、被告人の携帯電話を見た。その後、被告人は被害少女を自宅の近くまで送り届けた。

他方で、友人Jは、被害少女が公園についたとのメールの後に連絡が取れなくなったため、おかしいと考え、もう1人の友人Lと共に公園に行って探したが見あたらず、被害少女に電話しても繋がらなかったため、拉致されたと思い、110番通報した。Jは、被害少女の友人から被告人の電話番号を聞いて、Lが被告人に電話をかけ、「被害少女をさらったやろう。」と問い詰めた。

被害少女は、午後9時半ころ、Jに「ごめん、今帰っているところ。」とい

うメールを送り、Jが被害少女に電話をかけると、被害少女は「別に何もなかった。」と話した。別の友人Mが被害少女に電話し、「犯されたん。」と聞き、被害少女は最初は何もないと言っていたが、その後「うん。」と返事をした。JはMからその事を聞き、Lに伝え、Lが被告人に電話で「犯したやろう。」などと言って問い詰めた。

被告人は、被害少女に電話をかけ、「何で俺がそんなこと言われなあかんねん。友達に電話するのやめさせてくれ。」といい、この点について話をするために近くで会った。被告人は「何で犯されたって言ったんや。」「何で付き合ったんや。」と言い、対して、被害少女から、別れると言い出し、二人は別れることになった。その後は、双方連絡は取っていない。

以上が、裁判で認定された事実である（一部省略）。

② 争　点

被告人は、被害少女と性交した事実は争わないが、①被害少女は同意していた、と主張した。また、仮に同意しなかったとしても、②反抗抑圧に足りる暴行脅迫を用いておらず、また、③強姦の故意を有していなかった、と主張した。

以上の3点が争点である。

③ 裁判所の判断

被害少女の同意はなかった

裁判所は、以下のとおり述べて、被害少女の同意を否定した。

被害少女は、被告人に対して今日は性交をやめておこうという内容の発言をし、また、足に力を入れて閉じるなど拒絶する態度を示していることが認められる。被害少女が14歳の中学生であり、被告人とは本件前日に初めて知り合い、付き合い始めたのも本件当日であることなどにかんがみれば、被害少女が性交に同意していなかったことは認められる。

暴行の程度と強姦の故意

裁判所は、②と③を合わせて判断をし、強姦罪の認定に積極的に働く事情と消極的に働く事情とに分けて検討している。裁判所は、まず、強姦罪の認定に積極的に働く事情と

して、以下の事情を挙げている。

①被害少女は、性交しようとしていた被告人に対し、性交前に「今日はやめとかへん。」などと言っていた。②被告人は、被害少女の陰部に手を伸ばした際、閉じていた被害少女の足を開き、被害少女が足を閉じているにもかかわらず、ジャージのズボンとパンツを脱がせ、被害少女の閉じている足を開いた。③被害少女は、本件当時14歳であり、性交が行われた時刻は午後9時ころで、場所は、神社横の路上に停めた自動車内であった。

次に、裁判所は、認定に消極的に働く事情として、以下の事情を挙げた。

④被害少女から、被告人に、本件当日の昼に電話をかけ、なぜ前日の夜電話してこなかったか尋ねており、被害少女も被告人との交際に対して積極的だった。⑤被害少女は、本件当日、被告人に会う前に、化粧、着替え及び入浴をして身支度を整えており、被告人もそのことを認識していた。⑥本件直前、被告人は、車の中で被害少女に付き合うか尋ね、被害少女がこれを承諾しており、性交を受け入れたものと被告人が考えても不自然ではない人的関係であった。⑦被告人は、本件現場に行くまでの間に被害少女とキスをし、本件現場において、後部座席に被害少女を誘い、後部座席を倒した後に、被害少女は後部座席に移動して、任意に寝転がり、被告人とキスをしている。そうすると、被害少女は、被告人とは、強く抵抗することが困難な関係にはなく、被告人の方も、被害少女の抵抗に対して多少強引に迫れば、被害少女もあきらめ、同意により性交できると期待しても不自然ではない。⑧被害少女の公判供述によっても、「やめて。」というのは、被告人に聞こえる程度の声であり、叫ぶなど強い拒絶の様子を示したとまでは認められない。⑨その抵抗の態様は、被告人の肩ないし腕を手で押さえたり、容易に開かれる程度に足を閉じていたと言うに留まる。ジャージのズボンとパンツを脱がされる際も、ズボンを軽く持っていたと言うに留まり、パンツを脱がされるときは、パンツを持っていない。⑩ジャージのズボンとパンツには、脱がされるに際して破れた形跡はなく、被害少女自身「あっさりと私の両足を開き」と供述しており、足を固く閉じていたとまでは認められないし、開かれた後、必死で抵抗したとの状況ではなかった。⑪本件自動車を運転し、本件現場に停車した被告人は、本件現場が被害少女と待ち合わせをした場所や被害少女の通う中学校から1キロメートル前後の距離

第4章　最近の下級審の裁判例

にある、南側は住宅地となっている公道上であることは認識していたと見られる。

これらの認定した事実をもとに、裁判所は次のように強姦罪の成立を否定した。

暴行・脅迫の程度に関して、「被告人が被害少女の足を開く行為及び被害少女に覆い被さる行為が、犯行を著しく困難にする程度の有形力の行使であるとは認めがたい。」として、強姦罪の成立に必要な暴行・脅迫に当たらないとした。

さらに、故意に関して、「被告人は、被害少女が拒否的な態度を示しつつも、最終的には大きな抵抗もないことから、自己との性交を消極的ながら受け入れていたと誤信していた疑いは払拭できない」として、故意の存在を認めなかった。

④ 考　察

以下では、この判決の問題点を検討していく。

被害者の抵抗

被害少女の抵抗が弱いと、「反抗を著しく困難にする程度の有形力の行使」とはいえないのであろうか。

裁判所は、物理的抵抗（必死の抵抗）がないことを、暴行・脅迫の要件をみたさないと認定した。暴行の内容、抵抗の内容の少なくともいずれかが強度なものでなければ、反抗が「著しく困難」とは言えない、という判断をしている。今回のように双方共に強度なものでないケースでは、基本的に要件を満たしづらい、ということになる。

そうだとすれば、問題は、刑法177条の暴行・脅迫の要件として、「反抗を著しく困難にする程度の有形力の行使」を要するとする現在の判例・通説に遡る。判例・通説は被害者心理をないがしろにされてしまうほどの厳格な要件を必要としている。本件では拒否の意思表示をしても聞き入れてもらえない状況下で、無理やりに自己の身体が性的対象とされることへの恐怖心、脅えの心理が存在している。この問題点は、第1章でも指摘されているように、家父長制を前提とし、女性にのみ強度の貞操維持義務を課していたかつての法制度の名残が、今なお色濃く残っているのである。

第 2 部　無罪判例の批判的検討

青少年保護育成条例では　判例・通説による限り、刑法の強姦罪では、強度の暴行・脅迫が要求されるため、本件のような事件で有罪との認定になることは、難しくなる。他方で、青少年保護育成条例の適用はどうであろうか。しかし、ここでも、被害少女を「威迫し」、「欺」き、または「困惑させ」た、という要件にあてはまる必要がある（例えば、大阪府青少年保護育成条例 34 条 1 号）。本件では、威迫はなく、欺罔行為もなく、惑わせる言葉・行為もないため、どの要件にも当てはまらず、結果、同条例でも処罰できない可能性が高い。

解決の方向　本件のようなケースは、常識的にみて、発生を防ぐ必要があるし、処罰の必要性が高い。そのための方策としては、例えば裁判所のよって立つ要件解釈の変更、つまり、「著しく」という要件を必要としない、という解釈をとることが考えられる。もしくは、立法としては、法定刑は強姦よりも軽く設定する代わりに暴行脅迫を要件としない（例えば、「不意打ちをもって行う」「相手の同意がないまま行う」という点を要件とする。）中間的処罰規定の新設が必要となってこよう。

被害者の同意　裁判所は「被告人の方も、被害少女の抵抗に対して多少強引に迫れば、被害少女もあきらめ、同意により性交できると期待しても不自然ではない。」とし、これを強姦の故意を否定する事情としている。すなわち、裁判所は、少なくとも、被告人が「多少なりとも強引にいったらあきらめるだろう。」と考えたことが誤信にプラスに影響する、と認定しているのである。

　そもそも、強引に迫ることで取り付けた同意は、「同意」と言えないのではなかろうか。同意とは、本来同意能力の在る者が、対等な関係で、自由に行われる必要があるはずである。本件の被害少女は 14 歳であって、24 歳男性の被告人とは年齢・経験において差がある。二人は出会って二日目、しかも被告人の支配領域ともいえる被告人所有の車内で事件が起きている。本件のような状況では、被害少女と被告人は、到底対等な関係にあるとは言えない。このような場合における被告人の「期待」は身勝手なものであり、かような身勝手な期待を「不自然ではない。」とする裁判所の判断は明らかに不相当である。

第4章　最近の下級審の裁判例

　また、強引に取り付けた同意をもって、被告人が「同意があったと認識した」と主張した場合、本来であれば、「かような認識は経験則に照らして不合理な弁解であり、かかる主張をもとにしても故意の存在に疑いを挟むことはできない。」との事実認定こそが妥当であり、本件で故意を否定した裁判所の判断は、事実認定として誤りであるといえる。

　被害少女は14歳　被害少女が14歳でも、成人被害者と同じ扱いでよいのであろうか。本件では、一応、裁判所も、暴行脅迫を認定する積極的事情に、被害少女が14歳であることを挙げている。

　しかし、全体の判断を見る限り、こうした事情を軽視しているとしか思えない事実認定となっている。14歳（性交同意年齢の最下限である13歳と1歳しか違わない）の少女と24歳の男性が出会って二日目で性交をしたこと自体が不自然、という感覚が、裁判所に欠けているように思えてならない。

　かような事態が生じるのは、14歳は性交同意が可能な年齢であるとして大人と区別していないことも一因である。解決のためには、性交同意年齢を引き上げる方向で見直したり、13～16歳は原則的に性交の同意ができないという段階的な規定の制定を検討するべきであろう。

　キスをする間柄　キスをしたら、強く抵抗することができる間柄になるのか？
　裁判所は、キスをしたことで「抵抗することが困難な関係にはない」としている。しかし、キスをしたことで、流れの中でかえって抵抗し辛くなる、という心理を完全に無視しているものであり、このような判断は疑問である。また、「キスをすることの合意」と、「性交の合意」は全くの別物であり、特に、低年齢であれば、性交の同意との間には、非常に大きな乖離がある筈である。裁判所が、キスをした、という点を重視していたとすれば、非常に問題である。

第 2 部　無罪判例の批判的検討

| 交際に積極的 | 交際に積極的であれば、強姦の成立が否定されるのであろうか。

裁判所が暴行脅迫の認定に消極的に働く事情として、被害少女が被告人との交際に積極的であった事情や、当日会うことを楽しみにしていたことが窺われる事情を挙げている。しかし、これが暴行脅迫の認定に消極的に働く、というのは、明らかに論理の飛躍がある。交際に積極的であった事実が、そのまま性交の同意の評価根拠事実となるのは誤りである。この点、裁判所は一切評価をしていないので不明であるが、かかる事実を考慮に入れて判断をしているのであれば、裁判所の評価には誤りがある。デートレイプの被害の実態を軽視しているといってよい。

| 「やめて。」の意味 | 「やめて。」の声が小さく、物理的抵抗が少なければ、反抗抑圧は否定されるか？

裁判所は、消極的事情として、「やめて。」という声が大きな声でなかったことや、足を閉じる以外に何もしなかったこと、足を固く閉じていないこと等を挙げている。これを消極的事情として挙げる、ということは、叫ぶほどの拒絶を本来はするべきである、全力を尽くして有形力をもって抵抗するべきである、といった、女性の厳格な貞操維持義務を課していると同視できる認定であり、明らかに不当である。

| 故意がないという判断 | そもそも、裁判所の認定は、「犯行を著しく困難にするほどの暴行脅迫がない」という認定である。とすれば、被告人の故意を論ずるまでもなく、裁判所の結論は下せるはずである。

ところが、裁判所は、「被告人の方も、被害少女の抵抗に対して多少強引に迫れば、被害少女もあきらめ、同意により性交できると期待しても不自然ではない。」などとし、「被告人は、被害少女が拒否的な態度を示しつつも、最終的には大きな抵抗もないことから、自己との性交を消極的ながら受け入れていたと誤信していた疑いは払拭できない。」と、被告人の故意を否定する認定を行った。

被害少女の拒否を知りながらも、犯行を続けた被告人の「誤信」という不合理な弁解を認めるような認定を行った裁判所の態度は疑問である。

第4章　最近の下級審の裁判例

捜査段階の問題

そもそも、本件では、被告人の自白の信用性も問題とされていた。その法廷で、警察官は、「被告人を反省させる意味からも、被告人の供述調書は強めにとっている」と供述し、結果、被告人の捜査段階の自白の信用性は否定されている。

　本来、警察官は、被告人の供述を、供述のとおりに取らなければならない。それが捜査及び証拠化の原則である。かような警察官の勇み足の結果、本件の争点が多岐にわたることになり、真実とは違う内容のものが出ることになってしまった可能性もある。捜査機関の捜査は、この面からみても問題であったといえよう。

友人の存在とその評価

本件では、早とちり（実際は事実であったが）をした被害少女の友人が先んじて警察に連絡したり、被告人を問い詰めたという経緯が描かれている。この記載を読むと、あたかも、「早とちりした友人たちの強い問い詰めで、被害少女が犯されたと言わざるをえなくなり、その後も嘘をつき続けている可能性がある」と暗に示唆しているように読める。他方で、裁判所は、かかる事情を一切、考慮要素に入れていない。

　しかし、考慮要素に入れていないのであれば、もっと中立的な事実摘示の方法があるはずであり、心証が読み取れるような摘示は慎むべきであり、この裁判所の事実摘示の方法は疑問が残る。

第2部　無罪判例の批判的検討

【5】集団強姦——1審無罪から控訴審有罪になった事例
　——大阪地裁平成23年12月21日判決（第1審）
　　大阪高裁平成25年2月26日判決（第2審）

髙　坂　明　奈

　本件は、当時17歳の少女が初対面の男性らから集団強姦を受けた事案である。1審判決は、被害者が行為中に拒絶したり、嫌がったりする素振りがなく、被告人らは被害者が性交に同意していると思っていたとし、集団強姦の故意がなく、無罪とした。
　これに対して、控訴審では、被害者は腕や足を曲げるなどして抵抗しており、その後は、突然予期せぬ暴行を受け、抵抗する気力を失ったものであり、複数人からの性行為は女性に特殊な嗜好がない限り屈辱的なものであり、行為の状況からして、被告人らは、被害者が性交に同意していなかったことは十分認識していたと判断され、逆転有罪になった。なお、本件は、被告人らが上告しており、現在上告中である。

（大阪地裁判決、大阪高裁判決ともに、判例集未登載）

① 事案の概要

　被害者（以下、「X」という。）は、事件発生当時17歳の女子である。Xは、加害者4名（以下、「A、B、C、D」という。Cは不起訴になっており、Dは当時未成年であったため、少年審判によって裁かれている。本件で被告人となっているのはAおよびBである）のうちの1人（C）と面識があったが、他の3名とは事件の当日に知り合った。AとBは、地元の先輩後輩の関係にあり、CはA、Bの後輩、Dは、A、B、Cの後輩であった。
　Xは、友人Y（女性）とともに祭りに出かけ、Yの交際相手とその従兄弟であるDと祭りを回った。Xは、祭りを回る中で飲酒をした。その後、DがAおよびその知人らと合流したことから、XとYもAらの車に同乗し、移動することとなった。Yは、Aが運転する車両（Cも同乗）に乗り、Xは、Aの知人が運転する車にDと同乗した。Aは、Yを帰宅させたものの、Xと性交がした

第4章　最近の下級審の裁判例

いなどと言い、車中で盛り上がった後、XおよびDと合流をした。A、C、D、Xが居るコンビニエンスストア前でBも合流し、Cに対し、「あの子誰？」「いけるん？」など話をした。Aは、Dに対し、「おまえんち行って、あの女やろうや。」などと、Dにもちかけ、Dは自宅に父親がいるといったんは断ったもののこれを受け入れ、A、B、C、D、XでDの自宅に行くことになった。途中、Xは酒に酔いふらついた状態であった。Dの部屋でXはA、B、C、D4人に囲まれるような状態で真ん中に座らされ、祭りで釣ったひよこと戯れていた。

そのような状況の中、Aは突然Xの背後から脇の下に腕を入れ、キャミソールワンピースやカーディガンを脱がせ、BもXの短パンを脱がせ、Xを全裸にし、A、B、Dの順に次々性交に及んだ。その後、Dは、知人に連絡をし、車で迎えに来てもらい、Xを彼女の自宅付近まで送った。

Xは、帰宅後、妹に被害を話し、翌日には自身の母親に強姦された事実を伝えた。そして、母親に付き添われ、警察署に行き、被害届を提出した。また、警察官とともに、性暴力救援センター大阪（通称SACHICO）を訪れ、医師と面談をした。他方、Xが被害届を出したことを知ったA、B、C、Dは、何度も集まり話し合いをし、警察に対しては、DはXと共に自宅に帰ったが何もせず、それ以外の者はコンビニエンスストアで帰ったという話をしようと口裏合わせをした。

② 争　点

被告人Aおよび被告人Bは、検察官主張の日時場所においてXと性交した事実は争わないが、Xは性交について同意していたと主張した。また、仮に同意していなかったとしても被告人両名は同意していると認識していたため集団強姦の故意は認められず、集団強姦を共謀した事実もないため、無罪であると主張した。

本件における争点は、①Xの性交に対する同意の有無、②被告人らの集団強姦の故意の有無、③被告人ら共謀の事実の有無であった。

第2部　無罪判例の批判的検討

③ 第一審の判断

　第1審の大阪地裁では、被告人2名は無罪となった。その理由につき、裁判所は、以下のとおり判示している。

［Xの供述の信用性は疑問？］

　第1審は以下の理由から、「Xの供述の信用性には疑問が残る」とした。Xは、被害時の状況について、「Aから突然後ろから引き寄せられ直接胸をさわられ、ワンピースとカーディガンを上に引っ張って脱がされた、服を脱がされそうになった際には足や腕を曲げて抵抗したが、Aの力が強く体を動かせなかった、Bに短パンと下着を脱がされ、陰部に指を入れられてかき回された頭をつかまれ、無理やり口淫させられた」と供述していた。この点について、第1審は、「Xが当時着用していた夏物の薄手ワンピースやカーディガン等が伸びたり破れたりした事実は窺われず、事件当日の診察結果によれば、被害女性の体には右大腿部内側に全治3日程度の小さな擦過傷以外、傷はなかったことが認められる。」とし、この事実は、抵抗したとするXの供述にそぐわないとした。また、Xは被害後、Dに自宅付近まで送ってもらい、Dに自身のメールアドレスを教えたという事実を認定し、この事実は、無理やり性交させられたというXの供述の内容にそぐわないとし、Xの供述の信用性には疑問が残るとした。

［軽い女との誤信はやむをえない？］

　第1審は、「被告人らがXを簡単に性交する軽い女性と思っても仕方ない」と判示した。
　被告人らがXとは性交できると思っており、Xは性行為に同意していたと主張していた点について、第1審は、酒に酔ったXが被告人らも知る男性と性交したという噂話や、Dに対してコンビニエンスストアに行くまでの車中で子作りしようと持ちかけていた話を被告人らが聞いていたとし、実際のXがどうであるかはともかく、このような話を聞いた被告人らが、「Xが誰とでも簡単に性交する軽い女性であり、同意の上性交できると思ったとしても無理からぬ状況にあったと認められる。」とした。

第 4 章　最近の下級審の裁判例

> 強姦するにふさわ
> しくない場所か？

　第 1 審は、「強姦行為を行うつもりなのであれば、自宅でなく車内やホテルの一室あるいは人里離れた山中に連れ込むなどして性交に及ぼうとするのが自然」であると判示した。第 1 審は、犯行場所が、Ｄの自宅（府営住宅）であり、Ｄの自宅にはＤの父親と祖母がいる状況であったことについて、被告人らがＸは性交に同意していないと思っていたのであれば、Ｘの意思に反して無理に性交しようとすれば大声を出されるなど、Ｘから何らかの抵抗を示されると予測し、Ｄの親族に気付かれる可能性があるＤの自宅ではなく、「車内やホテルの一室あるいは人里離れた山中に連れ込むなどして性交に及ぼうとするのが自然である」とした。

> 性交中泣いたり嫌がっ
> たりしていない？

　第 1 審は、被害者の態度を重視し、次のように判示している。
　Ｘは性交の最中に泣いたり、嫌がる態度をとっておらず、被告人らが、同意があると思っていたとしても不自然・不合理ではない。性交時のＸの様子について、Ｘは、午前 1 時頃という深夜、初対面の者 3 人を含む男性 4 人と、そのうちの 1 人の自宅を訪れた上、豆電球のみがついた部屋で床に敷かれた布団の上に、電灯を点けるよう求めることもなく、自ら男性 4 人に囲まれるような位置に座ったというのであり、被告人らを警戒していた様子は全く窺われない、被告人らは、Ｘの体を押さえ付けたり、殴打するなどしておらず、Ｘが性交の最中、声を上げたり、泣いたり、被告人らに対して行為を止めるよう懇願した事実も認められないとした。そして、このような事実からすると、「被告人らの行為は、Ｘの意思の制圧に向けられた行為と評価できるようなものではなく、また、Ｘが、拒絶したり、嫌がっていることを窺わせるような態度を、被告人らにとってそれぞれ認識可能な状況下で示した事実も認められない。」とした。
　このようなＸの様子は、Ｘの内心がどうであったかは分からないが、Ｘが性交に同意していない、あるいは拒否していたということとは整合しないとし、性交に至るまでの経緯や被告人らがＸに対し持っていた印象なども併せて考えると、被告人らがＸの同意があると認識していたとしても不自然・不合理とは

第2部　無罪判例の批判的検討

言えないと判断した。

> 不同意の認識

第1審は、被害届が提出された後の被告人らの行動から被告人らがXの同意がなかったことを認識していたとはいえない、と判示した。

　被害届が提出された後、Aは自宅に寄りつかなくなり、また、被告人らは、Xに対する金銭の支払について話し合い、Xとは性交していない旨口裏合わせをした上、身柄拘束を受けた当初、Xと性交した事実を否認している。

　この事実に対して、第1審は、「本件は3人の男性（Cを含めれば4人）が酒に酔った初対面のXをその自宅に連れ込んで性交したという事案であり、とりわけ、性交時、Xは一言も声を出さず、特に反応を示さない状況だったのであるから、被告人らにおいて、被害届が提出された以上、警察は本件当時性交に同意していなかったというXの訴えに従って捜査を進めるはずであり、性交することにXは同意していた又は少なくとも自分たちはそう認識していたなどという話は簡単に信用されないと思ったとしても無理もない状況にあったというべきである」と被告人らを擁護し、被告人らの行動は、「当時は何ら罪の意識を持っていなかったけれども、被害届が出された以上自分たちの行為を正当化するのは困難であると考えての行動であるという見方もできるのであり、被告人両名が、行為当時、被害女性の同意がなかったことを認識していたという事実に直ちにつながるものではない」とした。

　第1審は、Xが実際に性交に同意していたか否かはともかく（争点①）、本件当時、同意の上Xと性交したと思っていたとの被告人らの供述を不自然不合理として排斥することはできず、被告人らがXの同意がないことを認識しながら性交に及んだという事実には合理的な疑いを差し挟む余地がある。よって、被告人らいずれについても集団強姦の故意は認められず（争点②）、当然のことながら、被告人ら並びにC及びDの間で集団強姦の共謀があった事実も認められない（争点③）とし、被告人らに無罪を言い渡した。

④ 控訴審の判断

　地裁判決に対して検察官が控訴し、控訴審である大阪高裁は、原判決を破棄

第4章　最近の下級審の裁判例

して有罪とした。

> **Xの供述は信用できる**

控訴審は、第1審がXの供述と矛盾するとした点について、「Xは突然男性2人から服を脱がされたのであり、その際の状況から見て、Xが激しく抵抗できる状態ではなかったとしても不自然ではなく、そのため衣類や身体に抵抗した顕著な痕跡が残らなかったにすぎないと考えられ、被害者が抵抗したことと矛盾するものではない。」とした。

また、第1審が、Xが被害後に加害者の1人のDにメールアドレスを教えたと認定した点については、Xは、車の中でメールアドレスをDから聞かれたことを否定しており、DとXを車で送っていたDの知人がXの携帯電話番号を知っていたとしても、別の機会にXはDとメールアドレスのやり取りをし（Xは祭りを回る中でDにメールアドレスを聞かれたと証言していた）、そのためDらが知っていた可能性があるとし、帰宅する際の車内メールアドレスのやり取りがあったことを認定しなかった。

被告人らの弁護人は、被害後のXの状況として、Xが作成したブログや写真などを証拠として提出し、Xが被害後、交際相手を捜して交際を開始したり友人らと楽しいポーズを撮影しあったりしていることは、強姦被害にあった者がとる行動ではなく、Xの証言が信用できないと主張していた。

この点について、控訴審は、事件後にXを診断した性暴力救援センター大阪の医師の「集団強姦の被害を受けた女性が一見普通の元の生活をすることもよくある反応である。Vサインをして写真を撮ったりすることもありうる。」という供述は医師の専門的知見と経験からなされたもので、信用できるとし、弁護人の指摘は、Xが被害にあった事実を直ちに矛盾するとはいえず、被害者供述の信用性評価に影響しないとした。

> **集団強姦の実行行為に当たる**

控訴審は、被告人両名の行為は集団強姦の実行行為にあたるとした。控訴審は、「被告人両名との性交について被害者の同意があったのか、それとも被告人両名が被害者の反抗を抑圧して姦淫行為に及んだのかは、被害者と被告人らとの関係、被告人両名の性交に及ぶまでの経緯、性交の際の状況、その後の状況等を総合し

第2部　無罪判例の批判的検討

て評価しなければならない」とした。

　そのうえで、被告人両名の行為については、「本件姦淫行為時に、Xは、深夜にD方居室で男性4名に取り囲まれた状況にあった。そして、被害者は、上記4名のうちCとは一度面識があるものの他の3名とは初対面であり、とりわけ被告人両名とは、D方居室に行くまで会話らしい会話も交わしていなかった。そのような中で、被告人Aが、突然被害者の背後から脇の下に腕を通し、服の中に手を入れて直接胸を触り、Xが腕を曲げるなどして抵抗するのを排してキャミソールワンピースとカーディガンを脱がせ、被告人Bも、ほぼ同時に被害者が足を曲げるなど抵抗するのを排して、短パンとパンティーを脱がせる暴行を加えている。さらに、その後、被告人両名は、四つんばい状態のXに対し、それぞれXの首の後ろあたりを持って口淫させる行為も行っている。Xは、被害時の心情について『被告人らに対してやめてほしいなどということは怖くて言えなかった。大きい声を出したりしたら、何かもっとされるんじゃないかと思った。我慢して早く終わらせて家に帰りたいと思った』などと述べており、上記のような逃げることが困難な状況下で突然予期せぬ被告人両名の暴行を受け、抵抗する気力を失ったものと認められる。そうすると、そのような状況下で被告人両名がXに対して加えた上記暴行は、相手方の反抗を著しく困難ならしめるに足りる程度のもので、強姦の手段たる暴行に当たると認められる。」とした。

Xの同意はなかった

　Xの同意の有無（争点①）について、控訴審は、本件姦淫行為が、共犯者の1人の自宅でXが男性四人から取り囲まれるような状態で行われ、A、B、Dから行為を受けていることを捉え、「一般的にみて、男2人によるこのような姦淫行為の態様は、女性に特殊な性的嗜好があるなどの特段の事情のない限り、女性にとって屈辱的なものであり、その意思に反するものと考えるのが経験則」であるとした。そして、本件においては、Xが複数人での性行為を望む嗜好があることを明確に否定しているばかりか、姦淫行為時にXは無反応であり、声を上げたり、身体を動かしたりしていないことからしても、Xにそのような傾向があることをうかがわせる特段の事情は全く認められず、Xは被告人両名

第4章　最近の下級審の裁判例

による姦淫行為に同意していなかったと認められると判断した。

被害者の不同意を認識　控訴審は、争点②に関連して被告人らはXが性交に同意していないことを十分認識していたとした。Xの外見から被害者が誰とでも簡単に性交する軽い女の子であると思ったというのは、余りにも飛躍した理解であり是認し難いとし、本件は用意周到な計画による犯行ではないから、被告人両名が手近な犯行場所としてD方を利用したことは何ら不自然とはいえない、被告人両名は、Xが軽い女の子であり、強引に姦淫行為に及んでも騒ぐことはないであろうし、Xが警察に被害届を出すなどとは考えていなかったにすぎないとした。

　また、Xが姦淫行為の最中にさほど強い抵抗を示さなかった点については、本件姦淫行為時の状況から被害者が抵抗する気力を失ったと理解できることは既に説示したとおりであり、性交に同意していない者の態度として何ら不自然とはいえないとした。そして、Xは姦淫行為の間、自分から声を上げたり、体を動かしたりすることはなく、黙ったままで、なされるがままの無反応の状態であったのであるから、本件姦淫時の状況からは、Xが性交に同意していないことは、被告人両名が十分認識していたというべきであると判示した。

まとめ　控訴審は、原判決を破棄し、被告人Aを懲役5年、被告人Bを懲役4年とした。求刑は、被告人Aに対して懲役6年、被告人Bに対して懲役5年であった。量刑の差は、Bが200万円を被害弁償していること、被告人Aに前科があることなどから生じている。

⑤　考　察

　本件においてXは、被害にあった日の午後に母親に対し強姦された事実を話し、警察署に被害を申告し、警察官らとともに性暴力救援センター大阪を訪問し、検査等を行っている。このように比較的早い時期に強姦の申告がされており、Xに虚偽申告をする動機はなかった。第1審判決においてもXが虚偽の申告をしたとは認定されてはいないが、第1審判決では、被告人らの「同意があった（と思った）」との言が採用され、無罪判決が出された。第1審判決には誤った経験則が複数存在するので、以下では控訴審判決と対比し検討する。

第2部　無罪判例の批判的検討

> 被害者の噂は故意を否定するか

　第1審判決は、前述したように、Xの噂話やDに対して「子作りしよう」などと酒に酔った際に述べていたことを被告人らが認識しており、被告人らが、Xが誰とでも簡単に性交する軽い女性であり、同意の上性交できると思っても無理はないと判断した。

　この点について、Xのカウンセリングを行ったフェミニストカウンセラーの杉本志津佳氏は、同氏作成の意見書（以下「杉本意見書」という）において、そもそも、本件における被告人らの「被害女性は誰とでも簡単に性交する女性であり、自分たちとの性交にも応じてくれる」という考えは、強姦神話に基づき性犯罪を合理化する考えであると指摘している。強姦神話とは、性暴力に関する事実とは異なる間違った思い込みのことであり、①強姦なんて起こっていない、もし起こったというなら、女性が自分の不義や不倫を繕うために強姦だと嘘をついたからだ、②もし以前にその加害者と合意の上での性関係があった場合には、彼女はまったく傷ついていない、③彼女が強姦されたがっていた、あるいは「嫌だ、嫌だ」と言いながらも心の中では強姦されたがっていたのだ、そして、もしほんとうにいやだったのなら、強姦を防ぐことはできたはず、④強姦を受けて当然の女だ、強姦されるような女はそうされるにふさわしい女なのだ、という4つのカテゴリーのどれかを示すものである（井上摩耶子編『フェミニストカウンセリングの実践』世界思想社、2010参照）ところ、杉本意見書によれば、被告人らの考えは、この4つのカテゴリーの④にもとづくものであるとのことである。

　また、杉本意見書によれば、内山絢子「性犯罪の被害者の被害実態と加害者の社会的背景（下）」（警察時報2000年12月号・37頁）では、強姦神話や強姦に対する被疑者の意識態度等を調査し、被疑者は強姦神話を肯定する割合が高く、また、「全体として、強姦という犯罪を犯すことを合理化しようとする意識態度が見られている」と分析がされており、この調査の中では、性犯罪を合理化する考えの具体例として、ある被疑者の「強姦に対する認識不足。尻軽と思う女は、いつでも強姦できると思っており、警察に届出されないと思い込んでいる」（同38頁）という事例が紹介されている。これは本件被告人らの考えにぴったりと一致しており、被告人らの考えは、強姦神話に基づき性犯罪を合理

第4章　最近の下級審の裁判例

化する考えの典型であるということである。

　この点について、控訴審は、Xが、被告人らが知る容姿が劣っている知人男性と性交したという噂話は、あくまで1対1の関係で性交に応じたというもので、本件のように、初対面でほとんど会話もしていない複数の男性との性交に応じることの根拠になるものではないとした。そして、コンビニの駐車場でのXは、酔いがある程度さめて、被告人らとの会話には加わることもなく、祭りで手に入れたひよこを見ていたもので、祭りや車内での様子とは異なっていることは被告人両名も十分認識することができる状況にあったとした。そして、コンビニでXと会話をした共犯者のDですら、複数でもXが性交に同意するとまでは思わなかったと述べており、「被害者の外見から被害者が誰とでも簡単に性交する軽い女の子であると思ったというのは、余りにも飛躍した理解であり是認し難い」と判示した。このように、控訴審は、第1審の誤った認定を覆した。

> 自宅を選んだのは
> 合意があったから？

　第1審は、犯行場所としてD方を選んだことは、被告人らがXの同意がありXに抵抗されることはないと感じていたことの裏付けになるとしている。しかし、これまでにも、家族がいる自宅で殺人事件や監禁事件などが発生しており、家族が気づかなかったケースも存在する。実際、本件でもDの父や祖母は自宅の一室で本件犯行が行われていたことを気づいていなかった。

　杉本意見書では、強姦の犯行場所について、内山・前掲書（中）」（警察時報2000年11月号・27頁）によれば、「自宅室内（他に誰もいない）」（27.0％）、「自宅（他の室に人がいた）」（6.3％）、「ホテル」（6.7％）、「路上」（13.0％）、「オープンスペース」（16.6％）となっており、比べてみても自宅はありふれた犯行場所だといえる、内山氏の別の調査項目（犯行場所の選定理由）では、強姦の24.6％が「相手をだまして部屋に連れ込む」とあり、自宅を選んだことによって「同意で性交できると思った」ことを裏付けることはできないとの指摘がある。

　この点について、控訴審では、「本件は用意周到な計画による犯行ではないから、被告人両名が手近な犯行場所としてD方を利用したことは何ら不自然と

第 2 部　無罪判例の批判的検討

はいえない。被告人両名は、被害者が軽い女の子であり、強引に姦淫行為に及んでも騒ぐことはないであろうし、被害者が警察に被害届を出すなどとは考えていなかったにすぎない。」とした。強姦行為の犯行場所に関しても、控訴審は、第 1 審の誤った経験則を正したと評価できる

> 強い抵抗がなければ、同意か

　第 1 審は、X が被告人らに止めるよう懇願した事実はないとし、被告人らが性交について同意があると思っても不合理とはいえないとしていた。

　しかし、内山・前掲書（上）」（警察時報 2000 年 10 月号・5 − 6 頁）によれば、被害者の抵抗について、具体的に「大声で助けを求めた」り（41.7％）、「付近の民家や店に駆け込む」（6.4％）等目に見えるような形で援助を求めた者は半数に満たない。できることは、「やめてくれと加害者に頼む」（51.5％）、「必死で自分を守る」（37.7％）ことであることが分かる。また、「何もできなかった」答えた者は、25.5％もいる。このようなデータからは、性被害者が強い形で抵抗できないことが多くあることがはっきりと分かる。

　控訴審は、強姦行為の被害者の反応につき、「姦淫行為時の状況如何によっては、その女性が姦淫行為から逃れるのは困難であると考え、じっと耐える対応をし、あるいは、意に反した性交を短時間で終わらすためのやむを得ない対応として外見上は強い抵抗に出ない場合もあり得る。」と述べている。

　本件についても、X は抵抗する気力を失っており、行為の最中にさほど強い抵抗を示さなかったとしても不自然ではないとした。さらに、X は、「姦淫行為の間、自分から声を上げたり、体を動かしたりすることはなく、黙ったままで、なされるがままの無反応の状態であった。そうすると、本件姦淫時の状況からは、被害者が性交に同意していないことは、被告人両名が十分認識していたというべきである。」とし、X が無反応であったことが、被告人らが X に同意がないと認識していたことの裏付けになるとしている。控訴審の判断は、強姦被害者が被害時にとりうる反応を的確に認定しており、高く評価できる。

第 4 章　最近の下級審の裁判例

> 【6】強制わいせつ無罪
> ──福岡地裁平成 23 年 7 月 12 日判決

養父知美

> 　本件は、深夜、路上に停車中の車内という密室における強制わいせつ事件であり、被告人はわいせつ行為を行ったこと自体を否認。客観的証拠がなく、被害事実を裏付ける証拠は被害者の供述のみであり、被害者の供述の信用性が争点とされた。
> 　判決は、被害者証言には一応の信用性が認められ、被告が犯行を犯したとの疑いは肯定できるとしながら、被害事実を裏付ける客観証拠がなく、被害者証言や関係証拠を総合しても、被告人が本件公訴事実を犯したことについて、合理的な疑いを容れない程度の確信には至らなかったとし、無罪とした。
> 　被害者女性の供述を疑ってかかり、他にその供述を補強する証拠がない限り有罪にすべきでないとする、平成 21 年 4 月 14 日付最高裁判例の下級審への影響が危惧されていたなかで下された判決であり、危惧が現実のものとなった判決といってよい。
> 　　　　　　　　　　　　　　　　　　　　　　　　（判例秘書登載）

① 事案の概要

1　本件公訴事実

本件公訴事実は、次の通りである。

被告人は、平成 18 年 10 月 14 日午前 3 時ころ、福岡県大牟田市（以下略）付近路上に停車中の普通乗用車車内において、同車を運転していた被害者（当時 28 歳）に強いてわいせつ行為をしようと企て、同女に対し、やにわにその身体に覆い被さって抱きつき、その両頬を両手で挟み込んで押さえつけるなどの暴行を加え、同所の意に反して接吻し、さらに、同女が座っていた運転席を後方に倒した上、同女の上に覆い被さり、その着衣の上から同女の乳房等をもてあそぶなどし、もって強いてわいせつ行為をしたものである。

第2部　無罪判例の批判的検討

2　被害者供述と被告人の供述の相違点、被告人の否認

　被告人は警察官であり、知人男性Aと佐賀市内のスナックに行った。被害者はそのスナックのアルバイトの女性である。Aはスナックの常連客であったが、被害者と被告人とは初対面であった。

　同日午前1時頃にアルバイトが終わった後、被害者が自分の車で帰宅するついでに、Aを大川市へ、被告人を大牟田方面の実家まで送って行くことになり、被告人が助手席に、Aは後部座席に乗車した。大川市でAが降車し、大牟田市内に入ったところで、被告人に太ももを触られた。被告人がタクシーで帰ると言ったため、Hタクシーの社屋そばの本件現場に停車したところ、いきなり被告人より公訴事実記載のとおりの被害を受けた。その後、被告人は降車した。

　被害者の証言は以上のとおりであるが、被告人は、わいせつ行為については一切否認している。その他の経過についての供述は、概ね一致している。

3　本件発覚の経緯、強姦未遂事件と虚偽告訴事件

　被害者が知人や交際相手に被害を打ち明けたのは、事件から相当期間経過後であった。また、被害の申告は、事件後約1年7ヶ月が経過した平成20年5月10日であり、告訴は平成21年10月18日のことであった。被害者の証人尋問が行われたのは事件からちょうど4年後の平成22年10月14日であった。

　被告人は、本件とは別に2つの事件で起訴され、本件と併合審理されていた。第1事件は強姦未遂事件であり、平成20年2月26日、スーパー保安員であり事件協力者である女性Bを騙してホテルに連れ込み、性交しようとしたが抵抗されて未遂に終わったというものである。第2事件は虚偽告訴事件である。同年3月12日ころ、Bが第1事件を告訴したが、これに対して被告人が、同年6月16日、Bの告訴を虚偽告訴であるとして、検察庁に虚偽の告訴をしたというものである。第1事件、第2事件とも、被告人は公訴事実を否認していたが、いずれも有罪とされ、懲役2年6月の実刑が言い渡されている（詳細については、後述）。

　被害者の被害申告は、第1事件発覚後、警察官の問い合わせ応じて行ったものとのことであり、被害者がそれ以前にも、警察に被害相談等なんらかの申告をしていた可能性がうかがわれるが、判決文からは定かでない。

② 争　点

　被告人はわいせつ行為を行ったこと自体を否認。客観的証拠がなく、被害事実を裏付ける証拠は被害者の供述のみであり、被害者の供述の信用性が争点とされた。また、被害者の供述のみによって有罪認定が可能か問題とされた。

③ 裁判所の判断

被害者供述の信用性について

　判決は、被害者証言について、①被害者と被告とが本件当時初対面であり、その後も特に利害関係がないことに照らすと、被害者が虚偽供述をする動機は見当たらず、証言を全体としてみれば、虚偽の事実を作出したものとは考えにくい、②さらに、場面を追って証言の信用性を検討すると、被告人を送っていくことになった経緯については、不自然な点はなく、被告人と以前から親交のあるAの証言とも整合的である、③本件被害に密接に関連する、車内で被告人から太ももを触られたことや本件被害状況については、証言内容自体に特に不自然な点は見当たらず、被害再現に照らしても実行可能な内容である、④被害者の証人尋問は事件からちょうど4年後であるところ、本件被害状況、すなわち、被告人からキスされたり自動車の座席を倒され触られたりしたという事柄については記憶が保持されているとし、被害者証言には信用性を減殺するような事情がないとする。

　しかし、判決は、以下のように被害者の供述の信用性が低いと判示した。

　被害者は知人や交際相手に被害を受け明けているが、事件から相当期間経過後のことであり、その経過自体あり得ることで不自然とまでは言えないものの、事件直後に相談した場合と比較して信用性を担保する程度は高くない。

　被告人が強姦未遂（第1事件）に関して釈放され、強姦未遂事件の被害者を虚偽告訴罪で告訴したこと（第2事件）を知った後に、本件被害者が敢えて告訴に及んだ点についても、被害者が全体として虚偽供述をする動機がないと評価する事情にすぎない。被害状況の部分について、被害者の証言以外に、事件後早期に被害を相談した第三者の存在や物的証拠など、被害者証言の信用性を支える証拠が存在しない。

第2部　無罪判例の批判的検討

　その上で、判決は、被害者の証言は、被害申告に至る経緯を含め、その内容自体に不自然不合理な点はないが、被害に遭ったことについて、それを裏付ける客観証拠や事件直後頃の裏付け証拠がなく、一応の信用性が認められる程度にとどまるとする。

被告人供述の信用性について

　一方で、判決は、被告人の供述について、以下のように判示して、その信用性に疑いを生じさせるとした。
　被告人は、取調べ担当警察官に対し、被害者に被告人自身の電話番号を教えていないし、被害者の電話番号も知らない等と供述していたが、被害者及び被告人の携帯電話機に互いの電話番号が登録されている事実が明らかになると、公判廷では覚えていない旨述べて供述を後退させるなど、不自然であり、被害者に関してことさらに無関係を装ったともとれる供述をしている。
　Hタクシーで荒尾市の実家に帰ったとする被告人の供述も、Hタクシーの業務日報の記載に照らし疑わしい。

裁判所の結論

　それにもかかわらず、判決は、本件においては、被告人の供述に前記のような疑問があることが、直ちに被告人の犯行そのものを否定する供述を排斥することにはならないとし、被害状況に関して信用性を裏付ける客観証拠がない点では、被害者証言も被告人供述も同様であるとしてしまう。
　そして、判決は、被害者証言は不自然不合理とはいえないものの、一応の信用性が認められる程度にとどまり、その他に被害状況を裏付ける客観証拠や事件直後の裏付け証拠はないので、被告人供述と相反する被害者証言のみによっては、被告人を有罪とするにはなお合理的な疑いが残り、犯罪が証明されたという確信には至らなかったとし、強制わいせつの公訴事実については、「疑わしきは被告人の利益に」の原則に従い、刑事訴訟法336条により被告人に対し無罪の言い渡しをすることとしたと結論づける。

第4章　最近の下級審の裁判例

④ 考 察

平成21年の最高裁判例の影響

平成21年の最高裁判決は、被告人が犯行を否認しており、公訴事実を基礎づける証拠としては、被害者の供述があるのみであって、物的証拠等の客観的証拠がない場合、被害者の供述の信用性判断は特に慎重に扱う必要があるとした。とくに那須弘平裁判官は、被害者供述が特別に信用性を強める方向の内容を含まず、他にこれといった補強する証拠等もない場合、被告人を有罪とするためには、被害者の「詳細かつ具体的な」供述に加えて、それを補強する証拠が必要とする補足意見を付した。

上記最高裁判決の問題点については別稿で詳述されているとおりであるが、本判決は最高裁判決の影響を強く受けたものである。

性犯罪被害者の供述の証明力を不当に低く評価

被告人を有罪とする証拠が、被害者の供述のみである場合、被害者の供述の信用性を慎重に吟味すべきは当然である。しかし、慎重に吟味した結果、被害者の供述の信用性が確認された場合にまで、補強証拠を要求するのは誤りである。

刑事訴訟法は、被告人の自白だけを唯一の証拠として有罪認定することを禁じ、自白の証明力を補充または強化すべき他の証拠（補強証拠）を要求するが（自白の補強法則　刑訴法319条2項）、被告人の自白以外の供述証拠について、必ずしも補強証拠を要求していない。

にもかかわらず、性犯罪被害者の供述にのみ、補強証拠を要求するのは、性犯罪被害者の供述のみ証明力を不当に低く評価するものであり、誤っている。

性犯罪の特徴を見過ごす

性犯罪は、第三者による目撃証言や物的証拠が得られにくい犯罪である。多くが密室や人目につかない場所で行われ、第3者による目撃証人を得ることが難しい。殴られても痕が残らないこともあれば、短期間で消えてしまうこともある。被害者が畏怖して抵抗する気力を失ってしまえば、怪我をしないですむ場合もある。狡猾な加害者は、証拠を残さないよう最大限の注意を払う。被害者自身が、体中を洗い

第 2 部　無罪判例の批判的検討

清めたり、身に着けていた衣服等を捨ててしまうなどして、結果的に、証拠を失わせてしまうこともある。

　また、性犯罪の被害者は、被害者が「傷物」扱いされたり、好奇の目に晒されたり、「落ち度」を責められがちであることに特徴がある。このようなことは、例えば強盗の被害者では、ありえないことである。性犯罪被害者は、心の傷が大きく、冷静な判断ができるようになるまで、多くの時間を要することが多い。被害者自身が、家族に心配をかけたくない、周囲に知られたくないと、努めて平静を装い、誰にも相談せず、被害にあった事実を隠すこともある。告訴までに長期間を有する例も少なくない。性犯罪の告訴期間が取り払われたのも、そのような理解に基づくものである。告訴期間の制限がなくなったことは、一歩前進ではあるが、長期間の経過後の告訴の場合、ますます記憶が薄れ、証拠が散逸する。

> 狡猾な被害者は免罪、被害者は泣き寝入り

性犯罪被害者の供述に補強証拠を必要とすることは、狡猾な加害者を免罪し、被害者に泣き寝入りを強いるものといわなければならない。

　実際、本件においても、深夜、車の中という密室で行われており、身動きできにくく逃れにくい狭い車内での短時間の犯行であり、キスをし、着衣の上から乳房等をもてあそぶというもので、犯行の痕跡が残りにくいものであった。また、犯行直後であれば、被害者の車内や服から、何らかの証拠が発見できたかもしれないが、被害者が警察官の問い合わせに応じて被害申告した時点で、被害後1年7カ月が経過していた。

　このような性犯罪の性格を無視して、被告人を有罪とするためには、被害者証言以外に、事件後早期に被害を相談した第三者の存在や物的証拠など、被害者証言の信用性を支える証拠を要求するならば、被告人は、否認しさえすれば無罪判決を得ることができてしまうことになりかねない。狡猾な加害者が免罪され、被害に泣き寝入りを強いることとなる。最高裁判例に対するこのような危惧を現実のものとしたのが、本件判決である。

第4章　最近の下級審の裁判例

信用性評価の誤り

被告人供述と被害者供述が相反する場合、どちらか一方は嘘をついているということである。被害者の供述と対立する被告人の供述が、不合理であり、信用性が著しく欠ける場合、被告人が犯行を隠し、罪を逃れようと虚偽を述べているという事実上の推定が働くといってよい。そうだとするなら、嘘をついているのは被告人であり、被告人の供述こそが、被害者の供述を補強するものと言える。問われるべきは、被告人の供述の信用性である。

被告人の供述の信用性が低いことは、判決も認定しているところであるが、本件では更に被告人は、強姦未遂事件（第1事件）を犯しながら、これを否認し、のみならず被害者を逆告訴までしている（第2事件）。被告人が嘘つきであるばかりでなく、卑劣極まりないことは明白である。

他方で、本件被害者は、第1事件が起こり、被害者が警察官の問い合わせに応じて被害申告し、被告人が第1事件の被害者を虚偽告訴罪で告訴したことを知った後に、被害者が告訴に及んだ事案である。本件被害者には、虚偽の告訴をする動機がないばかりでなく、虚偽の告訴をすれば自らも、被告人より虚偽告訴罪で逆告訴される危険を知りながら敢て、告訴に踏み切ったものであり、本件被害者の供述の信用性は著しく高いと判断すべきである。

本件判決は、被害者供述、被告人供述の信用性の判断を誤っている。

被害者や被告人の経歴等と差別

第1事件の被害者Bが、スーパーの保安員であり警察と協力関係にある「硬い」仕事であるのに対し、本件被害者がスナックアルバイトであったことが、両者の「性的自由」を保護する上で差異を生じていなければ幸いである。

被告人は警察官であるところ、警察官は犯罪を取り締まる立場にあり、世間的には信用があると思われている。Bも、被告人が警察官であることから信用した面があると思われる。その信頼を裏切ったことにたいする怒り、B自身が犯罪を取り締まる立場にあったことが、第1事件の速やかな告訴につながったと思われる。一方、被害者の場合、「水商売」に対する世間の偏見から、性被害を申告しても信用してもらえないのではないかという危惧が、周囲に相談することを遅らせ、告訴までに時間がかかった要因となった可能性が高い。

第2部　無罪判例の批判的検討

そのことで、被害者の供述の信用性判断において不利に扱うのは、被害者に対しスティグマを二重に課すようなものであり、不当である。

【参　考】
　第1事件（強姦未遂事件）、第2事件（虚偽告訴事件）の概要は以下の通りである。

【第1事件】
　被害者B（当時27歳）はスーパーの保安員として働いていたところ、事件前日（平成20年2月25日）、万引き犯の検挙があり、警察官である被告人と知り合った。
　Bの供述によると、本件の経緯は以下のとおりである。
　本件当日（同年2月26日）、被告人はBを食事に誘い、居酒屋で2人で飲食した。飲食後、被告人がカラオケに誘い、タクシーで本件事件現場であるホテルに向かった。Bは被告人より、警察関係者が利用するホテルでありカラオケがあり、他の警察官もいると言われて同行したにもかかわらず、室内に誰もいなかったことから被告人に抗議した。
　すると、被告人は突然、Bの両腕をつかんでベッド付近まで引っ張り、同女をベッドに押し倒して馬乗りになり、その両腕を押さえ付けて唇にキスし、首筋などをなめる、セーターの上から乳房を触る、顔を埋めるなどしたが、Bが抵抗したため姦淫被害にはいたらなかったというものである。
　平成20年3月12日ころ、Bは上記被害を告訴した。捜査の結果、Bが事件当時着用していたセーターの右胸部から腹部にかけて縦7センチメートル横3センチメートル程の部位に唾液の陽性反応があり、採取したDNA型の鑑定から被告人の唾液である可能性が極めて高い（被告人のDNA型と矛盾せず、その出現頻度は35兆8,000億人に1人）ことが判明した。また、本件翌日以後に、被告人からBに対して、本件を事件にしないよう繰り返し忠告ないし警告するものと理解できる内容のメールが送られており、これに対するBから被告人への、本件被害に遭ったことや、犯行を非難していると理解できるメールが残されていた。被告人の指示で本件ホテルに向かったとする、タクシーの運転手の証言も得られている。
　被告人は、本件当時、現場であるホテルに2人で行ったことについては認めたものの犯行を否認。逮捕当日の警察官調書では、ホテル室内でBの肩を抱いたり髪をかき上げたりしたと供述していたが、公判廷ではカラオケを歌おうと

第 4 章　最近の下級審の裁判例

したが、2 人で歌える曲目がなかったので自分はベッドで寝ていたなどと供述。

　裁判所は、被害者の証言は被害者の着衣に被告人の唾液が付着している状況に裏付けられており、タクシー運転手の証言や被告人との携帯メールでのやりとりなどとも整合する内容であって信用することができるとして、被害者の証言に沿った被害事実を認定した。他方、これに反する被告人の供述は、上記のような証拠と整合せず、信用できないと判断した。また、裁判所は、逮捕当日の警察官調書と公判廷での供述との明らかな変遷も指摘している。

【第 2 事件】

　平成 20 年 3 月 12 日、B が第 1 事件を告訴したのに対し、同年 6 月 16 日、被告人は、福岡地方検察庁に対して同女の告訴が虚偽告訴であるとする告訴状を提出して、虚偽の告訴をしたもの。

　裁判所は、被告人は第 1 事件の犯人であるから、第 2 事件の虚偽告訴罪が成立するとした。

第3部
性暴力に関する法の運用と課題
――研究者の立場から

第2部には、2本の講演録と2本の研究報告が含まれている。
　当プロジェクトチームは、2012年9月29日に大阪弁護士会館においてシンポジウム「性犯罪の無罪判決を検証する」を開催した。このシンポジウムでは、後藤弘子（千葉大学法科大学院教授）さんが「2011年最高裁判例の分析」と題し、井上摩耶子（ウィメンズカウンセリング京都のフェミニスト・カウンセラー）さんが「裁判所の『経験則』は正しいか？　～誤判を防ぐ～」と題して、講演を行った。また、井上摩耶子さんは、「疑わしきは被告人の利益に」という原則が、「ジェンダーの視点のない、女性差別的な性暴力裁判において、「疑わしきは男性加害者の利益に」とすり替えられることがあることを指摘している。本書では、この講演を収録している。
　第3部では、さらに、2本の論稿が収録されているが、いずれも当プロジェクトチームで報告をしていただいたゲストの研究報告である。高瀬泉（山口大学大学院医学系研究科准教授）さんは、性犯罪捜査に関する法医学の立場から、性暴力犯罪の捜査上の問題点を指摘し、性犯罪捜査や証拠収集への有益な提案をされている。さらに、平山真理（白鷗大学法学部准教授）さんの論稿も収録した。平山論文は、2009年5月から導入された裁判員裁判において、性犯罪がどのように扱われているのかなど、性犯罪の裁判員裁判の課題を論じている。

第5章 最高裁判所の無罪判例の分析と問題提起
―― なぜ性犯罪無罪判決を歓迎できないのか

後 藤 弘 子

① はじめに――なぜ無罪判決を歓迎できないの

　無罪判決の言渡しを通常は歓迎する私が、性犯罪の事件に対する無罪判決には納得できず、なぜ、どうしてと思う。この相反する感情に多くの女性たちは共感するが、男性たちの多くはその矛盾を単に矛盾として評価し、批判する。

　そもそも、刑事裁判における無罪という判断は、事実があったかどうかでなく、捜査機関が作ったストーリーが間違っていたことを示しているにすぎない。捜査機関は、国家権力を背景にして、身柄の拘束をはじめとする強制捜査を含む捜査を行った上で、ある人の行為を犯罪として評価する。そして、その評価の是非を確認するために刑事裁判が行われる。

　刑事裁判には、「無辜のものを処罰しない」ために、「疑わしきは被告人の利益に」という大原則が存在する。この原則は、被告人は無罪が推定されるという憲法上の要請を前提として、犯罪事実が存在するかどうかについて、訴追の権限を独占している検察官が「合理的な疑いを超える」程度に立証しなければ、被告人は無罪が言い渡されなければならないことを示している。

　そのため、無罪という判断は、犯罪立証の責任を担当する検察が、無罪の推定を覆すことができなかったということを意味しており、このように刑事司法制度が適切に機能しているということは、歓迎すべき事柄といえる。しかし、性犯罪の無罪判決については、なぜか「正義が実現された」とは思えない自分がいる。

　なぜ「正義が実現された」と私は思えないのか。それにはいくつかの理由がある。まず第1は性犯罪被害者への共感、第2に性犯罪の特殊性、第3に刑事法におけるジェンダー・バイアスの存在である。性犯罪に関しては、これらの問題があるからこそ、性犯罪の無罪判決に対して懐疑的で、素直に喜べないの

である。

② 性犯罪事件の特徴

性犯罪者被害者への共感

まず、性犯罪被害者への共感であるが、その前提には、女性として生活してきた中での体験と専門家として被害者と接してきた経験に基づくものがある。

　女性として生活してきた中で、性被害を数多く受けてきた。これらの性被害は、顕在化、共有化されてこなかったために、他者との関係では存在しないものとして扱われる。しかし、性被害は自分の中に確かに存在する。そのため、自分の性被害が顕在化された他者の性被害に接することによって、新たな輪郭が与えられる。他者の経験と自分の経験が共鳴することで、自分の性被害の経験がよりはっきりと形をもって立ち現われてくる。その新たに意識化された自分の性被害が、無罪判決によって、再び沈黙させられる。無罪判決は、私自身に「あなたは被害者ではない」というメッセージを突きつける。沈黙を破るものとして機能すべき刑事裁判が、無罪という判断を得ることで、更なる沈黙を多くの性被害者に強いるのである。

　さらに、性犯罪無罪事例は、ここまで到達しないどれだけの数の性犯罪がこの社会の中にあるのかということを再認識させてくれる。意に反する性行為が行われたのにもかかわらず、それを刑事事件の手続に乗せるまでのハードルが制度的・社会的・心理的にとても高いため、そのハードルを越えるまえに力尽きる数多くの女性たちが存在する。自らのレジリエンシー（対応力）や周りからのサポートがなければ、そのハードルを越えることなどできない。しかし、刑事裁判では、そのハードルを１つひとつ越えてきた被害者に対して、彼女の行った努力や葛藤を無視するように「無罪」だという判断が行われる。その絶望感は、事件が最高裁判所までいって覆されたときに最も大きくなる。

　自分は確かに被害を受けたにもかかわらず、裁判所は無罪という形で「あなたは被害者ではない」という。犯罪被害者が被害者として生きていくための最初のステップは、被害者として社会に承認されることである。刑事裁判における性犯罪被害者は、被害者として社会に承認されることを望んで、一歩一歩ハードルを越えてきた人たちである。その努力がむくわれないだけではなく、

第5章　最高裁判所の無罪判例の分析と問題提起

「あなたの供述は信用できない」といわれてしまうのである。

③ 性犯罪の特殊性

性犯罪はほかの犯罪と比べていくつかの特殊性を有している。

構成要件の問題

性犯罪はほかの犯罪類型と比べて、その構成要件自体に問題があるという意味で、特殊性が存在するということができる。強姦罪が成立しないと裁判所が認定しても、性被害はあった可能性は否定できない。強姦罪は、性交のみ、性器の挿入のみが行為とされているため、異物の挿入や膣以外への挿入は強制わいせつ罪に該当するとされてしまう。また、暴行、脅迫が要件となっており、さらにその程度の判断では、「反抗を著しく抑圧する程度」が必要とされているため、ある程度以上の暴行が要求される。性被害が性犯罪被害として認定されるためには、性犯罪を被害者の視点で犯罪構成要件を見直す必要がある。

裁判における問題

加えて、性犯罪には、「虚偽申告」という問題が付きまとう。実際の裁判例においてみられるように、現在付き合っている男性との友好な関係を維持することを目的として、強姦の虚偽申告することもある。数は少なくてもそのような事実の存在が、被害者の自白の信用性判断に間接的な影響を与える可能性は否定できない。さらには、その可能性が被害者への共感ではなく、疑いを優先する結果につながっていく。

さらに、性犯罪の事実認定は、当事者の供述が中心とならざるを得ないという点も重要である。性犯罪が公然と行われるということはほとんどないために、目撃証言も得られず、証拠の保全よりも身体の清潔等が被害者にとっては優先されるために、物的証拠の収集も困難である。

また、検察は被害者の供述を中心に証拠によって犯罪事実を証明しようとする。そのため、検察の描いたストーリーが被害者のストーリーと同一視され、裁判では被害者が実質的に攻撃されることになる。通常は、犯罪事実の挙証責任を持つ検察官が被告人・弁護人による攻撃の対象となるために、無罪になる場合には、検察官が犯罪事実の証明に失敗したこととなり、検察官の証拠構造や

第3部 性暴力に関する法の運用と課題──研究者の立場から

立証方法が問題になる。しかし、被害者の供述が中心となる性犯罪では、被害者供述に対する攻撃が、被害者にとっては、あたかも被害者自身に対する攻撃のように受け取られてしまう可能性がある。

性行為自体の問題

性行為はそれが同意なのかそうではないのかについて、外見上は判然としないことが少なくない。その意味で性行為はきわめて文脈依存的行為であるといえる。たとえそれが外形的に暴力的な行為であっても、真摯な同意があれば、犯罪として問題とする必要はない。

　一般に性行為が行われている場合、同意があることがまず出発点となっている。本当にそうなのか、ということをここではまず問題としたい。そもそも性行為について考える際には、不同意を前提とすべきではないだろうか。真の意味で「同意の性行為」がこの社会の中でどれだけ行われているのか、といえば、ほとんど行われていない可能性が高い。どこかに「嫌だ」という気持ちを持ちながら、性行為を行うことは少なくない。「嫌だ」という気持ちを持ちながら性行為に向けた行為を開始する場合、挿入（男女の場合）に至る過程のなかで、小さかった「嫌だ」という気持ちが次第に大きくなる。その小さかった「嫌だ」という気持ちが性行為に関する一連の行為が終了した際、一挙に大きく膨れ上がる可能性もある。そのような場合に、最初に同意したからと言って、一連の行為に対する同意といえるのかという問題も出てくる。このような性行為の持つ性質からいえば、裁判所が外形的な行為から同意を読み取ろうとすることも理解できる。このように、性行為そのものが同意、不同意が判然としない、そういう性質を持っているということも性犯罪の特殊性であると言える。

④ 刑事司法におけるジェンダー・バイアスの問題

**制度としての
ジェンダー・バイアス**

一般的に捜査段階、裁判段階にジェンダー・バイアスが反映されやすいことはよく知られている。特に、被疑者・被告人、弁護人の主張が強姦神話に基づいていることは少なくない。後述する最高裁判例の控訴趣意書は、私から見れば、「見事に」強姦神話にもとづいて記述されている。

第5章　最高裁判所の無罪判例の分析と問題提起

　そもそも、刑法や刑事司法手続そのものがジェンダー・バイアスを含んでいる。犯罪は、社会や社会の構成員にとって価値があるものを法益として保護している。このことは、法が保護したいものを保護するという形になっているということを意味する。そこで問題となるのが、誰が社会の構成員にとって価値があると決めるのか、ということである。実は、この回答はとても簡単で、立法機関である国会が決めるのだが、現在の刑法典は、1900年代の初めに作られて、もう100年以上経過している。そのときの国会議員は、当然男性のみによって構成されており、女性が選挙権を持つのは第2次世界大戦後まで待たなければならない。このように、刑法は女性に参政権がない時代に作られ、それ以降、基本的に変更されていない。そのため、男性の代表として選ばれた国会議員が、価値があると思ったものを法益としてピックアップして刑法を作っていると言うことができる。その場合、女性被害者のリアリティは当然考慮に入っていない。このことは、強姦神話やジェンダー・バイアスが制度自体に組み込まれていることを意味する。

判断者のジェンダー・バイアス

　次に重要なのは、判断者が持つジェンダー・バイアスである。刑事裁判においては、強姦神話やそれに基づく実際とは異なる基準で被害者の行動が評価される。
　被害者の行動を評価する際に、「逃げない」、「助けを求めない」、「抵抗しない」という三要素が被害者の供述の信用性を否定的に判断する基準として用いられる。このことは、被害者は、意に添わない性行為であることを司法に認めてもらうためには、何を犠牲にしてもまず逃げなければならない、助けを求めなければならない、近くに誰かいたら助けてくださいと大声で叫ばなければならない、派手に抵抗しなければならないことを意味する。制度だけではなく、判断者も性犯罪被害に関してジェンダー・バイアスを有していることを重く考える必要がある。
　このような刑事司法自体と刑事司法における判断者の二重のジェンダー・バイアスによって、被害者の経験やリアリティーが無視されるだけではなく、供述の信用性も否定される。いろいろな思いを持ちながらやっとの思いで裁判に

第3部　性暴力に関する法の運用と課題——研究者の立場から

まで漕ぎ着けたのに、ここまで戦ってきたのに、被害者だと認めてもらえない。それどころか虚偽申告だとされたり、自分の落ち度や過去や現在の職業等が信用性に関連して論じられる状況を甘受しなければならないのである。

⑤ 最高裁判所強姦無罪判決とは何か

1　平成23年の最高裁無罪判決

なぜこの事件を検討するのか

ここでは、これまで指摘した性犯罪事件の特徴が、どのように実際の判決に反映されているのかについて検討していきたい。以下で取り上げるのは、平成23年7月25日最高裁判所判決である。この判決を取り上げるのは、事件が千葉市で起きたために筆者と地理的に親和性があること、確定記録を手に入れやすいこと、痴漢事件という犯人性が主に争われた事件ではなく、主に同意の有無について争われた事件であることなどの理由による。

この事件が起きた場所は、京成千葉中央駅の駅前で、千葉地方裁判所、千葉地方検察庁、千葉県庁、千葉県警察本部など千葉県の中心的な司法行政機関から5分程度であり、一見賑やかな繁華街に思えるところであるが、人通りがそう多い場所ではない。駅に隣接してホテルがあり、その前はスクランブル交差点になっているが、午後7時半の印象としては閑散としているところである。そこから千葉駅方面にはかなり飲食店街があるが、逆方向は見事に何もなくなる。いってみれば繁華街の境目で起きた事件である。

第1審の判断

第1審（千葉地方裁判所平成20年4月17日判決）が認定した事実の概要としては、千葉中央駅前の歩道で18歳女性に対して、場所を探しているように装い声を掛け、その後脅すなどして近くのビルの屋上の踊り場まで連行して、無理やり姦淫をした、というものである。千葉地方裁判所は強姦罪として有罪認定を行い、懲役4年の判決を言い渡している。これに対して、被告人は無罪を主張しており、自己の陰茎を手淫してもらうという約束で声をかけ、少し歩いたところのビルの上に行ってそういう合意の下で手淫をしてもらったと主張している。

千葉地方裁判所は、被害者の供述については、その供述内容にやや不自然な

第5章　最高裁判所の無罪判例の分析と問題提起

側面があることを考慮しても全体として信用できると評価し、被告人の供述については他の証拠や事実と整合しない点があり、捜査段階から不合理に変遷している部分もある上、その内容自体もにわかに首肯しがたい不自然なものであることからすれば、その信用性は低く採用できないと判断している。これに対して、被告人が控訴した。

控訴趣意書の内容

控訴趣意書での主張内容は、被害者の供述の信用性を弾劾する内容になっている。まず、強姦された後の被害者の行動に関する時間の経過が不自然だと被告人・弁護人側は主張している。強姦によって破れたパンティストッキングをコンビニエンス・ストアに買いに行き、パンティストッキングを近くのハンバーガーショップで変えた後に、自らが務めているお店（キャバクラ）に行って、そこで泣きながら何かされたという趣旨のことをお店の人に告げる。そこでそこにいた数人の男性が一緒に現場に行き、そのあと1階にある守衛室にも行った。検察側はこの時間の経過を30分としているが、弁護側は30分では無理であると主張している。場所的にはそれぞれが近接しており、千葉中央駅前のスクランブル交差点を囲む形で行われているため、距離の移動というのはほとんど無いが、時間的な不自然さがあると主張している。

次に、被害者供述によって示された被告人の行動や行為対応が不自然であるとも主張している。特に、被害者の犯行前から犯行時の行動が不自然であるとしている。犯行後に逃げない、助けを求めない、抵抗していないという点がやはり指摘されている。

性被害にあったことを裁判で認定してもらうためには、被害者は被害直後からできるだけ客観的証拠を集めるように努力しなければならない。その一つの有効な方法として、被害事実を早い段階から第三者との間で共有することが必要とされる。控訴趣意書によれば、駅前に交番があるので、コンビニエンス・ストアやお店に行かないで、交番に直後に行き、被害届を出すことが性犯罪被害者として認定してもらうために必要だとされている。

さらには、被害者供述の不自然、不合理な変遷、虚偽供述の動機があるという主張も行われている。その中で特に重要なのは、虚偽供述の動機で、彼女が

第3部 性暴力に関する法の運用と課題──研究者の立場から

おつかいに行ったのに遅くなった理由として、同僚たちに納得してもらうために強姦だという虚偽の供述をした。十分な虚偽供述の動機があると控訴趣意書には書かれている。

控訴審

これに対して、東京高等裁判所は控訴を棄却するという判断を行っている。事後審である控訴審としては異例であるとしながら、被害女性に対する証人尋問を改めて実施している。その結果、本件女性の原審及び当審における被害者証言についてはその信用性を十分認めることができ、他方、被告人の弁解は措信しがたいと断じている。

最高裁判所の判断

上告審で、最高裁判所は原判決を破棄して、無罪の判断を行った。最高裁は、「原判決の事実認定の当否の審査は、前記のとおり、論理則、経験則等に照らして不合理といえるかどうかの観点から行うべきところ、第1審判決及び原判決が判示する点を考慮しても、上記のような諸事情があるにもかかわらず、これについて適切に考察することなく、全面的にAの供述を信用できるとした第1審判決及び原判決の判断は、経験則に照らして不合理である」としている。ここで重要になってくるのが、「経験則」である。

本判決には、多数意見のほかに、補足意見と反対意見がある。反対意見を書いた古田裁判官は、検察官出身であることを理由にこの反対意見を過小評価する向きもあるが、この反対意見は「経験則」について検討する際にとても重要になってくる。

古田裁判官は、反対意見で、女性というのはこういう状態においては、逃げられない、助けを求められない、抵抗できない。そのため、一見常識的に見える多数意見の経験則に疑問があるとしている。現実の犯罪被害を前提とした「経験則」から見ると、多数意見には疑問がある、つまり、多数意見がよって立つ経験則がおかしいし、彼女の仕事と性被害は切り離すべきであるとしている。

加えて、性犯罪被害を考える際に重要な、性犯罪が権力犯罪であるという視点が、反対意見にはあるように読める。相手を支配するための暴力の一形態として性暴力、性犯罪があると適切に把握している。被告人の100回を超える買

第 5 章　最高裁判所の無罪判例の分析と問題提起

春等の経験から、相手をコントロールするすべにたけていることを問題としている。

さらに、被害者から見た強姦の時間についても反対意見は、被害者供述の変化を重要視していない。最初、挿入時間は 10 分だという供述を、後で 5 分とか 3 分という挿入時間に変更しているが、反対意見は、短い長いというのは関係がないとする。さらに、膣内に精液がなく、膣内の傷がないことについて、女性のホルモンバランスや状態によって傷が付かない可能性も指摘している。

加えて、被告人の供述の信用性については、「抽象的には趣旨が一貫しており、かつ被告人の立場における供述であることを考慮しても、その述べる具体的な対応がこれ程に大きく変遷している場合、客観的に明白な裏付けがあるなどの事情がなければ信用性を認めるのは困難である」としている。

2　評価の違いはなぜ生まれたのか

経験則と補強証拠

このように、最高裁判所は多数意見も反対意見も経験則に基づいて判断されているが、その経験則判断が真っ向から対立している。経験則判断について、荒木伸怡は、「経験則」という用語は、それを裁判官が用いることにより、恣意的な事実認定を隠ぺいしたり正当化することすらありうる用語である」とし、経験則によって判断されることで、間接証拠が重視されない危険性を指摘する。

自由心証主義を一定の範囲で制限することは、冤罪等を防ぐためにも、被害者を支援するためにも、必要なことである。しかし、補強証拠は、経験則判断に一定の枠をはめることはできたとしても、経験則判断のゆがみを是正することはできない。多数意見と反対意見の経験則判断の違いに内包されるジェンダー・バイアスの存在を無視することはできない。ジェンダー・バイアスに基づいた経験則判断を是正することは、補強証拠によってはできないことを認識する必要がある。

一般に、供述証拠は、「供述証拠は知覚・記憶・表現・録取という経過を経て証拠収集されており、その過程のそれぞれについて誤りや変容がありうる」ために、その証拠価値の判断には、非供述証拠である補強証拠が必要であるとされる。

第3部　性暴力に関する法の運用と課題——研究者の立場から

　平成21年4月14日最高裁判決は、小田急線での痴漢事件について、無罪を言い渡しているが、その判決で、那須裁判官は補足意見として、「たとえ被害者女性の供述が「詳細かつ具体的」、「迫真的」で、弁護人の反対尋問を経てもなお「不自然・不合理な点がない」かのように見えるときであっても、供述を補強する証拠ないし間接事実の存否に特別な注意を払う必要がある。その上で、補強する証拠等が存在しないにもかかわらず裁判官が有罪の判断に踏み切るについては、「合理的な疑いを超えた証明」の視点から問題がないかどうか、「格別」に厳しい点検を欠かせない。」として、補強証拠の重要性を強調している。

　しかし、ここで問題としたいのは、そもそも非供述証拠としてどのような証拠を収集するのかについてや、何をどのように補強するのかに関して、ジェンダー・バイアスが存在する場合の取り扱いである。すでにみたように、そもそも刑事裁判過程には、ジェンダー・バイアスが内包されており、性犯罪規定や、性犯罪についての証拠収集過程もジェンダー・バイアスとは無縁ではない場合に、証明力評価のみを問題とすることは適切ではない。たとえ冤罪の防止のためであっても、被害者をいくら傷つけてもよい、ともとれるような言説や証拠評価のあり方の議論を認めるわけにはいかない。

> 無視される
> 非供述証拠

　その1つの例として指摘したいのが、被告人の「合意の上の手淫」という主張である。誘われて対価として手淫をする場合、目指すことは最小の努力で最大の効果を得ることであり、この場合であれば、早く金銭を得るために、一所懸命手淫をし、早く射精をしてもらうという努力を最大限行う。その際、なるべく衣服や持ち物に精液がつかないための努力を行う。これが手淫を行う際の女性としての経験則である。

　非供述証拠である精液の付着は、彼女が着ていた冬のコートのそでの部分とかばんに見られる。コートのそでの精液の付着については、いくつかの解釈が可能だが、かばんへの精液の付着については、右手で手淫をしているときに右手にかばんを抱えたままであるという状況は想像しにくい。もし、お金のための手淫をしたのであれば、12月末で寒いこともあり、早く終わらせたいと通常は考える。その場合、手淫に集中するために邪魔になるかばんは、左に掛けるか、下に置くのがもっとも合理的な方法である。

第5章　最高裁判所の無罪判例の分析と問題提起

　この非供述証拠は、何を補強する証拠かといえば、かばんを右手に抱えていたという彼女の供述を補強する証拠であり、被告人の主張を弾劾する証拠である。彼女は一貫して右手にこうやって抱えていたと主張している。右手にかばんを抱えていたという証言自体は直接証拠ではない。しかし、そこで行われた行為が性行為か手淫行為かは、証拠によって証明しなければならない中核的な事実である。精液のかばんへの付着というこれを補強する資料であるはずの事実が無視されている原因に、ジェンダー・バイアスにもとづいた証拠評価の存在があるといえる。

> 金銭による権力関係の無視

　被告人の主張によれば、本件では金銭を対価とする手淫が行われている。最初のやり取りの中で、被告人は3万円という金額を提示していると主張している。重要なことは、金銭の提示や金銭のやり取りは、必ずしも性行為に対する合意を示すものではないことである。むしろ、対価が前提とされた場合、性行為に対する合意の存在の認定について慎重になる必要がある。

　金銭的対価関係が成立するためには、お金を支払う人と受け取る人の存在が不可欠となる。それゆえ対価にもとづく性的なサービスの提供には、権力関係が生じるため、合意を有効なものとして成り立たせるための前提である対等性が失われてしまう。

　性的なサービスを提供する場合には、性的自己決定権との関係が問題となる。金銭が介入する段階で関係性が対等ではなくなるとすれば、合意領域がどこまで残されているのか、つまり、自己決定権を前提として公権力の介入を認めない領域をどこまでだと考えればいいのかという問題が発生する。金銭が介入する段階で、常に自己決定に制限が設けられるとした場合、そこでの意思決定を自由な意思決定として評価してよい場合はかなり限定されるはずである。

　加えて、特に、性風俗関連産業で働く女性の証言というのはそもそも信用できないという経験則や、身近な人との関係を友好に保つために平気でうそをいうという経験則が前提になっていることも問題である。金銭による関係性を対等な取引だと考える経験則は再考される必要がある。

第3部　性暴力に関する法の運用と課題──研究者の立場から

未成年者であることの軽視

無罪判決が出ている事件には、本件のように被害者が10代の未成年である場合が少なくない。性交同意年齢は、日本の場合13歳と異常に低く設定されていることもあり、未成年であっても、同意可能であるとする年齢層はかなり幅広い。そのため、未成年者であることへの配慮は多くの性犯罪事件においてほとんど見られない。未成年者であっても、例えばこの事例のように、キャバクラに勤めていることで性的に成熟をしているとみなされ、当然成人と同じに扱っていいという判断がなされる。18歳未満であれば、児童買春の被害者になるが、未成年者でも児童福祉法の対象にならない場合には、性的には成人と同様だとみなされる。

しかし、未成年者が対価によって性的サービスを提供する場合には、金銭による権力と年齢による権力の二重の権力に支配される。被害者が18歳である本件のような場合、その権力に支配されている上での供述であることを重視する必要がある。

無罪判例に、被害者が未成年者や若年成人が多いのは、何重にも張りめぐらされた制度上・事実上の権力構造を無視して本人の自己決定を過度に重視した結果であり、その点についての再検討も必要である。

ジェンダー・バイアスという問題

他の性犯罪事件にも共通するのが、性犯罪や性犯罪被害に対する誤った認識、強姦神話である。これまでも指摘したが、逃げられない、助けを呼べない、抵抗できない状況で反抗を抑圧されているという状態が見てとれるにもかかわらず、ほとんどの事例で「逃げろ」「助けを呼べ」「抵抗しろ」と要求している。

本件で、弁護人は関係から離脱したり、助けを求めるための多様な契機があると主張する。

本件では、次のような形で被害者への接触がはじまる。まず、「カラオケ屋さんが近くにあるはずだけど、それはどこか」と聞いて声を掛ける。その場合に、声をかけられた方は、「それはどこどこです」「あそこにあります」と答える。そのあと、彼は「待ち合わせをしているんだけど彼女が来ない」という話をする。その後、3万円の入っているように見せかけた銀行の三つ折りパンフ

第5章　最高裁判所の無罪判例の分析と問題提起

レットを見せて、「ここにこれだけあるんだけど、これで彼女に会えないから君やってくれないか」という話をする。

　まず弁護人はそこに助けを呼ぶ契機があるとする。人通りもある程度あるし、近くにも交番があるので、そこでそういう話が嫌だったら、そこで辞めますと言うことも、「この人変なんです」と言うこともできるだろうということになる。

　次に、これは被害者のみの供述であるが、「付いてこないと殺すぞ」というような脅しが始まっていく。脅された被害者は素直に彼の後を付いていく。ここで最高裁判所はなぜ付いていくだと被害者の行動を問題とする。無理やり手を引っ張られても、それが1回か2回であれば、ずっと引っ張られているわけではないので逃げられる、助けを求められるはずであるという認定をしている。

　さらに、近くの5階建ての建物の屋上の踊り場に行き、彼女の供述によれば、少なくともその強姦をする体制が整った段階で、そのビルのガードマンの人が見回りに来る。壁に背を向けた彼女は、その見回りに来たガードマンに対して助けてって目で訴えた。涙ながらに目で訴えたと言っている。しかし、それだけでは十分ではなくて、なぜそこで「助けて」と言わなかったのか。何で逃げなかったかということを最高裁判所は問題とする。抵抗も全くしていないではないかともいう。

　とにかく逃げられる機会はもらさずとらえて逃げなさい。助けを呼ぶときには、目で合図するのではなく大声で助けを呼びなさい。抵抗は必ずしなさい。しかも一所懸命抵抗しなさい、そうでなければ、合意があったとみなすと最高裁判所は言っている。

　本件で、最初に殺すぞと言われたり、腕をちょっと引っ張られただけで、どうして付いていくのか、それが分からないと最高裁判所は言う。彼女のリアリティを考えてみると、一定の関係があった人から離脱するというのは案外難しい。一定の関係というのは、「こんにちは」という単に声をかけた場合も含まれる。

　この社会には、女性は他人に対して感じよく対応しなければならない、親切でなければならない、相手の要求を断ってはいけない、といったジェンダー規範が存在する。それに年長者に対する尊敬すべきであるとの規範の要請も無視

第3部　性暴力に関する法の運用と課題――研究者の立場から

できない。さらに、18歳の少女の社会的成熟度から考えて、最初がカラオケの場所はどこですかという声掛けで始まった関係性が、急速に変化していく場合、それを「断る」という形では上手に対処できないことは少なくない。それが一度でも腕をつかまれるなど彼女にとって怖い経験をした場合にはより加速される。

　客観的には些細な経験が、被害者にとっては影響が大きい場合は少なくない。ドメスティック・バイオレンスも、それが客観的には些細なことでも、たった一度の暴力的経験で、関係性の中においては大きな経験となることは少なくない。

　本件で、彼女について特に考慮すべきは、彼女は性風俗産業で働いていることである。性風俗産業というのは「お客様の言うことはちゃんと聞かなければならない」ということになっている。客のほとんどが男の人で、お金を持っている。彼女に対しては権力を持っている人たちである。年上の場合も多い。社会における男性優位のジェンダー秩序が性風俗産業において強化されているために、規範的にも従順でなければならないという意識を彼女たちに植え付ける。そして、金銭的な対価がそれをより強化していく。

　女性である被害者のリアリティに基づいて、事実を紡いでいく作業が本来は司法に求められるが、そもそも犯罪構成要件にも刑事裁判にも裁判官にもジェンダー・バイアスがあり、そのバイアスは、裁判所の判断が女性のリアリティから大きく逸脱し、それを無視したものになっていく大きな要因となっている。

⑥ 性犯罪無罪判決とジェンダー・バイアス

経験則とジェンダー・バイアス

　これまで見てきたように、刑事裁判の中にあるジェンダー・バイアスは、「経験則」という言葉によって示されることが明らかになった。裁判官や弁護人の持つジェンダー・バイアスが、被害者のリアリティから離れた判断を促進し、それが被害者供述の信用性を失わせることにつながっている。刑事裁判で供述証拠しかない場合、非供述証拠によって一定の枠がはめられないことによって、裁判官の価値観である経験則が証拠評価により大きな影響を持つことになる。

第5章　最高裁判所の無罪判例の分析と問題提起

　刑事裁判所がバイアスにもとづく経験則を持っているために、強姦神話に基づいた経験則が採用され続けるという事態が現在起きている。いったん採用された経験則を変えるのは非常に困難である。なぜなら、弁護人も裁判官の経験則に沿った形の主張を展開せざるを得ないからである。

| 性犯罪での合意と権力関係とジェンダー・バイアス |

　刑事裁判においてもっとも大きなジェンダー・バイアスは、合意についてのものである。人間関係においてそれを強化する制度上の権力関係があれば、それは合意と評価するべきではない。けれども、このことが無視されている。強姦罪の成立には、反抗が前提となっている。被害者は生き残るために、反抗をすることなど考えることができないほど恐怖を感じるということが無視されている。性犯罪被害者は権力関係の存在、つまり支配関係を無意識に感じ取って、最悪の事態を常に想定して行動しているが、刑事裁判では、そのような性犯罪理解は通常行われない。

　図に示したように、合意の性行為が全体の性行為の中に占める割合はとても小さい。現行法で強姦罪とされているものと合意の性行為の間には、「意に反するが、強姦罪とは評価されない性行為」が数多く存在している。

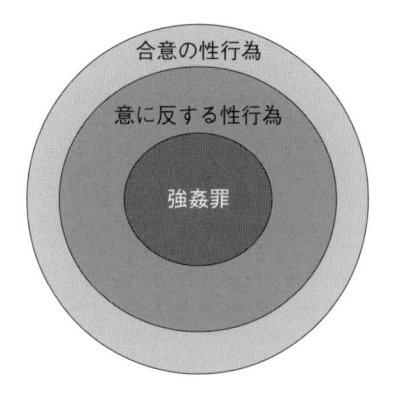

合意の性行為
意に反する性行為
強姦罪

　本来合意があるとするためには地位の対等性が必要である。そのことを前提とすると、合意の性行為は実際は極めて限定される。女性の場合、性行為に何らかの権力性、支配性を感じる場合は少なくない。それは、女性がジェンダー秩序において下位におかれていることからきている。

第3部　性暴力に関する法の運用と課題──研究者の立場から

　現在の基準では強姦罪が成立しない、つまり意に反する性行為であるにもかかわらず犯罪とは評価されない領域はかなり広い。主にこの領域における無罪判断が繰り返されることによって犯罪ではない、イコール合意であるとされてしまう。つまり犯罪とならない、意に反する行為が数多く存在するにもかかわらず、犯罪ではないために、「同意のもとで行われている」という公式があてはめられていく。

　この状況を否定するためには、すべての性行為は不同意であるという前提から物事を考えていくことが必要である。

権力者に都合のいい同意の認定

権力関係を無視し、ジェンダー・バイアスに支配されている場合に、性行為の同意は簡単に推測される。たとえば、裁判例の中には、「A子が誰とでも簡単に性交する軽い女性であり、同意の上性交できると思ったとしても無理からぬ状況にあったと認められる」とするものがある。ここでは、彼女が行っている性交が不同意だったかもしれない、という視点は全くない。刑事裁判所は、権力者である被告人（男性）に都合のよい形での同意を認定しつづける。

　本件に関しては、被告人は被害者の女性が、「え、どこで」と手淫を頼んだ時に言っていると主張している。手淫してくれと言って、「えっどこで」といったのが、手淫への同意だと被告人は思っており、そのおかしさについては言及されていない。また、本件の原審における被告人質問の中で、他の事件について、被告人は被害者が美容院に行くということでやっぱり小遣いが欲しかったのだろうとし、そこに手淫への同意を読み取ろうとする。美容院に行くからお金が必要だと勝手に思い込んだことを裁判所は合意だと判断しているような状況が伺える。初対面に近い状態で、本当に合意が可能なのかについてもう一度検討する必要がある。今求められているのは、基本的に合意ではないところから、すべての理論を組み立てなおしていくことである。現行法の解釈でそれが無理であれば、条文の改正も当然必要である。

被害者のリアリティと合意

本件の被告人は、100件以上の手淫を金銭の支払いによって実現した経験があり、証拠のなかに、強制わいせつ容疑で被害者がとられた別の事件に関する検面調書が存在する。

第 5 章　最高裁判所の無罪判例の分析と問題提起

その中に、被害者の女性は、親切にしなければいけない、道を聞かれたらちゃんと答えなければならないという規範を内面化していることが伺われる供述がある。最初は同情、それを断ると何をするか分からないと恐怖に変わって、胸を見せろとかペニスを触れと言ったときに恐怖とか気味悪さが募り、その場所から早く逃れたいと思う。実際は入ってないが、お金に見せかけた封筒を最後に渡される。それについて彼女はばかにされたと思って沈黙をしてしまう。これが被害者のリアリティである。しかし、これを被告人側からみると、同意ある行為として評価される。このような両者のずれが経験則の評価につながっていく。

結局この件について、事件を管轄した警察署は、金銭の授受の約束があるので、わいせつ行為は認められても、強制わいせつ罪とは認めていない、このことは彼女のリアリティが警察の経験則とは全く異なることを示している。加えて、最高裁判所もこの事件について、「報酬の支払を条件にマンションの階段踊り場で女性に対し、自ら手淫行為をする様子を見るように依頼し、その同意を得て同女の手のひらに射精したのに、報酬を支払わずに逃走したため、同女が警察に被害申告する事態となり、付近で発見され、事情聴取を受けた」とする。ここにみられるのは、ジェンダーや年齢による支配に加えて、金銭による支配があるにもかかわらず、それを支配構造とは見ることなく、合意の領域での出来事だと判断しているという事実である。このような性犯罪における権力性の無視は、裁判所による被害女性に対する抑圧であり、最大の支配なのである。

⑦ おわりに——女性化された刑事司法を目指して

これまで見てきたように、裁判官に代表されるジェンダー・バイアスは、司法過程においてさまざまな形で現れるが、特に「経験則」に関しては、その定義・内容が明確ではなく、しかも裁判所が自由心証主義を原則としていることから、そのバイアスが色濃く表れる。

性犯罪に関しては、その基本型を合意だとしていることにより、強姦罪には該当しない、意に反する性行為の存在が無視され、強姦でなければ、合意だという二者択一の思考が裁判で多く用いられる。世の中は意に反した性行為で満ちていることを前提に、性犯罪を検討し直す必要がある。

第3部　性暴力に関する法の運用と課題——研究者の立場から

　最後に強調しておきたいことは、性犯罪における権力性が、たとえ制度や事実上の権力関係によって強化されているとしても、それは国家が持っている圧倒的な権力とは同列のものではない、ということである。その意味で、冤罪を防ぐことが重要であり、「疑わしきは被告人の利益に」という刑事裁判の大原則はゆるがせにすべきではない。

　これまでの検討で明らかになったことは、あらゆる場面において、性犯罪被害者のリアリティを前提とした対応を行うことの必要性である。被害者のリアリティを反映した適切な性犯罪規定、供述・非供述証拠収集方法の確立、ジェンダー・バイアスに基づかない証拠の評価など、これまで男性化されてきた刑事司法を「女性化された司法」にすることで、被害者を支援するだけではなく、ジェンダー・ニュートラルな規範や価値を社会の中に提案していく機能を果たすことができる。

　このような「刑事司法の女性化」は、「疑わしきは被告人の利益に」という大原則と矛盾するものではない。無罪という判断が、ジェンダー・バイアスのない証拠評価によって行われた場合には、それは被害者であってもその不利益を甘受する必要があるのは当然のことである。問題は、現在の司法があまりにもジェンダー・バイアスにもとづく判断を行っていることで、被害者が納得しその結果を甘受する水準にはないということである。このことは、裁判に参加した被害者のみの問題ではない。刑事裁判の機能の一つが社会における行為規範を確認することであるとすれば、裁判所の偏った判断が社会における性犯罪評価の偏りを温存することになる。

　犯罪被害者の刑事裁判への参加等、刑事司法において犯罪被害者の地位が確立することにより、性犯罪被害者への配慮が様々なされることになった。けれども、それらの配慮は、あくまでも小手先のものであり、場合によってはそれらの配慮が性犯罪に対するジェンダー・バイアスを強化することになる危険を有している。

　刑事司法においては、性犯罪がジェンダー・バイアスなく評価されることが、性犯罪被害者を支援し、最終的には性犯罪を減少させることにつながる。そのための役割を果たすために刑事司法に求められていることについて改めて考える必要がある。

第6章 裁判所の「経験則」は正しいか？
――誤判を防ぐために

井上摩耶子

はじめに

このタイトルは、2012年、大阪弁護士会のシンポジウムで、私に与えられたものであり、たいへん難しいテーマである。1995年頃から、私は、フェミニスト・カウンセラーとして、性暴力裁判において、意見書を提出したり専門家証言をすることによって、被害者側のアドヴォケイト（代弁・擁護）役割を果たすようになった。法廷において、性暴力被害者の心理や行動、心の傷（PTSDなど）を、被害者擁護として代弁する役割である。

私が最初に関わった性暴力裁判は、判決文にはじめてセクシャル・ハラスメントという言葉が使われた「金沢（建設会社）セクハラ事件」だった。意見書を提出したのだが、このときの経験から男性中心的な裁判所の「経験則」を覆すことは容易でないことを実感した。しかし、この事件をはじめとして、関わった裁判のほぼすべてにおいて、私の意見も加味され有罪判決を勝ち取ってきた。ところが、この2、3年、とくに控訴審から関わった性暴力裁判において加害者側の無罪判決を覆せない事態が起きている。おそらく、社会一般にみられる男女共同参画へのバックラッシュを背景として、性暴力裁判においても、加害者側の冤罪を強調する「無罪判決」の動きが出てきたのではないかと思う。

ここでは、その動きを支えていると思われる裁判所の「経験則」について、性暴力被害者をアドヴォケイトしてきたフェミニスト・カウンセラーの立場から意見を述べたいと思う。

フェミニスト・カウンセリングの立場

フェミニスト・カウンセリングとは、ジェンダーあるいは男女共同参画の視点に立つ、女性による女性のためのカウンセリングである。
従来の男性中心の臨床心理学やカウンセリングを批判するフェミニスト・カ

第 3 部　性暴力に関する法の運用と課題——研究者の立場から

ウンセリングの実践は、反階層制、反家父長制を標榜し、平等主義の立場をとり、女性たちが性別役割意識や「女らしさ」の刷り込みから脱却することをサポートすること、そして何よりも「男性から女性への暴力」の根絶を目指して被害者救済に取り組むことをその中核的課題としている。

　フェミニスト・カウンセリングでは、女性クライエント（来談者）にみられる心理的葛藤や自己尊重感の低さや非力感は、クライエントの生得的な個人的欠陥によるものではなく、また彼女の生育歴だけにも還元できないと考える。女性クライエントの問題や困難の原因は、むしろこの男性中心社会における社会・文化的要因にある。たとえば、未だに家庭、職場、地域社会に性差別主義が蔓延していること、多くの女性たちが固定的な性別役割を強制され「女らしさ」に縛られていること、そして男性中心社会における「二級市民」（second citizen）の位置を生きるよう強いられていることなどが、女性を生き難くさせているのである。

　このような観点に立つフェミニスト・カウンセリングの根本理念は、「個人的な問題は政治的な問題」（the personal is political）である。それゆえに、伝統的なカウンセリングが、クライエントの内面を探求することによって問題解決をはかるアプローチをとるのに対して、フェミニスト・カウンセリングにおいては、クライエント個人の内面に問題やその原因を探るのではなく、その問題を社会・政治的要因と関連づけて「外在化」する。

性暴力被害者へのフェミニスト・カウンセリング

「男性から女性への暴力」としての性暴力（強姦、セクシャル・ハラスメント、児童期の性的虐待、近親姦など）やドメスティック・バイオレンス（DV）の被害者への心理的カウンセリングには、ジェンダーの視点による「問題の外在化」（問題を被害者の内面の問題にしない）が必須である。性暴力被害者に対するフェミニスト・カウンセリングにおいては、彼女の被害に対し法的・社会的な性暴力の定義を適用し検討することによって、カウンセラーが「彼女は被害者だ」と確信した場合には、「あなたは悪くない。悪いのは加害者のほうです」と明言する。この点が、伝統的カウンセリングとの決定的な違いだろう。最近、「あなたは悪くない」という言葉のみがひとり歩きしてい

第6章　裁判所の「経験則」は正しいか？

るようだが、性暴力やDV被害者に対して「あなたは悪くない」と告げるだけでは不十分である。カウンセラーは、性暴力やDVについて、その心理的後遺症としてのPTSDなどに関する「心理教育」（心理・精神医学的な情報提供）をし、十分に話し合うことによって「あなたは悪くない」という言明のもつ意味を深める共同作業を進める必要がある。

　そういう過程を経ることによってはじめて、被害者は「自分は被害者だ」と思っていいのだという「被害者化」を果たすことになる。

「二級市民」（女性）による「DV」「セクハラ」の命名

「二級市民」である女性は、言葉を創造する権利を認められていなかったので、長年、「男性から女性への暴力」としての「ドメスティック・バイオレンス」「セクシュアル・ハラスメント」という現象を表現する言葉を持てずにいた。1960年後半から70年代にかけての第二波フェミニズム運動のなかで、欧米の女性たちが「ドメスティック・バイオレンス」や「セクシャル・ハラスメント」という言葉を発明した。

　「ドメスティック・バイオレンス」は、長らく「夫から妻へのしつけ」と言われてきた。コモン・ローには「親指のルール」がある。「親指より細いムチをふるいながら妻をしつけるのは男の権利である。しかし、親指より太いムチを用いるのは犯罪だ」と。また、女性が社会進出を果たしたときから、セクシャル・ハラスメントはあっただろう。しかし、それは「職場の潤滑油」「ちょっとしたからかい」と言われてきた。これらは、すべて「一級市民」である男性の側からの表現である。

　そのために、DVやセクハラで苦しんでも、被害女性たちは自分を「被害者化」することができなかった。そして、夫の暴力や課長のわいせつ行為に悩むのは、「自分のほうが過剰に反応しているからだろうか。そういう行為を仕掛けられる落度やスキが自分のほうにあるからだろうか」と自責感や罪悪感を抱くことすらあった。

　今では、DV防止法やセクハラ規定が制定されているので、「課長やめてください。それは人権侵害としてのセクハラです」と言うことができる。そういう意味で、言葉を持つということは力をもつということである。そして、法律

第3部　性暴力に関する法の運用と課題──研究者の立場から

というのは言葉によって綴られたものであり、現在の法律がどこまで女性の心理や行動、人生経験を代弁しているものなのかという点が、今日のシンポジウムのテーマだといってもいいだろう。

　それはともかく、DV 被害女性が自分自身を「被害者化」するということは、自分の身の上に起こっていたことを、単なる夫婦げんかなどではなく「DV」なのだと再定義することであり、そうすることによってはじめて、これからどうするかという自己決定のプロセスや、心理的回復へのトラウマ・カウンセリングが開始される。自分を「被害者化」することなしに、サバイバー（生還者）への道は開かれないのである。ここが、フェミニスト・カウンセリングの中心的な実践といえる。しかし、往々にして人には、自分を被害者と思いたくないという無意識的な規制が働く。現状維持を求める「否認」の働きである。

被害当事者の「外傷ストーリー再構築」

　ここでいう「外傷ストーリーの再構築」というのは、自分が性暴力や DV の被害者だということを否認したり逃げたりしないで、被害の体験に基づく「強姦被害者の物語」「DV 被害者の物語」を、カウンセラーとともにつくることであり、同時に、その共同作業過程において外傷体験による心の傷（PTSD）からの回復をはかることである。

　カウンセリング手法としては、ナラティヴ・アプローチを採用している。ナラティヴとは「語り」ということで、ナラティヴ・アプローチは、心理学的エビデンスをもつカウンセリングの一手法である。

　この「外傷ストーリーの再構築」プロセスは、被害者の心理的回復のために必要なものであるが、さらに加害者の責任を求めて提訴する被害者にとっては絶対的に必要なプロセスだと思われる。簡単にいえば、ナラティヴ・アプローチにおいて、被害者は外傷体験を深く、具体的細部にわたって思い出し、それを語り、カウンセラーと共同して断片的な記憶に筋や文脈を与え、一定のまとまりをもった「意味のある物語」を構築することができる。

　強姦被害であっても、たとえばそれが尊敬する指導教授による行為であった場合、多くの被害者にとって、それを直ちに「強姦」と名づけることは難しい。かといって決して、2人の間に「合意」があったわけではない。この外傷体験

第6章　裁判所の「経験則」は正しいか？

を、カウンセラーとともに語り検証し、指導教授という地位利用による「セクハラ強姦」であることを確認し、被害者側の事実に即した物語を構築していくわけである。

　ナラティヴ・アプローチは、社会構成主義（social constructionism）に立脚している。社会構成主義とは、社会や人間についての「客観的」説明というものは、実は社会過程の産物であり、人びとの相互作用において構成されたものにすぎず、それゆえに、論争の余地のない絶対的な真実、本質、客観中立性などというものは存在しないという考え方である。

　このような考え方は、客観中立性に立脚する法や裁判に馴染まないと考えられがちだと思うが、果たしてそう切り捨てていいものだろうか。秋山賢三は、『裁判官はなぜ誤るのか』（岩波新書、2002年）において、「松川事件第一次控訴審判決の際、S裁判長は法廷で『やったかやらないかを知っているのは神様だけだ』と述べた。この発言に対し、被告人たちは『いや、違う。事実を知る者は被告人らだ。私たちだ』と答えている」（153頁）と述べている。S裁判長は、もっと被告人のナラティヴ（語り）に耳を傾ける必要があったのではないか。

　さらに、社会構成主義は、自明な知識を疑う。伝統的科学において実証主義や経験主義といわれていたもの——ありのままの世界が観察によって明らかにされる——という前提に反対する。そして、そのように見える見え方の前提を疑うように注意を促す。そういう意味において、「経験則」とは、まさにその見え方の前提だといっていいだろう。だからこそ、なにが事実なのかを争う裁判において「経験則」というものが無視することのできないポイントとなる。

> 被害当事者による「もうひとつの物語」（alternative story）

　先ほどから言及されている「強姦神話」は、私たちの社会に流布している「支配的な物語」（dominant story）のひとつであるが、裁判所や裁判官の「経験則」は、この「強姦神話」に依拠しているところが大きいように思う。男性たちによって構築された「強姦神話」は、徹底的に男性強姦加害者を擁護し、女性強姦被害者の落度を責めるものである。

　フェミニスト・カウンセリングでは、女性被害者とともに「強姦神話」とい

第3部　性暴力に関する法の運用と課題——研究者の立場から

う「支配的な物語」に対抗するために、被害者側の体験に基づく「もうひとつの物語」(alternative story) の構築を目指す。物語やストーリーという言葉からは、すぐに虚構、フィクションといった言葉が連想されるが、松川事件の被告人が語ったように、事実を知るのは当事者だけなのだから、何が起こったのかを知るためには、当事者の「ナラティヴ」に耳を傾けるほか手はないのではないか。さらに、この被害者のナラティヴは、強姦裁判においては原告側の証言となり、さらに強姦を容認する社会を告発する声ともなる。

裁判官の「経験則」

経験則とは、「その妥当性が必ずしも論理的に説明できないが、経験上、有効であると考えられる規則、方法、知識のこと」と定義されている。

　経験則に対しては、なんら理論的裏付けもなしに経験上そう思われるだけにすぎないという批判がある。また、経験したことがないことに関してはまったくお手上げであるという批判もある。たとえば東日本大震災の津波による福島の原子炉問題は「想定外だった」ということであり、「経験則」の無効を曝露したものだった。

　さらに、ここで言われる経験とは、いったい誰の経験なのかという問題がある。私は、男性裁判官、加害者側の男性代理人という男性ばかりの法廷において、女性被害者の悲痛な叫びが空回りし、その場の男性陣にはまったく届いていないという事態を何度も経験した。多くの男性は、強姦神話やDV神話に基づく「経験則」によって、強姦やDV被害を理解するのであり、それらによらない「経験則」によって理解することはできないのであろう。

　『あなた、それでも裁判官？』(暮らしの手帖社、2009年) の著者である中村久瑠美さんの夫は裁判官であったが、傷害罪で訴えることもできるようなDVをふるう人であった。彼女は離婚を決意し、弁護士に話しに行くが、何人もの弁護士が「裁判官だって男なんだから、妻を殴ることはあるだろうよ」と、夫の暴力で結婚を続けられなくなるのは妻のわがままだと反応した。彼女が、お岩のようになった自分の顔写真を1枚も撮っていなかったこともあって、「私がどれほど言葉で説明しようと、現職裁判官である夫が『いや、女房は大げさですから……』と一言言えば、そっちが正しいと他人は信じた。(中

第6章　裁判所の「経験則」は正しいか？

略）こんな女の気持ちは結局、男の弁護士にはわかってもらえないのか、もし裁判になっても男の裁判官には、この事件の持つ意味は何ひとつ通じないかもしれない——依頼しようとする弁護士にさえ理解されなくて、どうして男の裁判官の正しい判断など期待できようか。男と女は決定的に感性が違うし、立場も違う。裁判官にも弁護士にも女性がいなくてはならない、とつくづく思った」（124頁）と述べ、離婚後、司法試験に挑戦し弁護士になったという。

裁判所の「経験則」にジェンダーの視点がないということに加えて、裁判官という社会的地位にあるエリートの「経験」という問題もあるだろう。「経験則」には、一般常識といった側面もあるが、エリート裁判官の生活は、一般市民の生活感覚からはかけ離れているように見受けられる。この点については、『ドキュメント裁判官——人が人をどう裁くのか』（読売新聞社会部著、中公新書、2008年）が参考になる。

この誤った「経験則」を変えるには、性暴力やDVを事由とする離婚裁判などの場合、女性被害者のナラティヴを聴くほかない。警察官や司法関係者にとっても、ナラティヴ・アプローチの手法を身につけることが有意義だと思う。

性暴力裁判と「疑わしきは被告人の利益に」原則

「疑わしきは被告人の利益に」や「無罪の推定」の原則は、守らなければならない大原則である。しかし、ジェンダーの視点のない、女性差別的な性暴力裁判において、この原則が「疑わしきは男性加害者の利益に」とすり替えられることがある。それは、法の下における性的平等が冒されていること、女性の平等保護の権利が奪われていることにほかならない。

この点について、キャサリン・マッキノン著『女の生、男性の法＜上＞』（森田成也他訳、岩波書店、2011年）を引用することによって、考えてみたい。

法の下の性的平等とはなにか？

マッキノンは「性的不平等の大部分は、法の執行や制定などを通じて押しつけられなくても、この社会の中で十分実行されている。だが、法はこの不平等と無関係なのではなく、反対にこの不平等に深く関与している。たとえば、法が建前上、虐待を禁止しながら、レイプの場合のように事実上その大部分を許容している場合には、法は積極的に性的不平等に関与している」（119頁）という。

第3部　性暴力に関する法の運用と課題——研究者の立場から

　法は、通常、差別や不平等を禁止するために存在しているのだが、性的不平等に関しては法がそれを助長しているということになる。
　このシンポジウムで語られてきた性暴力事件への理不尽な無罪判決に対しては、この見解がぴったりと当てはまり、それは法に内在する性的不平等という一語に尽きる。

強姦の法的モデルとは？

　マッキノンは、「女性の経験する性的暴行のほとんどは、典型的な法的モデルに合致しない」（119頁）という。
　アメリカでは強姦の80～90％が、日本でも70％以上が「顔見知りの男性」——上司や指導教授、隣のおじさんなど——による強姦である。そのために、裁判になった場合に、加害者は必ず「合意」があったと主張する。この「合意」の概念が問題である。顔見知りからの強姦なので、加害者は「暴行・脅迫」を必ずしも用いる必要はない。また、被害者のほうも、警戒もなにもしていない相手からの行動にとっさに抵抗などできずに強姦されてしまう。しかし裁判では、激しく抵抗することなく受動的に屈従することは、抗拒不能という抵抗要件を満たさないので「合意」の上での性行為だとみなされてしまう。
　マッキノンは、皮肉をこめて、このような顔見知りによる立場利用の強姦は、法を立案し解釈し執行する人を含めて普通の男性が行いうることだが、それを強姦とは認めないように法的構成がなされていると批判する。

強姦は、誰の観点から定義されるのか？

　顔見知りによる強姦の場合、先述したように、被告側の「合意があると思った」という抗弁が成立してしまう。このような抗弁は、「レイプが起きたかどうかを被害者の観点からではなく、告発された加害者の観点から定義することになる」（124頁）。そして、被害者側が「合意などなかった。それはレイプだ」と反論すると、日本では、強姦だと主張する被害者側だけに説明責任がかかってくる。レイプ・シールド法（強姦被害者保護法）などを参考にしながら、合意に基づくものであるか否かについては、被告側にも反証の責任を負わせるよう「立証責任の転換」を議論するべきなのではないか。
　裁判で被告側の本人尋問を傍聴し、本人尋問調書を読むとき、なぜ裁判官や

第6章　裁判所の「経験則」は正しいか？

原告側弁護士がもっと「仕掛けた側の被告」の心理や行動を問わないのかと疑問に思う。被告に対して、相手の性的自己決定権を侵害した理由や、相手の合意をとるためにどのような言動をとったのかを問うべきだろう。被告のナラティヴに対して、被告の心理や行動を分析し、「合意」とは何かとの観点から検討することができれば、被告側の主張が被害者の意思に反した「強姦加害者の物語」（根拠なき「合意」の物語）であることを実証することができるだろう。

　現行法は、マッキノンがいうように「人に対する他のどの犯罪とも異なり、被害者の信憑性が問題にされ、その被害が起きたかどうかを判断する基準にされている。被害者の側が、自分に対して強制された行為に同意していないと言っているのに、同意したかもしれないと信じられるのは、性的暴行裁判においてだけである。女性は、強制されたセックスを追い求めそれを楽しむのだという見方は、被告側のまったく手前勝手な言い分である。ところがこれこそ法の側がしばしば採用してきた見解なのだ」（124頁）ということであり、まさに、被告側のナラティヴのみが尊重され、性暴力被害者のナラティヴは封殺されている。法の下での性的不平等である。

> **現行法の性差別が認められるには？**

マッキノンは、レイプ被害者の圧倒的多数が女性であるという事実そのものが、社会的不平等を表現するものだという。「女性がレイプされているのに（男性加害者が）法的に免罪されている場合、それは法の平等保護の権利を女性が奪われているということであるはずだが、そのように認定されるためには、男性もまたレイプに関して（女性と）同じ状況に置かれている必要があるのか？（中略）性的暴行に関する現行法のあり方──レイプの要件、執行の仕方、あるいは法がしかるべく執行されていないこと、法の解釈──が性差別だと認められるためには、いったいどれほどの数のレイプが法的に免罪されればいいのか？」（127頁）と糾弾する。要するに、この男性中心社会において、司法の性暴力被害者に対する態度は、恩着せがましく、相手を見下し、敵対的で、被害者の痛みに無関心であるが、政府をはじめとする社会一般もこの不平等を是正しようとはせず、加担している。女性は法の平等保護を享受していないと主張しているのである。そしてさらに、性差別である性暴力被害を提訴することにより、

第3部　性暴力に関する法の運用と課題――研究者の立場から

再び女性被害者が法によって性差別を受けることの問題性を提起している。

　このようにみてくると、前述した「疑わしきは被告人の利益に」の鉄則は、性暴力裁判においては女性差別的で、女性の平等保護の権利を奪うことにもなりかねない。秋山賢三は、前掲書中の「『痴漢冤罪』はなぜ起こるか」の章において、「女性がその男性を痴漢犯人だと感じたとして、それがその女性にとっての『真実』とはなっても、それがそのまま客観的真実であるとは限らないという可能性が司法関係者によって忘れられてしまうとしたら、恐ろしいことである」(133頁)と、おそらく男性の経験則に基づいて、痴漢に対する「加害者の観点からの定義」の必要性を強調している。

　私の知っている男性弁護士も、「こうなったら電車のなかではいつも手を挙げていなければならないなあ」と冗談を言い、つい私も「こっちはいつも被害に遭ってきたんだから、手を挙げていたらいいでしょう」と答えたが、やっぱり男性は痴漢をしていないのに、痴漢と間違えられる、あるいは虚偽申告をされると思っているのだなあと思った。

　実際の判例によって、裁判官の、そして男性一般の「経験則」を検証してみたい。

2009年最高裁判例を考える

　最高裁第三小法廷は、2009年4月14日に強制わいせつ(痴漢)罪の成立を認めた第1審判決(東京地裁、2006年10月31日)および第2審判決(東京高裁、2007年23日判決)を破棄し、逆転無罪判決を言い渡した。5名の裁判官のうち2名が反対意見を付している。

　小田急線の満員電車のなかで7分の間に起こった痴漢事件であり、被害者は17歳の女子学生A、加害者は60歳の男性である。

　判決理由としては、「本件のような満員電車内の痴漢事件においては、被害事実や犯人の特定について物的証拠等の客観的証拠が得られにくく、被害者の供述が唯一の証拠である場合も多いうえ、被害者の思い込みその他により被害申告がされて犯人と特定された場合、その者が有効な防御を行うことが容易ではないという特質が認められることから、これらの点を考慮した上で特に慎重な判断をすることが求められる」と述べる。

第6章　裁判所の「経験則」は正しいか？

　痴漢に遭って性的自己決定権という基本的人権を侵害され、傷ついている被害者よりも、なぜ加害者側の防御権の方が優先されるのだろうか？　上述した「法の下での男女平等」に関わる問題である。そこには痴漢の女性被害者の虚偽供述や錯誤供述が「経験則」として仮定されており、被告の無罪を主張する那須裁判官の補足意見には、「普通の能力を有する者（例えば十代後半の女性等）がその気になれば、その内容が真実である場合と、虚偽、錯覚ないし誇張等を含む場合であるとにかかわらず、法廷において『具体的で詳細』な体裁を具えた供述をすることはさほど困難でもない」という。

　さらに、那須裁判官は「被害者が公判で供述する場合には……検察官の要請により、事前に面接して尋問の内容及び方法等について詳細な打ち合わせを行うことは、広く行われている。……このような作業が念入りに行われれば行われるほど、公判での供述は外見上『詳細かつ具体的』『迫真的』で『不自然・不合理な点がない』ものとなるのは自然の成り行きである」という。一般市民の感覚からこれを聞くと、「検察とは、虚偽告訴に磨きをかける練習の場でもあるのか？」と驚くほかない。

　肝心なのは、裁判官が被害者のナラティヴを疑ってばかりいないで、また既存の「経験則」に頼ることなく、どれくらい公正に被害者のナラティヴを聞けるかという問題なのではないだろうか？　そこが保証されなければ、被害者は、証拠や目撃者の得られない痴漢犯罪に対しては黙認せざるを得なくなる。

　裁判官の提示した「被害者の供述の信用性」について検討したい。
① 　Aの述べる痴漢被害は、相当に執ようかつ強度なものであるにもかかわらず、Aは、車内で積極的な回避行動を採っていないこと。
② 　そのこととAが被告人のネクタイをつかみ「電車降りましょう」「あなた今痴漢したでしょう」などと言って、被告人に対して積極的な糾弾行為を行ったこととは必ずしもそぐわないように思われること。
③ 　Aが、成城学園前駅でいったん下車しながら、車両を替えることなく、再び被告人のそばに乗車しているのは不自然であること（原判決も「いささか不自然」とは述べている）。

　①②からは、男性裁判官のイメージする極端な痴漢被害者像が浮かび上る。

第3部　性暴力に関する法の運用と課題──研究者の立場から

もし痴漢に遭ったなら直ちに回避行動か告発行動をとるはずであるというものである。これに対して、被告人の有罪を主張した掘籠裁判官は①に対して身動きのできない超満員電車のなかで、被害を回避することは困難であり、犯人との争いになることや周囲の乗客の関心の的となることに対する気後れ、羞恥心などから我慢していることは十分にあり得ることだと述べている。私を含む多くの女性たちが満員電車内で受けた痴漢行為の経験からみても、掘籠裁判官の意見は支持し得るものである。

　②に対して、掘籠裁判官は、我慢していた被害者が執拗に被害を受けて我慢の限界に達し、犯人を捕まえようと、次の停車駅ちかくになって反撃行為に出ることは十分にあり得ることであり、非力な少女の行為として犯人のネクタイをつかむことは有効な方法であるとしている。その通りだと思う。私をはじめとして、「痴漢は犯罪です」との社会規範のなかった世代に属する女性たちは、このような告発行動に出ることができなかった。そして、Aの行為を批判的にみる多数派裁判官は私と同世代に属しているが故に、若い女性の毅然とした「あなた今痴漢したでしょう」という遵法的な告発行為を認めることができないのではないか？「経験則」は男女という性別だけでなく、世代にも依拠しているからである。

　③については、それこそ朝のラッシュアワーに満員電車に乗る必要のない最高裁判事の「経験則」による判断だろう。窓際に立っていると、各駅でホームに押し出されるが、Aはそこで犯人の姿を見失い、閉まりそうになるドアから再び同じ車両に飛び乗った。よくある光景である。学校に遅れないようにと思っている何十秒かの間に、とっさに違うドアに向かうことを思いつかないかもしれないし、また隣のドアから車両に運よく乗り込める保証もない。

　以上に述べた3点を理由に、最高裁は被告人に無罪判決を出したわけだが、ここには、強姦被害になど遭ったこともない男性裁判官が、①②③を是とする「経験則」によって、痴漢を告発した勇気ある17歳の少女を裁く性差別的な構図が示されている。

　最高裁判決は、「痴漢に遭ったらその場で告発行動をとるべきだし、そうしなかったのなら最後まで告発などしないのが当たり前でしょう」「後から、『痴漢です』なんて言ったら、嘘つきだと思われるよ」「もし痴漢が嫌なら、他の

第6章 裁判所の「経験則」は正しいか？

車両に逃げたらいいだけで、告発行動などとる必要はないんじゃないの」と言っているわけで、ここには、性暴力被害者の心理や行動への理解や共感は皆無である。さらに問題なのは、「安易に痴漢を告発するな」という警告になってしまっていることである。

ここには、男性中心的な裁判における男性裁判官のジェンダー・バイアス、そして家父長制的な法廷における男性裁判官のパターナリズム（父親温情主義的抑圧）が透けてみえる。17歳の少女に対して、「かわいい女の子なんだから、そんなに無理して『痴漢です』なんて告発をしないで生きていけばいいんだよ」と説く、パターナリスティックな社会構造の縮図といえるだろう。

50年前、痴漢や強制わいせつに遭いながら何も言えなかった私に引き比べ、この勇気ある少女の誕生は、社会がジェンダー平等を目指す方向へと変化した結果である。今、この変化を維持するために男性裁判官の、そして男性一般のジェンダー意識の覚醒こそが求められているのだと思う。

―【コラム：「強姦神話」とは？】―
　強姦神話には、ジェンダー・バイアスが凝縮している。その例を挙げよう。①女の「ノー」は「イエス」のサイン、「嫌だ、嫌だ」と言ってはいるが、心の中では強姦されたがっているのだ、②男の性欲はコントロールできないのだから、スキを見せた女が悪い、挑発した女が悪い、③ちゃんとした女なら死ぬまで抵抗したはず、④性的にふしだらな女だけが強姦される、などというものであり、徹底的に男性加害者を擁護し、女性被害者の「落ち度」を責める言説である。

第3部　性暴力に関する法の運用と課題――研究者の立場から

第7章　法医学者からみた性暴力対応の現状

髙瀬　泉

はじめに

　医療者は、一般の診療契約場面において、患者が望む治療やケアを提供することがその役割である。したがって、真偽を判定（judge）することなく、患者のありのままの声に耳を傾け、気持ちに寄り添い、患者自身がもっとも適切な治療を選択できるよう必要に応じて医学的指導・助言を行い、その人らしい心身の回復が図れるようサポートすることがその原則的な姿勢である。

　その一方で、医療者は、警察や児童相談所などから性暴力（性虐待や家庭内暴力における望まない性行為をも含む）の被害者の診察を依頼され、もし、損傷が認められた場合には、それがどのようにしてできたか、1回それとも複数回の行為の結果できたか、などについて専門家として意見を求められることがある。この場合には、損傷所見から読みとれることを医学的根拠やそれまでの経験に基づいて客観的に述べなければならない。そして、その損傷が被害者が話している暴力行為の結果できたとしても矛盾しないかどうかにまで言及せねばならない場合もある。

　筆者は、これまで、法医学者としてご遺体の、また、臨床法医学者として生体の、それぞれ性暴力被害事例の鑑定に携わってきた。そのなかで、さまざまな問題や課題があると考えられたので、司法関係および一般の方々と共有し、それらの解決に向けてできることを模索したい。

　なお、筆者が関わった事例のなかには、たとえ、一般に、犯罪の範疇に入ると考えられても、被害者が警察に届けたくないとのことで、警察が認知していないものも含まれること、また、犯罪としてなかなか取り扱ってもらえないものの、心身になんらかのダメージを与えるような、さまざまな性的な暴力に多くの人々が苦しんでいるという現状があることなどをふまえ、'性犯罪'ではなく、'性暴力'という語を用いる。

第7章　法医学者からみた性暴力対応の現状

2次被害

　医療者や警察官などは、性暴力の被害者に、被害後のかなり早い段階で対応する立場にあり、それゆえに、「2次被害」を与えないよう、十分に留意しなければならない。

　たとえば、医療者や警察官などが法医学的な証拠採取をおこなうにあたって、被害者が「既にシャワーを浴びた」、あるいは、「一般に市販されている携帯型の器具などで腟内洗浄を行った」などと述べた場合、残された証拠を少しでも多く集めたかったという思いなどから、思わず、「なぜ、すぐ来なかったの？」「なぜ、シャワーを浴びたの？」などと責めるような発言をしてしまうことがあるかもしれない。しかし、被害者が、そのままの状態では気持ち悪く、少しでも早くすべてを洗い流してしまいたいなどと思うのは、至極当然の心理であると考えられ、そういった思いもしっかり汲み取り、理解を示すことが重要である。そして、証拠採取については素早く思考を切り替え、その状態からでもできることを検討し、その1つ1つについて的確かつ丁寧に助言する。たとえば、被害に遭ったときの衣服を洗濯しないように、また、できるだけ直接触らないように、家にいる家族に連絡するよう促し、帰宅後、できるだけ速やかに警察に提出するよう勧める、などが考えられる。

　また、見ず知らずの医療者や警察官などが、たとえ、診察上、あるいは、捜査上、それぞれに必要であったとしても、これまでの性体験の有無や直近の同意のある性交について、なんの前置きもなく、あまりにも唐突に聞いてしまうことがあるかもしれない。これは、被害に遭ったという者にかなりの心理的負担を強いると考えられ、場合によっては、相当程度に傷つけることにもなりかねない。したがって、まず、なぜそのような質問をするのか、きちんと説明をすることが重要である。例えば、「外陰部に傷が見つかったり体液が検出されたり感染症の検査が陽性だったりした場合に、いつ、誰からの物かを考えないといけないので、今からお尋ねすることについて教えて下さい」などと伝えると、被害者も多少の心の準備ができると考えられる。

　さらに、医療者や警察官などが、「なぜ、そんな時間に外を歩いていたの？」「なぜ、そんな所に1人でいたの？」「なぜ、ついて行ったの？」「なぜ、そんなにお酒を飲んだの？」「なぜ、インターネットで知り合ったような人と会ったりしたの？」「なぜ、そのときすぐに警察に通報しなかったの？」「なぜ、逃

133

第3部　性暴力に関する法の運用と課題——研究者の立場から

げなかったの？」「なぜ、大きな声を出さなかったの？」などと、被害者を責めるような発言をしてしまうかもしれない。万が一、そのようなことを言われた場合、被害者は、誰にも理解してもらえない、これ以上話しても無駄などと感じて、語ることを止めるかもしれない。したがって、医療者や警察官などは、被害者が安心して自身のペースで落ち着いて話せるまで待ち、疲れればいつでも中断していいこと、その日にすべて話すのが無理であれば日を改めてもよいことなどをきちんと伝え、ありのままの言葉に耳を傾け、その内容を丁寧に聴き取り、これからすべきことを一緒に確認し、1つ1つ自身で決定していけるようにサポートすることが必要である。そして、場合によっては、沈黙を共有することも大切である。

　海外では、被害者の希望や同意があれば、医療者と警察官が同席して、問診と事情聴取を同時に行い、できるだけ少ない回数で終わらせるよう配慮がなされている。日本では、医療者による問診、警察官や検察官によるそれぞれ複数回かつ長時間にわたる事情聴取など、被害者が何度も何度も繰り返し、当時の状況などを詳細に思い出さねばならない現状にある。このことが被害を再体験する（フラッシュバック）につながるなど、その心理的負担は大きく、耐え難いものであると考えられる。したがって、日本でも海外のような、被害者の心情により配慮した対応を早急に検討する必要がある。

　ジャーナリストの大藪順子氏は、米国で性暴力の被害に遭った後、通報で駆けつけた警察官に同行したカウンセラーが、開口一番、「あなたは悪くない」と声をかけてくれ、その言葉がその後の回復過程の大きな支えになったと語っている。また、海外の先行研究でも、被害者のうち、被害後の早い段階で適切なケアを受けた者は、その後の心身の回復が速まったと報告されてきた。

　このように、対応する者の一言でさえも、被害者のその後の人生に大きな影響を与えるため、医療者や警察官などは、1つ1つの言葉を慎重に用い、相当な配慮をもって対応に臨まねばならない。

　なお、筆者らが医師らを対象に行った自記式質問紙調査では、2次被害、Second Rape, Secondary Victimizationなどの言葉を聞いたことがあるかという質問に対して、約83％が「ない」と回答した。したがって、医療者や警察官などに、2次被害およびその具体的な内容、さらに、それを防ぐにはどう

第7章　法医学者からみた性暴力対応の現状

すればよいかについて広く伝えていく必要があると考える。

対応スタッフの性別

医療の現場でも警察などでも、女性の性暴力の被害者には、女性スタッフが対応しさえすれば、それですべてよいと考えられているかもしれない。しかし、実際、女性スタッフが適切な対応ができず、被害者やその家族などから苦情が来ることもあれば、男性スタッフが希望に沿った対応をして感謝されることもある。

海外の先行研究では、「私は性暴力の被害に遭ったこともないし、今後遭うこともない」という女性医療者の偏見が、その態度にも表れ、被害者を傷つける可能性が示唆されてきた。一方、警察官が研修などへ参加することにより、性別を問わず、性暴力の被害者に対する意識が変化し、より良い対応につながることも示されてきた。

また、性犯罪の被害者のためのホームページを立ち上げている小林美佳さんは、「男性の医師に診てもらいたかった」と述べているように、当事者の思いはさまざまであることも知っておく必要がある。

したがって、被害者が対応スタッフの性別などについてある程度の選択ができるような体制が整っていることが望ましい。そして、医療者や警察官などは、いつでも被害者の意思を尊重した対応ができるよう、率先して適切な研修などに参加し、常日頃から自己研鑽に励む必要がある。

外陰部の損傷の有無について

ドラマ、映画、ビデオなどの影響で、性暴力の被害者は、殴られて全身アザだらけになり、ぼろぼろの衣服をまとっているようなイメージで受けとめられているのではないかと危惧される。

しかし、実際、そのような被害者はほとんどいない。欧米では、既に、1990年代末に、被害者の70％に明らかな損傷を認めず、残りの24％に微細な損傷を認めたこと、71％でいかなる凶器も使われなかったことなどが報告された。日本では、性暴力の被害者の損傷の有無や、損傷が認められた場合のその部位や程度に関して包括的な検討がなされておらず、同様の報告はいまだ存在しない。しかし、性暴力救援センター・大阪（SACHICO: Sexual Assault Crisis

第3部　性暴力に関する法の運用と課題——研究者の立場から

Healing Intervention Center Osaka）でも大半の被害者に特記すべき損傷を認めておらず、その傾向は海外とほぼ同様であると考えられる。この点については、今後、詳細に分析し、その結果を公表していく必要がある。

　海外では、女性の医療者などがパートナーなどとの同意のある性交後の外陰部の損傷の有無について検討した結果、微細な裂傷が生じていたケースもあったとのことで、同意の有無と損傷の有無とを関連づけることについて警鐘を鳴らしてきた。このことは、物理的側面から考えても至極当然の結果であり、また、女性の体調による分泌物の量の増減や互いの姿勢・位置関係などそのときどきのさまざまな因子の影響により、どんなに互いに配慮したうえでの行為であっても、微細な裂傷ができる可能性は大いにある。たとえば、女性の場合、同意のある性行為後、排尿を行った際に、違和感や多少の痛み、あるいは、沁みるような感覚を経験することがあるかもしれないが、その際、もし、外陰部の腟入口を診察すれば、法医学の教科書で好発部位とされる時計の4から8時の位置（腹側を時計の12時、肛門側を同6時とする）に、肉眼での確認はほぼ困難であるが、トルイジンブルーという特殊な生体染色用の試薬で染まる、微細な裂傷が観察されるはずである。しかし、その程度にもよるが、通常、1から数日程度以内に自然治癒することから、その治療のためにあえて病院などを受診する者は実際にはおらず、その実態が把握されていないだけである。また、このように外陰部の裂傷の治癒は早いため、被害に遭ったという日から数日を経ての受診では、既に治癒している場合もあり、たとえ、診察時に明らかな損傷を認めなかったとしても、被害当時には生じていた可能性があることも十分に考慮する必要がある。

　また、被害者の話などから、被害中、どうしていいのか、何が起こっているのかなど、頭が真っ白になり、身体が硬く強ばり、抵抗どころか、何もできなかった場合も多いと考えられる。筆者もずいぶん以前に、公共交通機関の中でいわゆる'痴漢'の範疇に入る被害に遭ったことがあるが、どうしよう、どうしようと焦るばかりで、結局、何もできなかった。このように、日本の刑法の強制わいせつや強姦の条文には、「暴行又は脅迫を用いて」とあるが、そういったものがなくても、被害に遭ってしまうことは実際に十分あると考えられる。

　以上のように、損傷（特に外陰部の裂傷）や抵抗の有無と同意の有無などと

第7章　法医学者からみた性暴力対応の現状

を単純に関連づけることは、被害に遭った者の実態にそぐわないことを改めて強調したい。

精液混入の有無について

筆者が日頃から疑問に思っていることの1つに、腟内容物検査がある。性暴力の被害者からの証拠採取にあたっては、生体、遺体にかかわらず、腟内ぬぐい液を採取する。そして、精液の混入が認められた場合、加害者特定のため、さらに詳細な検査が続けられる。一方、'精液の混入が認められなかった'場合、言うまでもなく、そのことが、直ちに、'腟内への挿入がなかった'ことを示しているわけではない。例えば、加害者が計画的に犯行に及び、避妊具を装着していた場合には、特段の事情がない限り、検出されないのが当然の結果である。したがって、繰り返しになるが、精液の混入が認められなかったとしても、腟内への挿入を否定できないのである。これは、前項の外陰部損傷の有無と同様、法医学における常識であり、判決の根拠には当然なり得ないのである。なお、男性の約100人に1人は、無精子症であるとされている。そういった男性が加害者であった場合、たしかに精子の存在は確認できないが、精液でさまざまな個人識別ができることを忘れてはならない。

ところで、海外の研究論文には、避妊具が使われたレイプ被疑事件で、当然、腟内に精液の混入は認められなかったが、避妊具に使われていた潤滑剤を腟内から検出し、挿入の事実を示したという報告があった。その着眼点は素晴らしく、日本でも同様の検査が行われることが望ましいが、わが国の捜査分析機関の人員配置や予算等の現状から考えるとほぼ不可能である。しかし、精液の有無以外の、なんらかの証明方法を早急に考案する必要があると考える。

見落とされがちな肛門の損傷、そして証拠採取

筆者は、性暴力被害者の診察や証拠採取に関する研修を米国でこれまでに2回受けた。その内容には、外陰部のみでなく、肛門も含まれていた。筆者のこれまでの鑑定経験では、肛門性交をおこなっていた、あるいは、強いられていた場合、肛門周囲の筋肉が著明に弛緩している場合があった。したがって、被害者が肛門への挿入について話した場合はもちろん、前述のような所見が認められた場合には、肛門周囲の微細な損傷の有無を、場合によって

第3部　性暴力に関する法の運用と課題──研究者の立場から

は、外陰部と同様のトルイジンブルーという生体用の染色液を使って詳細に観察したのち、できるだけ便による汚染を避けつつ、腔内を滅菌された綿棒などでぬぐって、証拠を採取することが望ましい。なお、糞便中から精液を証明できたという研究報告があることを添えておく。

口腔内からの証拠採取　筆者が研修を受けた米国では、口腔内への挿入および射精があった場合、6時間以内程度であれば、精液を検出できる可能性があるとされ、口腔粘膜を左右別々に、それぞれ1本ずつの綿棒でかるく擦過してぬぐい液を採取していた。口腔内には唾液が存在し、その重要な役割の1つとして洗浄（自浄）作用があること、被害者が被害直後にうがいなどをおこなっている可能性が高いことなど、条件的にはかなり厳しい場合も多いと考えられるが、採取してみる価値はあるのではないだろうか。

その他の損傷について　性暴力の被害者に特徴的な損傷として、上腕や大腿の内側の指の大きさ程度の類円形の変色斑（いわゆる'あざ'、皮下出血）がある。これは、被害者が抵抗しないよう、あるいは、脚を大きく開くよう、それらの部を加害者（ら）が強くつかんだり床・地面などに押しつけたりしたことを示している。また、頸部、前胸部、大腿内側などに変色斑（いわゆる'キスマーク'）がみられる場合がある。これは、それらの部を吸引したりして生じたものであり、ときには、歯型を伴っていることもある。したがって、加害者の唾液が付着している可能性が高く、証拠採取の対象部位となる。なお、これまでにも述べたとおり、このような典型的な損傷がみられる場合はかなり少ないこと、また、被害時に損傷が生じていたとしても、損傷の程度によっては、数日で皮膚の健常部分と見分けがつかなくなり、病院や警察署などを訪れた時点では確認できない場合も少なくないことを改めて強調したい。

　また、場合によっては、被害の際に首を絞められることもある。その際には、法医学において'吉川線'といわれる損傷に留意しなければならない。これは、加害者が頸部を手で絞めようとした際に、手や首に巻かれたひも状の物などを外そうと被害者がもがいて、それぞれの爪により皮膚が擦過されて生じるものである。これらの損傷自体はかなり小さいが、頸部の圧迫程度によっては死に

第7章　法医学者からみた性暴力対応の現状

至る可能性も十分あるなど、重大な結果につながることを改めて認識しておく必要がある。なお、一時的に意識を失うように何度も首を絞められた場合には、圧迫された部位から上方の頸部・顔面などが鬱血し、左右眼瞼結膜が鬱血・充盈し、さらに、'溢血点'と呼ばれる細かい点状出血がみられることもある。

男性の被害者への対応　海外の統計では、幼い頃の性加害の対象は、男女ほぼ半数という報告もあり、日本でも男児のみを対象にする加害者がいることは周知の事実である。犯罪白書によると、男性の強制わいせつの被害者は、ここ数年、年間100～200人で推移しているが、国内外の研究によると、その何倍もの暗数があることが示唆されてきている。また、日本の刑法の'強姦'や'強制わいせつ'の規定から、男性(児)の性被害は、傷害などに分類されている場合もあり、その実態を把握しにくい現状にあるといえる。したがって、海外の'rape'、すなわち、'forced vaginal penetration, anal rape, oral rape and/or rape by a physical object (強制的な膣・肛門・口腔への性器および/あるいはなんらかの物体の挿入・接触)'に相当するような法律が必要ではないかと考える。

海外では、男性の被害者専門の対応センターなどのシステムが既に整備され、専門のカウンセラーなども存在する。日本でも最近、カナダで研修を受け、男性の被害者専門にカウンセリングルームを立ち上げた男性カウンセラーがいるが、このようなサポートが広がっていくことを期待したい。

なお、筆者らの調査では、男性の性暴力被害者は、小児科、泌尿器科、精神科を受診していたが、女性の被害者と同様に、診察やそこに立ち会うスタッフの性別などについて希望などを述べる機会が与えられることが望ましい。

すぐに相談・届け出ない場合　例えば、知り合いからの被害やアルコールや薬物を摂取した場合など、被害者がすぐに病院や警察などに行かない、あるいは、行けない場合がある。それは、「あなたが悪い」と責められることを危惧するからである。しかし、加害者に対する怒りや、やり場のない思いなどを自身で抱えきれなくなり、時間が経ってから病院や警察などへ相談する場合がある。これも被害者の心理状態の変遷として自然な反応で、医療者や警察官などは、まず、「よく話して下さいましたね」と

第3部　性暴力に関する法の運用と課題——研究者の立場から

理解を示すことが必要である。当然、時間が経過すれば、それからできることは限られるが、あえて覚悟を決めて話された、その思いをまず受けとめることが回復を促進する第一歩であるといえる。

なお、医療者や警察官などが、被害者に対して、「次の被害者を出さないために」「正義のために」などと、届け出るよう説得することがあると聞く。この点について、たしかに、社会全体からみると、そういう考え方も必要であろうし、被害者自身が心の底からそう思うのであればそれでもよいのかもしれないが、筆者は、個人的には、被害に遭ったうえに、他者、そして社会全体までを被害者に背負わせるのは酷ではないかと考えている。

被害者の判断の尊重

例えば、性暴力の被害で裁判に向かって準備を進めていたにもかかわらず、結局示談に至ったような場合、精一杯対応にあたった医療者や警察官などは、複雑な思いを抱くかもしれない。この点については、筆者が大学院時代に警察官を対象におこなった自記式質問紙調査にも表れているところであり、時間をかけて真摯に対応した者として、ある意味当然で、非常に正直な反応であると考えられる。しかし、何事も決めるのは被害者自身であることを再確認し、その最終判断をありのままに受けとめ、被害者にその後起こり得る事態などに備え、変わらずに支え続けることが重要ではないだろうか。

性虐待の場合、誰が診察するか？

海外では、小児科医師および同看護師が特別な研修を受け、診察および検査などをおこなっている。日本では、性虐待が疑われる児童の診察に関わっている医師は、ごく少数であり、どの専門科がその中心的役割を担うのかが問題になっている。

性暴力救援センター・大阪（SACHICO）では、主に女性の産婦人科医師が診察などにあたっている。その意義としては、まず女性の医師であることで診察を受ける上での拒絶感が和らぐことが挙げられるが、それ以外に以下の点がある。①産婦人科医師であれば、日頃からさまざまな女性の外性器や処女膜等を診察しているため、外傷や処女膜の変化などの所見を的確に検出できる。②加害者特定のための法医学的な証拠として、腟内ぬぐい液のみでなく、中絶手

第7章　法医学者からみた性暴力対応の現状

術がおこなわれた際には胎盤の一部である絨毛組織まで採取できる。③妊娠を防ぐための処置として、被害後72時間以内では緊急避妊薬の投与ができ、被害後1週間程度までであれば場合により子宮内避妊器具の留置ができる。④性虐待の場合などに腟内の異物を確認し、それを除去でき、その後も完全に治癒するまで継続して診察できる。

　このように、小児科医師のみでは対応が困難であると考えられる処置なども実施できるのである。

　したがって、わが国では、産婦人科医師が中心となり、小児科や精神科などの医師などと連携して、包括的に対応することが重要であると考える。今後も、裁判にまで発展することもある、この煩雑な分野に関わる医療者は限られていると考えられることから、対立することなく、それぞれの立場を互いに尊重して対等に意見を述べ、わが国独自のより良いシステム構築を目指したい。

腟内に異物がみられた場合、性虐待としてよいか？

　国内外でこれまでに腟内異物に関する症例報告は多数みられ、海外では、「腟内異物は虐待を強く疑う所見」との報告もあるが、日本では、その行為主体についてほとんど検討されておらず、なかには、「本児が自身で入れた」などとするものも散見された。たしかに、児童自身が入れた可能性を完全に否定することはできないが、そもそも、耳・鼻・口などの中とは異なり、腟は普段、下着や衣服などで覆われている部分であり、そこに異物を入れられる空隙があると、児童が最初から知っていたとは考えにくい。すなわち、初めは、身近な大人などからその存在を知らされたとするのが自然である。例えば、ティッシュや風船など、（比較的）やわらかい物が、小学校入学前の児童の腟の奥に認められた場合、その児童自身により入れられたとするには無理があると考える。それどころか、たとえ性交経験のある成人女性であっても、なんら工夫を施さず、そのままの状態で風船を腟の奥まで入れることはかなり困難である。また、この点については、児童の発達程度を測るK式発達検査などにより、小学校入学前の児童の手先がそこまで器用でないことを示すことができると考える。

　以上より、筆者は、児童の腟内異物は、性虐待による可能性が非常に高いと

第3部　性暴力に関する法の運用と課題——研究者の立場から

判断している。

DVの被害者への対応

　身体的暴力はもちろん、夫婦間での意に沿わない性行為や避妊に協力しない夫の存在などが問題となっている。医療者や警察官などは、別れたら解決するなどと単純に考え、そういった意見を被害者に押しつけてしまいがちかもしれない。そして、「なぜ別れないの？」などと被害者を責めるような発言をし、二次被害を与えてしまうかもしれない。また、治療・ケアや相談などに訪れても、結局、夫のもとに戻る被害者に対して、自身のそれまでの努力が無駄になったと落胆し、場合によっては怒りを感じ、最終的に匙を投げて、関わることを止めたくなるかもしれない。しかし、実際のところ、被害者が子どもを連れてそれまで住んでいた家を出ても、身を寄せる場所はなく、経済的にもすぐに自立できないという問題がある。また、夫のことを一番よく知っているのは被害者であり、逃げるのに最も適切なタイミングを分かっているのも被害者本人である。したがって、医療者や警察官などは、いつでも相談にのるので連絡してもよいことをしっかり伝えて、家を出てもある程度生活していける準備が整うまで根気よく見守り続け、その窓口を閉ざさないようにすることが重要である。

　また、夫の家庭内暴力が原因で将来的に離婚を考え、夫のもとから離れたいと妻が中絶を希望しても、同意書に夫の署名が必要であるため、妻の悩みはより深いものとなっている。母体保護法では、「同意は、配偶者が知れないとき若しくはその意思を表示することができないとき又は妊娠後に配偶者がなくなったときには本人の同意だけで足りる」とされるが、実際、これらのいずれにもあてはまらないと考えられた場合、医療者は、「夫の署名をもらって来て下さい」と言うしかない。この点については、夫の暴力があるので本人のみの同意だけで足りるなどという措置が認められることを強く希望する。

妄想や虚言などと片づけてよいのか？

　例えば、病院や警察署などに、夜、切羽詰まった声で、「被害に遭った」と電話を架けてくる者がいる。初めて対応した場合は、当然、緊張して真摯に耳を傾けるであろうが、話を聞き進めるにつれ、直近の被害ではなかったり話に曖昧な点があったりすると、忙しいなか時間をかけて対応したことを後悔し

第7章　法医学者からみた性暴力対応の現状

たり電話を架けてきた者に対して苛立ちを覚えたりするかもしれない。そして、その人物から同じような時間帯に電話が何度も繰り返されると、「また架かってきた」「どうせ虚言だ」などと、ぞんざいな対応をしてしまうかもしれない。たしかに、たった今、あるいは、比較的最近に、被害に遭ったわけでもなく、病院や警察署などで急性期の医療対応や証拠採取などができるわけでもない。しかし、そういった場合には、たとえかなり以前であったとしても、その時間帯に、その人の心身、そして、その後の生活などに大きなダメージを与えた、なんらかの出来事が起こった可能性が非常に高い。したがって、どんなに忙しくとも、まず、「よくお電話下さいましたね。」とその気持ちを受けとめることが大切である。そして、そのうえで、病院や警察署などで現段階においてできることは限られているが、それでも心身の状態や加害者に関する相談などがあれば、当直時間帯での対応は人手も少なく困難なので、日中に来られるよう促すのがよい。一方、もし、病院や警察署などでの対応を希望されているわけではなく、心身の状態が辛くなっている今すぐにゆっくり話をきいてもらいたいと思っておられるなら、電話相談の窓口や団体についての情報提供、場合によっては、カウンセラー、臨床心理士、精神科医師などの紹介を速やかにおこない、適切な部署へつなげていくことが重要である。

　同様に、精神疾患や知的障がいなどのある方が「被害に遭った」などと話されても、妄想などとして信じてもらえず、病院や警察などで正面から向き合ってもらえない場合が少なからずある。その結果、被害者は、急性期段階での医療対応や必要なケアなどを受けることができず、心身の回復がまったく図られないことになる。また、被害者に残っていた可能性のある加害者特定のための重要な証拠物なども採取されず、その後も加害者が野放し状態となり、被害者にさらに加害を続けたり、場合によっては、新たな被害者を生んだりする。こうして、被害者は被害自体だけではなく、その後の関係諸機関の不適切な対応、とりわけ虐待では関係諸機関の介入がなく被害が継続することにより、繰り返し傷つくこととなる。したがって、その鑑別は非常に困難ではあるが、明らかに矛盾があると断定できる情報などをつかんだ場合以外は、必要最低限の対応をすることが望まれる。また、訪れた被害者が診察や事情聴取などの段階になって、急に非協力的にみえるような態度をとったり、不穏な状態などに陥っ

第 3 部　性暴力に関する法の運用と課題——研究者の立場から

たりして、円滑な進行が妨げられ、どう対応すればよいのか戸惑う場合があるかもしれない。しかし、それらは、疾患や障がいの程度にもよるが、診察や証拠採取など今まで経験したことのない未知の事物に対する不安やおそれなどが過度に表出した結果であると考えられる。したがって、医療者や警察官などは、その気持ちに寄り添い、被害者が落ち着けば、これからの手続きについて、その人に合った方法で根気よく1つ1つ丁寧に説明を尽くして、信頼関係をつくるよう努めたい。

公費負担の必要性

2006年に警察庁から「性犯罪被害者に対する緊急避妊等に要する公費負担による被害者支援について」の通達が出され、捜査への協力確保の必要性から、初診料、診断書料、緊急避妊措置、検査費用、人工妊娠中絶費用などが公費で負担されることとなった。しかし、運用実態は各都道府県でかなり異なり、負担の範囲や額に差があると問題になっている。被害者は、自宅あるいはその近くで被害に遭うと、そこで生活を続けることができなくなる。ある県では、上限を定めてはいるものの、引っ越しの費用まで公費負担の対象とし、被害者の実状に沿った支援をおこなっている。また、そもそも、警察へ届けなければ公費負担の対象とならないことから、届けない場合の費用については棚上げ状態である。性暴力救援センター・大阪（SACHICO）では、ほぼ半数の被害者が警察へ届けておらず、被害に遭って心身ともに傷ついたうえに、経済的負担まで背負わねばならない現状にある。したがって、被害者が警察に届ける、届けないにかかわらず、確実に支援される体制が必要であると考える。

最後に

国連の勧告では、女性20万人に1ヶ所のセンター設立をとのことであるが、まずは、各都道府県に24時間365日体制の急性期対応を中心とするワンストップ・センターを設立したい。そして、全国規模でのネットワークを構築し、日本のどこでも、被害者が望む対応を提供できるような、より良いシステムを模索し続けたい。最終目標は、被害が顕在化することで、性暴力の抑止につながり、すべての人が安心、安全に暮らせる社会環境整備の一助になることである。

第8章 性犯罪の裁判員裁判の現状と課題
―― 「市民の目線」は何を変えるのか

平山真理

「確かに過去の事例はもっと軽かったが、今回の刑は性犯罪に対する処罰の考え方、一般に対する警鐘、啓蒙という意味で妥当だったのではないか」

（ある補充裁判員のコメント）

はじめに

冒頭で紹介したコメントは、20代の消防士の男性が自転車で帰宅中の女子高校生を押し倒し、性的暴行を加え、ケガをさせたという強姦致傷事件（2011年2月3日宇都宮地判）の判決後の記者会見における男性補充裁判員によるものである。この裁判では被害者参加制度も適用され、被害女性の両親が裁判に参加した。筆者もこの裁判を傍聴したが、「市民の安全を守るはず」の消防士が未成年の女性に対して犯した犯罪に対する市民の怒りは強く、また被害者の家族による涙声の「怒り、悲しみの訴え」のインパクトは強かった。この裁判では検察官の求刑8年に対し、求刑越えの懲役9年が言い渡された。

2009年5月21日に導入された裁判員制度は5年目に入った。裁判員制度について社会が抱く大きな関心の一つは「量刑へのインパクトはあるのか？」というものであろう。そしてインパクトがある、というのであればその次の関心は「それは特定の犯罪において見られるのか？」というものであろう。これまでのところ、この両方の問に対する答えは「Yes」である。裁判員の参加する裁判では性犯罪事件において従来よりも明らかな厳罰化が見られている。それはなぜか、なぜ性犯罪にとくにこの変化が見られるのか？誰が裁判員になるかによって量刑は大きく変化するのだろうか？　また、性犯罪が裁判員裁判で審理される際（以下、性犯罪裁判員裁判という）には被害者は従来以上の負担を感じるのであろうか？そして、裁判員裁判――つまり「市民の目線」のインプット――は性犯罪問題（被害者支援、加害者の更生）を考えるうえで、歓迎すべき

第 3 部　性暴力に関する法の運用と課題——研究者の立場から

ものなのか、そうでないのか？　本稿はこれらの問いに答えようと試みるものである。

裁判員制度における性犯罪の位置づけ

性犯罪と一口でいっても、当然その罪種も内容も色々である。性犯罪事件のすべてが裁判員裁判の対象になるわけではない。「裁判の参加する刑事裁判に関する法律」（以下、裁判員法という）2条1項に裁判員制度の対象犯罪が規定されている。裁判員制度の対象となるのは、①法定刑に死刑又は無期懲役を含む場合、或いは②故意の犯罪行為により被害者が死亡したり、ケガを負った場合、である。性犯罪のうち、強姦や強制わいせつ、集団強姦罪は裁判員裁判の対象とならない。裁判員裁判の対象になる性犯罪は強盗強姦、強姦致死傷、強制わいせつ致死傷罪、ということになる。

2010 年における裁判員裁判対象事件の新規受理人員は 1,797 人であり、これは同年における地裁刑事通常第一審刑事事件全体の新規受理人員 8 万 6,387 人の約 2 ％を占めるに過ぎない。つまり、裁判員裁判の対象事件は刑事事件のほんの一部の重大な刑事事件に限定されていると言えるし、法制審議会の議事録を見ても、重大な事件は国民の関心が高いので裁判員制度の対象にすべき、という決められ方をしたと表現することができよう。

裁判員制度開始から 2013 年 1 月 31 日までに全国の地検で起訴された対象事件は全部で 6,449 件であったが、このうち性犯罪事件について見てみると、強姦致死傷事件 457 件、強制わいせつ致死傷 383 件、強盗強姦 299 件、集団強姦致死傷 38 件であり、裁判員制度対象事件全体のうち約 18.25 ％を占める。性犯罪事件は裁判員裁判対象事件の中では決してマイノリティではない。

ところで以下で見るように、性犯罪を裁判員制度の対象とすることは、とくに被害者からその負担を懸念して反対意見も多い。しかし、全く別の観点からの指摘として、強姦、強制わいせつ、集団強姦、ちかんは裁判員裁判の対象にしなくてよいのか、というものがあろう。現在の裁判員制度のもとではこれらの性犯罪は対象にならないが、ではこれらの性犯罪は「重大」ではなく、「国民の関心も高」くないのだろうか？　ややこじつけだと感じる読者もおられるかもしれないが、このような議論がきちんとなされないことは、わが国におい

第8章　性犯罪の裁判員裁判の現状と課題

て性犯罪問題についての議論が充分に高まっていないことを表しているようにも筆者には思えるのである。

> 裁判員制度導入によって性犯罪は厳罰化したか？

裁判員導入後も大部分の事件においては、従来と大きな変化はない。しかし「軽くなった」方の極は家族内の殺人（未遂）事件である。「重くなった」方の極には間違いなく性犯罪が挙げられる。

最高裁の「裁判員制度の運用に関する有識者懇談会」第12回時配布資料（以下、「配布資料」）は、制度施行後2011年3月末日までの量刑について、裁判官のみによる裁判（以下、裁判官裁判）と裁判員裁判の判決を比較している。「配布資料」によると、強姦致傷事件の実刑のピークは裁判官裁判においては「3年を超え、5年以下」であるのに対し、裁判員裁判では「5年を超え、7年以下」である。また、強制わいせつ致傷事件についても実刑のピークが裁判官裁判では「3年以下」であるのに対し、裁判員裁判では「5年を超え、7年以下」である。

筆者は厳罰化を図る別の方法として、制度開始後2年間に行われた性犯罪裁判員裁判205件（以下、性犯罪裁判員裁判205件）について「判決／求刑」の割合（％）を用いてみたいと思う。性犯罪裁判員裁判205件について被告人の数は213人であったが、このうち実刑判決が出たのは177人であった。そのうち、2人の被告人については無期懲役を求刑され懲役30年の判決が出たが、これは「判決／求刑」の％で表せないので、175人について論じる。この175人全体についての「判決／求刑」は82.89％である。これを強姦致傷事件に限定すると（205件中84件）85.08％、また強盗強姦事件に限定すると（205件中40件）85.95％とその値はさらに高くなる。裁判員裁判全体についての「判決／求刑」の値は78.35％（但し2010年1月末までの値．同時期の性犯罪裁判員裁判全体の同値は86.79％）であるから、性犯罪は他の犯罪に比べ、求刑に比して厳しい判決が下されていると言える。

> 被害者と裁判員裁判
> ——期待と重圧

既に論じたように、性犯罪裁判員裁判においては量刑に厳罰化方向の影響が見られていることが分かる。このことは、多くの被害者にとっては朗報であろ

第3部　性暴力に関する法の運用と課題——研究者の立場から

う。わが国の性犯罪については法定刑、量刑ともに軽いという指摘はよくされるところであるが、誰よりもこのことを悔しく思うのは被害者である。「市民の目線」が入ることで性犯罪に対する新しい量刑基準が形成されていくのであれば、被害者の多くはこのことを歓迎するであろう。6歳の娘が強制わいせつ致傷の被害にあった父親は裁判で被害者参加を希望し、裁判員と裁判官に対して次のように訴えかけた。「裁判員制度は性犯罪に対して新しい（量刑）の基準を作る機会です」（2010年3月2日東京地判）。この訴えには、"自分たちの辛い心情が裁判官には十分に理解されてこなかったが、裁判員には分かってもらえるだろう"という被害者（家族）の期待が見てとれる。この父親が陳述で要求した刑罰は懲役10年であった。一方検察官は7年を求刑し、判決は懲役6年であった。被害者の要求した刑罰と比べるとその6割の量刑であったということになる。この父親がこの量刑をどのように評価したかは不明である。「裁判員にさえも分かってもらえなかった」と落胆しているかもしれない。或いは「（仲間である）市民が真剣に自分の声に耳を傾けてくれた」と評価しているかもしれない。実は性犯罪裁判に限らず、被害者が裁判員制度をどのように評価しているか、についての研究は非常に少ない。裁判への市民参加制度の導入の是非が司法制度改革において議論された90年代後半の時点では予定されていなかった「被害者参加制度」が裁判員制度より約半年早く開始され（2008年12月1日より）、両制度の対象事件は大部分が重なっている（裁判員法2条1項、刑事訴訟法316条の33）ことを考えると、被害者による裁判員裁判の評価についても研究が進められるべきである。

　また、もう一つの大きな問題は被害者が感じる「重圧」である。性犯罪裁判員裁判では被害者が証人として、或いは被害者参加人として、被害体験の辛い話を裁判官だけでなく裁判員の前で話さなければならない。裁判員は場合によっては被害者の知人や隣人かもしれない。また、裁判員や補充裁判員には守秘義務が課されるが、裁判員候補者として選任手続に呼ばれた人々（通常は一つの事件について50-100人の裁判員候補者が呼ばれる）には守秘義務はない。

　被害者のこのような懸念に応えるため、最高裁は性犯罪裁判員裁判の場合、検察を通じて被害者に先に裁判員候補者名を開示し、被害者の知り合いや生活圏の重なる候補者がいれば、候補者選任手続にその人々を呼び出さない、とす

第8章　性犯罪の裁判員裁判の現状と課題

る方針を各地裁に通知した。また、選任手続では被害者の名前や住所は明かさず、大まかな居住地域、性別、年代を知らせるに留め、裁判員候補者に対しメモをとったり、口外しないように裁判所が注意を促す方法が取られている。

　また、公判手続においても、検察官や弁護人が被害者について言及するときにも「Aさん」「事件番号1」などと呼び、調書の中で被害者の名前や住所が書かれた部分は裁判員に黙読してもらうという方針がとられているようである。

　ところで2009年9月に大分市内で起きた強姦致傷事件の被害者は、裁判員裁判の対象ではない「強姦」事件として立件してほしいと望み、警察も被害者の意思を尊重して強姦事件として送検した。一方検察はこれを認めず、強姦致傷事件として起訴したので、結局裁判員裁判となった。この事件では検察の求刑12年に対し、12年の懲役刑が言い渡された（大分地判2011年10月6日）。検察としては満足のいく結果となったかもしれない。しかし被害者は大きな負担を感じたであろう。

　量刑は厳罰化しているが、更に大きな負担が被害者には課せられるかもしれない。性犯罪被害者にとって裁判員裁判はまさに、相反する思いを抱かせるものであろう。被害者にとって裁判員裁判は「期待と重圧」の場である。

加害者と裁判員裁判——重圧と期待

　量刑の厳罰化は加害者にとっては大きな問題である。加害者が実刑判決を受ければ、厳罰化はより長期間の受刑生活を意味するからである。

　冒頭で補充裁判員によるコメントを紹介した、強姦致傷事件の弁護人は量刑について「被害者や家族の意見に裁判員が感情移入して出た判決」と述べている。被害者参加制度によるインパクトと裁判制度による「市民の目線」のインパクトの相乗効果が求刑越えの大きな一因である、と弁護人は感じたのであろうか。また、別の集団強姦致傷事件の裁判員裁判（東京地立川判2010年3月18日、求刑7年に対し懲役7年の判決）の控訴審（東京高判2010年8月30日）において弁護人は性犯罪裁判では国民の公平な判断が期待できないと主張した。この意見ではより明白なように、「市民の目線」は被告人側にとっては大きな脅威であり、重圧であると言える。

　性犯罪に対する従来の量刑が軽過ぎたということは確かに言えるであろう

第3部　性暴力に関する法の運用と課題──研究者の立場から

が、性犯罪者をより長期間施設収容させることのみでは問題は解決しない。長期間収容したとしてもいずれ彼らは社会に戻ってくる。2007年6月1日より「刑事収容施設及び被収容者の処遇に関する法律」が施行され、性犯罪受刑者に対しては「性犯罪者処遇プログラム」の受講が義務化されている（同法〜条）。しかし刑が長期化すれば、そのプログラムを刑期中のどの時点で受けさせるのかも問題になるが、その点については十分に議論されていないように思われる。長期の受刑生活を送らせた後満期釈放するのは、未だ性的問題や葛藤を抱えた犯罪者の場合、最も危険である。2013年6月に国会で成立した改正刑法により新設される「刑の一部執行猶予」も3年以下の懲役・禁錮に対するものであり、性犯罪者の多くはこの対象に入らない。また、2006年からは性犯罪を犯して保護観察付執行猶予になった者、仮釈放者に対し保護観察の遵守事項として「性犯罪者処遇プログラム」の受講が組み込まれているが、その時期は十分とは言えない。受刑期間中に、また保護観察中の性犯罪者処遇プログラムを充実させる一方で、どのように彼らを社会に再統合し、それによって再犯を防ぐか、という視点が重要である。

　これに対する一つの答えとして、東京を拠点とする榎本クリニックの精神保健福祉部次長の斉藤章佳氏（精神保健福祉士・社会福祉士）らが実践する「性犯罪者に対する地域トリートメント」がある。斉藤氏らは性犯罪者らが抱えるリラプス（再発など悪い状態への逆戻り。つまり、過去に性犯罪を犯したときの状態に戻ること）に注目している。リラプスに陥るトリガー（引き金）は人によって色々である。アルコールの摂取、ギャンブル、仕事上のストレス等色々あろう。斉藤氏らの取組はこのトリガーや状況リスクを性犯罪者自身に認識させ、そのような状態を極力避けることでリラプス・プリヴェンション（再発防止）を行うのである。この試みは性犯罪者に対するカウンセリング、グループワークを継続して長期間行うことで実践される。重要なのは斉藤氏らがこのトリートメントを性犯罪者が受刑期間中から行っていることである。いくつかの刑事施設においてはその「性犯罪者処遇プログラム」において実際に斉藤氏も関与しているし、またそうでなくても主に性犯罪者受刑者の弁護人を通して受刑者が受刑中より「振り返りノート」を記録し、自己の問題に向き合うとともに、出所後どのようにその問題をうまくマネージメントできるかを考えるので

第8章　性犯罪の裁判員裁判の現状と課題

ある。

　ところで、斉藤氏らの取組で非常に興味深いのは、性犯罪者の家族に対するサポートプログラムも行っている点である。わが国では加害者家族に対するサポートは官民によるもの問わず非常に少ない。他の犯罪と比べても、性犯罪に対する社会感情は悪く、そのことは加害者家族に対しても反感や差別を抱くことにつながっている。しかし性犯罪者がよっぽどの高齢でない限り、彼らは出所後家族の元に帰ることが多く、家族が性犯罪者の更生を支える大きな役割を果たす。従って家族に対するサポートは性犯罪者の再犯防止と言う観点からも非常に重要である。斉藤氏らは性犯罪者の親、配偶者等に対し継続して定期的に相談やグループワークの場を提供している。

　これらの取組を裁判員はどのように評価するであろうか？　また、どのように裁判員から評価して欲しいと被告人は期待するであろうか？

　筆者は2012年10月に東京地裁立川支部で行われたある連続強盗強姦、強姦致傷事件の裁判員裁判において斉藤氏が被告人側の情状証人として証言するのを傍聴した。この事件は被告人が8件もの強盗強姦、強姦致傷事件を犯しており、被害は深刻であった。しかしこの事件の弁護人は斉藤氏の取組を知り、被告人と面会する中で、受刑中また出所後、自らの行為といかに向き合うべきかの計画を被告人に立てさせたのである。

　この裁判で印象的だったのは斉藤氏の証言後に対し裁判員から多くの質問が投げられたことであった。その多くは地域トリートメントの内容、再犯防止効果についてのもので、裁判員は被告人の更生に熱心に質問を行っていたのが印象的であった。「刑事施設に長期間入れることだけでは効果がない。いつか出所してくるのであれば、施設内と社会内をうまくつなげた処遇プログラムが必要であり、社会でどう更生して行くかを考えることこそが重要」という斉藤氏の考えが大きな役割を果たしたのだろうか。この被告人に対しては懲役30年が求刑され、27年の判決が下された（東京地立川支部判2012年10月30日）。

　殺意をもって被害者を強姦し死亡させた場合は死刑の可能性もあるが、それ以外の性犯罪事件では、もっとも重い刑罰は無期刑である。わが国の無期刑は仮釈放の可能性があるから、性犯罪者はいつか社会に出てくる可能性が高い。自分の隣人が性犯罪者であるかもしれない、という問題は誰にとっても人ごと

で済まない。また、性犯罪者も更生した自分を社会に受け入れてほしい、と期待するであろう。裁判員が性犯罪事件に向き合うことによって、社会が出所後の性犯罪者問題から目をそらさず真剣に考えることになる可能性は高い。厳罰化は見られるが、社会が被告人の更生により目を向けることになるのであれば、被告人にとっても性犯罪裁判員裁判は「重圧と期待」の場であろう。

女性裁判員、男性裁判員——性犯罪に対する考え方は違うのか？

裁判員制度開始後どのような影響が見られるのかというには、「どのような『視点』が加われば刑事裁判にいかなる影響が出るのか」という問いが含まれている。すなわち、裁判員の年齢、性別、職業、学歴、家族関係など、個々の裁判員の属性は裁判員の判断に何らかの影響を及ぼすのかという問いである。性犯罪裁判員裁判においてはこの問いは「性別」に集中して向けられる。つまり、女性と男性で性犯罪に対する認識や処罰感情は異なっているのだろうか、という問いである。多くの人は男性は性犯罪に甘い、女性は厳しいというステレオタイプを持っているのではないだろうか。性犯罪裁判員裁判の弁護人や検察官は裁判員の性別をどの程度意識しているのだろうか。裁判員選任手続において性別を理由と明示して不選任とすることは当然できない。しかし裁判員法第36条は「理由を示さない不選任の請求」を認めているから、弁護人や検察官が性別を理由として裁判員を選任しないことはあり得る。

ところで、最高裁は裁判員を経験した者（補充を含む、以下同じ）に対し様々なアンケートを行っている。制度開始から2012年5月30日までに裁判員を経験した者329,967人のうち、アンケートに回答した21,000人について見てみると、全体では男性は54.8％、女性は43.0％、不明2.5％である。一方、性犯罪裁判員裁判に参加した裁判員は3,114人で、その男女比は男性57.2％、女性40.3％、不明2.5％であった。全体と比較してみても、性犯罪事件でとくに男性が多く裁判員に選ばれている、とは言えないであろう。しかし、一方で、罪種別では「性犯罪」のみについて裁判員の男女比を最高裁が公表しているのはなぜか？　と読者も疑問に思われるであろう。これはつまり「性犯罪裁判員裁判の裁判員の男女比に社会が関心を抱いている」ということを最高裁が

第8章　性犯罪の裁判員裁判の現状と課題

認識している、ということの表れでもあろう。

　ところで、上記最高裁データはあくまで制度開始後4年間の性犯罪裁判員裁判全体の男女構成比であり、一つ一つの裁判の男女構成比ではない。そこで、筆者はうえで言及した「性犯罪裁判員裁判205件」について、裁判員の男女比についても調べた。しかし、男女比のデータ収集のこの作業には非常に苦労した。制度開始後1年間ほどは性犯罪裁判員裁判についても男女比を含めた詳細な報道がされたが、その後は少なくなった。男女比が分からなかった裁判については筆者も裁判所に問い合わせたが、「裁判員候補者の氏名、住所、連絡先は当然に把握しているが、性別についての情報は把握していない」との説明を受けた。裁判は公開されているのだから、傍聴すれば裁判員の性別については分かるはずであるとも思ったが、裁判所は教えてくれなかった。結局筆者がデータ収集した「性犯罪裁判員裁判205件」において正確な男女比が分からなかったのは全体の半分以上の111件に及んだ。

　この「性犯罪裁判員裁判205件」のうち、裁判員が全員女性、あるいは男性のみに偏った裁判は少なくとも8件あった（女性のみ3件、男性のみ5件）。この8件を見る限りでは、裁判員の性別がどちらかのみに偏ったことが（そうでないケースと比べて）量刑の厳しさ（ここでは量刑／求刑の割合）に影響している、とは言えなかった。たった8件ではサンプル数が少な過ぎることも確かである。また、実際には性犯罪に対する意識は女性だから、男性だから、ということで違うというほど単純ではないとも思われ、男性でも被害者と同じ年ごろの娘がいれば被告人に厳しくなるであろうし、女性も被告人と同年齢の息子がいたら少し同情的になるかもしれない。ところで一方では裁判員たちは性犯罪事件の裁判員の男女比に大きな関心を抱いていることがそのコメントからは分かる。そのほとんどは「男女同数にすべき」、「男女、どちらの観点も必要」というものである。裁判員経験者も、社会も性犯罪裁判の裁判員男女比に関心を抱いているのであるから、最高裁も少なくとも各性犯罪裁判の裁判員の男女比を公開するべきである。

　ところで、裁判員裁判では「裁判官、裁判員の双方の意見を含む多数決」で評決が決せられ、量刑については、量刑の重い順から軽い順に足していき、裁判官裁判員の双方を含む多数決の数になったところの量刑のうち、一番軽いも

第3部　性暴力に関する法の運用と課題——研究者の立場から

のが言い渡される（裁判員法67条1項、2項）。つまり、裁判員だけで決めるわけではないから、裁判官の男女比にも当然ながら関心を向ける必要があろう。これに関しては、補充裁判員も含め裁判員全員が女性となったある強制わいせつ致傷事件で、裁判員の一人が「裁判官が全員男性なのは制度改正すべき」とコメントしていることが非常に興味深い。性犯罪事件裁判について判断する者は裁判官であっても裁判員であっても男女どちらかの視点に偏るべきではない、という市民の指摘は重要である。また、裁判官はいまだに圧倒的に男性が多いという事実（2011年時点では裁判官の女性比は17％）に、多くの市民はこれまであまり関心を支払わなかったであろう。司法制度の内側における男女平等問題等、より広い問題に市民が目を向けるきっかけが生まれるのだとしたら、裁判員制度の意義はまさにここにあるようにも思われる。

性犯罪は裁判員裁判に適さないか

裁判員制度はその施行から3年後に見直しが予定されていたため、2009年9月に11名の委員で構成される「裁判員制度に関する検討会」（以下、検討会）が設けられた。この検討会のメンバーは法曹三者、有識者、学者、マスコミ等であり、2013年6月に「『裁判員制度に関する検討会』取りまとめ報告書」（以下、「報告書」）を発表した。検討会では性犯罪をこのまま対象事件とするのかについても議論が繰り広げられたが、「報告書」6頁では、性犯罪を一律に除外することを支持する"積極意見は見られなかった"としている。筆者も性犯罪を裁判員制度の対象から外すべきではない、と考える。従来の性犯罪事件裁判においても被害者は2次被害に苦しめられてきた。被害者が無理を押して証言をしたとしても、多くの場合は被害者や市民感覚からは軽いと判断せざるを得ない判決しか下されてこなかったわけである。裁判員裁判では、被害者に従来より重い負担が課されることを考慮して、様々な被害者配慮が進められている。これらのことが（裁判員裁判に限らず）性犯罪事件裁判の被害者への配慮をボトムアップすることを期待したい。いま、性犯罪を裁判員裁判の対象から外してしまうと、社会がやっと性犯罪被害の深刻さと支援の重要性、また加害者の更生をどう考えるかという問題を真剣に論じ始めたのに、その梯子を外してしまうことにはならないか、と筆者は懸念する。

第8章　性犯罪の裁判員裁判の現状と課題

　また、性犯罪事件については、裁判員裁判か裁判官裁判かを被害者に決めさせるべき、とする「被害者の選択制」を主張する声も少なくない。性犯罪被害者にこれ以上の負担を課すべきでないという意見に異論はない。しかし、われわれは「刑事裁判の主役は誰か？」と問わなければならない。刑事裁判の主役はやはり、被告人である。わが国の刑事手続では被告人の位置づけはもともと希薄であるが、裁判員制度導入後さらに希薄化している。裁判員制度とよく比較される米国の陪審制度では、被告人は陪審裁判か裁判官のみの裁判かを選択することができる。"仲間である市民に有罪か無罪かを判断してもらう"ことは被告人の重要な権利である、と考えられているためである。一方、わが国においては被告人にこの選択権はない。政府の司法制度改革審議会が国民の司法参加のありかたについて検討した後発表した「最終意見書」の中では「新しい参加制度は個々の被告人のためというよりは、国民一般にとって、あるいは裁判制度として重要な意義を有するが故に導入するものである」ため、被告人の選択制にしない、と述べられている。つまり、裁判員制度は被告人のためというよりむしろ、国民のために導入された、というのが政府の見解のようである。ここに「被害者の選択制」を導入すると、被告人の位置づけは一層希薄化してしまうであろう。被害者の選択制よりもまず、「被告人の選択制」の是非が議論されるべきである。裁判員裁判になることでより大きな負担を感じる被害者が出る問題はもちろん軽視すべきではない。しかしその支援は刑事裁判という枠組みを超えて充実させるべきである。

まとめ

　以上、性犯罪裁判員裁判における様々な課題をみてきた。裁判員制度の課題の多くは性犯罪裁判員裁判にもっとも色濃く凝縮されて表れているように思われる。「報告書」において提案された検討事項をみる限りでは、裁判員制度が大きく見直されることはないようである。しかし裁判員制度は今後更に多くの課題に直面するであろう。最初の数年はそれでも、新しい制度に対する興奮の中で一瞬の「お祭り状態」にあり、市民の協力やマスコミの注目もそれなりに得られる。裁判員制度に注目が注がれていれば、制度の改善や改革についても継続して議論が行われるであろうが、いつまでもそうはいかない。これからが制度としての正念場で

第 3 部　性暴力に関する法の運用と課題——研究者の立場から

あろう。裁判員制度をより成熟したものにするためには政府の検討委員会等による検討だけでなく、外部からの批判的検討も必要である。現状では評議の中身は一切公開されず、また裁判員経験者がその経験を外部に向かって発表することも守秘義務によって厳しく制限されている。これらの点についても見直しと議論がなされるべきである。

　性犯罪裁判員裁判で噴出している様々な問題への注目がきっかけとなって、性犯罪被害者支援、そして加害者の更生、加害者家族への支援、が議論されることを強く望む。

【参考文献】
原田國男「裁判員裁判の新しい量刑傾向」原田『裁判員裁判と量刑法』(2011)
平井佐和子「性暴力犯罪と裁判員裁判——2009 年の事例から——」西南法学 42 巻 3・4 号 (2010)
平山真理「裁判員裁判と性犯罪」立命館法学 5/6 号 (2009) 2092-2115 頁
平山真理「ジェンダーと裁判員制度——性犯罪裁判員裁判をめぐる課題」ジェンダー法学会編『講座ジェンダーと法 第 3 巻 暴力からの解放』(2012)
平山真理「裁判員制度の影響，課題，展望——制度施行後 2 年間の性犯罪裁判員裁判の検討を通じて問う」法社会学第 79 号 (2013)
小橋るり「性犯罪事件弁護の情状」『法学セミナー』672 号 (2010)
内田亜也子「裁判員裁判の対象事件に対する一考察——複雑困難事件、少年逆送事件、性犯罪事件の議論を中心に」立法と調査 298 号 (2009)
裁判員制度に関する検討会「『裁判員制度に関する検討会』とりまとめ報告書」2013 年 6 月 http://www.moj.go.jp/content/000112006.pdf (last visited 10/01/2013)
斉藤章佳「性犯罪者における地域トリートメント」『季刊刑事弁護』No. 70 (2012)
読売新聞大阪本社社会部『性犯罪報道』(2013)
雪田樹理「性犯罪被害と裁判員制度（特集 刑事司法のゆくえ——裁判員制度開始 1 年）」『部落解放』No. 631 (2010)

第4部
諸外国における性刑法の改革

第 4 部では、諸外国にける性刑法の改革を検討する。1970 年代以降、フェミニズム運動の新たな高揚を背景に、性暴力に関する罰則および刑事司法の改革が大きく進展している。その中核に位置する問題は、家父長制、男系世襲制と結びついた強姦罪規定の見直しである。それは同時に刑事司法の運用の再検討をも含んでいる。ここでは、アメリカ、フランス、ドイツ、イギリスおよび韓国について各執筆者が、改革の経緯、改革の課題と現在までの達成について、検討を加えて、最後にそれらを総括する。

第9章 アメリカにおける性刑法の改革

斉 藤 豊 治

① コモンローの強姦罪への批判と改革

> 妻は夫の「財産」！

英米諸国のコモンローは、判例法であり、裁判所の判例によって形成されてきた法である。コモンローの強姦（レイプ rape）の定義は、「強制力を用い、妻以外の女性に対して、その意思に反して性交をすること」とされていた。ペニスが多少なりとも膣に強制的に挿入されることが必要とされ、被害者は女性、加害者は男性であり、男性が行う姦淫のみが対象とされた。定義から明らかなように、夫が妻に対して行う行為は免責された。この定義は、1847 年にマシュー・ヘイル卿によって定式化されたものである。彼は「復讐心に燃え、嘘つきの女性」を前提に、定式化を図ったといわれる。

強姦罪は、伝統的に男（夫であれ、父親であれ）の「財産」に対する犯罪として位置づけられていた。その基礎には、家父長制、男系中心の世襲制が牢固として存在していた。すなわち、妻が夫以外の男と行う性交は、夫の血統の断絶をもたらす危険が大きく、世襲制を崩壊させるものとされていた。未婚の女性は、家長である父親の所有物であり、将来の婚姻に備えて、父親の管理下に置かれた。その裏面として、妻は夫の所有物であるから、夫婦間の強姦はありえないことされ、免責された。強姦罪の刑罰は峻厳であり、死刑か終身刑が科された。

強姦罪の成立には、被害者女性が実際に真剣に（truly）抵抗をしたにもかかわらず、圧倒されたことが必要とされた。言い換えれば、女性は強姦に対して最大限の抵抗をすることが義務づけられていた。現実の抵抗が必要であるという要件は、抵抗要件と呼ばれている。裁判で被告人側は、被害者女性の「同意しがちな内心の傾向」（tendency to consent）を立証するために、女性の性遍歴、

被告人との出会いおよび第三者の証言を用いることが認められていた。伝統的な強姦罪の規定においては、「身持ちの悪い」女性に対して強姦は成立せず、男性がこのような女性と強制的な性交を行っても、多くの場合に責任を免れた。また、「復讐心に燃え、嘘つきの女性」から男の名誉を守るため、被害者女性の供述には、これを裏付ける別の証拠、すなわち補強証拠が必要であるとされ、被害者の供述だけでは強姦の事実を認定できないとされた。

このような性犯罪のコモンローの考え方に対して、1960年代以降のフェミニズム運動が厳しく批判を行い、やがて立法の抜本的な改革をもたらすに至った。

模範刑法典における微温的な改革

アメリカでは、各州と連邦が独自に立法権を有し、立法を行っていて、多様性が著しい。各法分野で模範法典を作って各州や連邦の法律を規制しようとする動きがあり、その一環として、1962年に模範刑法典が公表された。模範刑法典は、強姦に関する伝統的なコモンローのアプローチから微温的な脱却を試みたが、フェミニズムからの批判を免れなかった。

第1に、膣へのペニスの挿入という伝統的な用語が維持された。夫婦が別居し、離婚の申立をしている場合には強姦での訴追を認めたものの、そうでない場合には夫による妻に対する強姦罪は成立しないとされ、より軽い「性的暴行」(sexual assault) 罪が成立するとされた。

第2に、強姦罪の概念では抵抗要件も維持された。模範刑法典は、強姦罪の定義から「彼女の意思に反して」という文言を除去したが、代わりに彼女に「屈服を強要した」(compelled her to submit) という文言をおいた。強姦被害の立証には、襲われたとき「最初のささやかな抵抗」以上の抵抗の立証が必要とされた。模範刑法典では被害者の供述に関して補強証拠が必要とされた。「鮮度の高い告訴」を要求し、告訴期間を犯行後3ヶ月以内とした。

第3に、模範刑法典は公判において、被害者の過去の性遍歴を防御側の証拠として提出することを制限していなかった。

多くの女性運動の団体は模範刑法典を乗り越える改革を求めた。

第9章　アメリカにおける性刑法の改革

1970年代以降の改革　1970年代以降、全州とコロンビア特別区で改革が進展した。改革は主として①犯罪の定義、②証拠法、③同意年齢、④法定刑のあり方という4つの領域で進行した。折から、犯罪に対する人々の不安が増大し、被害者の権利が増大したことも手伝って、改革の議論は好意的に受け止められた。ほとんどの州でフェミニズム運動は「法と秩序」、犯罪撲滅の運動と連携し、改革立法を相次いで通過させた。フェミニストのグループと法と秩序のグループとでは動機に違いがあったが、彼らが追求した改革の効果は、相互補完的なものであった。両者の同盟関係の配置は州によって違っており、改革法の内実も州によって異なっていた。したがって、改正法もフェミニストの理想を正確に反映するというよりも、妥協の産物であった。これらの改革は、以下のような目標を持っていた。①強姦の通報件数を増加させ、訴追と有罪判決を増やすこと、②刑事司法における強姦被害者の取り扱いを改善すること、③強姦罪の法的取扱いを他の暴力的犯罪のそれと同様にすること、④強制的な性的行為の禁止の範囲を拡大すること、④法律によって保護される者の範囲を拡大することである。

② ミシガン州の性刑法改革

　1974年に制定されたミシガン州の性犯罪法（Criminal Sexual Conduct Act）は、全米で最初の強姦罪に関する全面改正であった。この法律は、全米に大きな影響を与え、1980年の時点ですでに約40州で何らかの法改正が行われた。

ミシガン州の旧法　改正の対象となったのは、刑法典（Penal Code）の1931年に制定された次のような強姦罪（レイプ）規定である。

　520条　16歳以上の女性を強姦し、強制力を用いてその意思に反して性交した者、または16歳未満の女性に対して、違法にかつ権限を濫用して性交した者は重罪とし、州刑務所で終身刑または有期刑を科す。本条の性交は、程度の如何を問わず性器への挿入に関する証明があったことにより、既遂に達したとみなされる。

　ミシガン州の旧法は、近親姦や同性愛などいわゆる「反自然的な」性犯罪（sodomy）を除けば、性的侵害罪としては古典的な強姦罪のみを規定し、日本

第 4 部　諸外国における性刑法の改革

のような強制わいせつ罪の規定を有しておらず、強制わいせつには一般の暴力犯罪の規定が適用されていたようである。強姦罪では男性が行為者、女性は被害者であり、性中立的ではなかった。また、「強制力を用い、意思に反して」(by force and against her will) という伝統的な要件が規定されていた。これは、抵抗要件を意味しており、被害者である女性が真剣に (truly) 抵抗をしたにもかかわらず圧倒されたことが要求され、強姦罪の立証には、本当に「彼女の意思に反して」生じたことを証明する必要があった。刑罰は終身刑が上限であり、極めて厳しいものであった。

|ミシガン州の改正の骨子|　ミシガン州では1974年に強姦罪に関する法律が抜本的に改正された。性犯罪は、1級から4級まである。第1級性犯罪と第3級性犯罪は性的挿入を、第2級の性犯罪と第4級の性犯罪は、性的接触を中核的な行為とするものである。「性的挿入」(sexual penetration) および「性的接触」(sexual touch) の意義は法律で定義されている。前者は性交、クンニリングス、フェラチオ、アナル性交など、身体の一部または物体の他人の膣または肛門への侵入を意味するが、射精は必要とされていない (520条 a (p))。これに対して、性的接触とは、①被害者または行為者の性器への意図的な接触、もしくは②被害者または行為者の性器を覆う衣服への意図的な接触であり、かつ、合理的に解釈してこうした接触が性的刺激、性的満足を目的としているか、(i)報復目的、(ii)屈辱感を与える目的、また性犯罪は(iii)怒りから、性的な目的もしくは方法で行われることをいう、とされている。

　犯罪類型の構成においては、性中立的な用語が用いられている。レイプ (rape) という用語すら、時代遅れのニュアンスを含むものされ、使用していない。

　性犯罪は、上述したように第1級から第4級まで4つの類型に区分され、それに応じて、法定刑も段階的に規定されている。第1級性的行為罪は加重的な性的挿入罪、第2級性犯罪は加重的な性的接触罪を示しており、第3級性犯罪は性的挿入が第1級よりも状況が軽い状況で行われた場合を類型化し、第4級は性的接触罪について、第2級よりも軽い状況で行われた場合を類型化している。

第9章 アメリカにおける性刑法の改革

	性的挿入罪	性的接触罪
重い類型	第1級性犯罪（重罪） 終身刑 有期拘禁刑	第2級性犯罪（重罪） 15年以下の懲役刑
軽い類型	第3級性犯罪（重罪） 15年以下の拘禁刑	第4級性犯罪（軽罪） 2年以下の拘禁刑または500ドル以下の罰金もしくは両者の併科

　被害者の態度を表す文言は用いられず、徹底して行為の客観的要素に注目した類型化が行われた。すなわち、行為者と被害者の関係性や場の状況が重視され、被害者の同意の有無や行為者の主観的意図は極力排除されている。

　その後の部分改正のうち、特に重要なのは、2000年の改正であり、矯正、保護観察、未決拘禁など、刑事司法の対象となる被拘禁者や受刑者を対象とする性犯罪であり、被害者の弱い立場につけ込んで、性的接触を行う公務員などを処罰の対象としている。

　以下では、第1級から第4級までの性犯罪の規定をやや詳しく見ていこう。

第1級性犯罪

(1) 犯罪の成立要件

　他人に対する性的挿入（sexual penetration）を行なった者が以下の要件のいずれかに当てはまる場合、第1級性犯罪で罰せられる。

(a) 相手が13歳未満である場合。

(b) 13歳以上16歳未満で、行為者が以下のいずれかに該当する場合。
　　①被害者と同一家族の構成員である場合、②被害者の4親等以内の血族または姻族である場合、③被害者に対して権威ある立場にあり、かつ、被害者を服従させるためにこの権威を行使した場合、④被害者が通学している公立または私立の学校の教師、代用教師または管理者である場合。

(c) 他の重罪の遂行に関連した状況で性的挿入を行った場合。

(d) 行為者が他の1人以上の者によって援助または教唆されており、かつ、以下の状況のいずれかが存在する場合。(i)被害者が精神的無能力であるか、または薬物等の影響で一時的に精神的に能力を喪失し、もしくは身体的に

無力であることを認識し、または認識すべき相当な理由がある場合、(ii)性的挿入を実現するために強制または抑圧が行われた場合。強制または抑圧は、(f)で列挙する場合のいずれかを含むが、これらに限らない。
(e) 武器を使用し、または被害者が武器であると判断する相当な物または方法で他の物件を使用した場合。
(f) 行為者が被害者に対して傷害を生じさせ、かつ、性的挿入を達成するために強制または抑圧が行われた場合。強制または抑圧は、次のいずれかを含むが、それに限定されるわけではないとされている。

(i)行為者が物理的な力や身体的な暴力を用いて、被害者を屈服させた場合、(ii)行為者が、被害者を屈服させるために強制力や暴力を加えると脅して、被害者を抑圧し、かつ、被害者は行為者がこのような脅迫を実行する能力を現に有すると信じた場合、(iii)行為者が、被害者を屈服させるために、被害者やその他の者に対して将来、復讐すると脅して、被害者を抑圧し、かつ、被害者は行為者がこのような脅迫を実行する能力を現に有すると信じた場合。ここでいう「復讐する」ことには、身体的な罰、略取誘拐、恐喝を含む。(iv)行為者が被害者に対して医学的に反倫理的であるか、または受け入れがたい方法、目的で医療または実験を行っている場合。(v)行為者が事実の秘匿または驚愕により、被害者を屈服させることができた場合。

(g) その行為者が被害者に対して傷害を生じさせ、かつ、被害者が精神的に無能力または能力が奪われ、もしくは身体的に無力であることを認識し、または認識すべき合理的な理由がある場合。
(h) 相手が精神的に無能力または能力が奪われ、精神障害を有し、もしくは身体的に無力であって、かつ、次のいずれかに該当する場合。

(i)行為者が被害者の4親等以内の血族または姻族である場合、(ii)被害者に対して権威のある立場にあり、かつ、被害者を服従させるためにこの権威を行使した場合。

(2) 法 定 刑
第1級性犯罪は重罪であり、刑罰は以下の通りである。
(a) 次の(b)および(c)に該当する場合を除き、州刑務所での終身または有期の拘禁刑が科される。

第 9 章　アメリカにおける性刑法の改革

(b)　第 1 級性犯罪の行為者が 17 歳以上であり、被害者が 13 歳未満である場合、拘禁刑の下限は 25 年を下回ってはならない。すなわち、宣告刑の下限が定められている。
(c)　(b)の行為者が以前に 13 歳未満の者を対象に第 1 級から第 4 級までの性犯罪に該当する行為をしていた場合には、犯罪仮釈放の可能性のない終身刑を科す。この扱いは、これに相当する連邦や他の州の性犯罪を行った場合にも、適用がある。
(d)　(a)または(b)の刑罰に付加して、裁判所は被告人に終身の電子監視を言い渡す。
(3)　連続的な刑の執行
本条該当の行為が同時にその他の犯罪にも該当する場合、刑は連続して執行される。

> 第 2 級性犯罪

挿入以外の性的接触を行った者には、第 2 級性犯罪が適用される。
(1)　犯罪の成立要件
第 2 級性犯罪は、2000 年改正までは他の状況が第 1 級性犯罪と同じであり、相違点は性的挿入か性的接触かの違いであった。
2000 年改正では第 1 級性犯罪の成立要件の(a)〜(h)の次に次の条項が追加された。いずれも、矯正、保護観察、未決拘禁など、刑事司法の領域において被拘禁者や受刑者を対象とする性犯罪であり、被害者の弱い立場につけ込んで、性的接触を行う公務員などを処罰の対象としている。
(i)　行為者が矯正局の職員、契約職員またはボランティアであり、相手が矯正局の管轄下にある人物であり、かつ、行為者が相手方の立場を認識しているとき
(j)　行為者が青少年矯正施設を運営する民間業者の被用者、契約社員またはボランティアであり、相手が矯正局の管轄下にある人物であり、かつ、行為者が相手方の立場を認識しているとき
(k)　相手が郡政府（カウンティ、county）の受刑者で拘禁されている者、または保護観察の対象者で作業プログラムやその他の保護観察・プログラム

を受けている者であり、行為者が郡政府または矯正局の職員、契約職員またはボランティアであって、かつ、行為者がそのことを認識しているとき
(1) 相手方が裁判所によって未決拘禁で収容されているか、成人によって行われるならば犯罪となる行為につき有責とされたために施設に収容されている者であり、行為者は、その者が拘禁または収容されている施設の職員、契約職員またはボランティアであって、かつ、行為者が被害者の立場を認識し、または認識すべき合理的な理由があるとき

(2) 法定刑

第2級性犯罪も重罪であり、法定刑は15年以下の拘禁刑であるが、本条の犯罪で被害者が13歳以下で、被告人が17歳以上である場合には、終身の電子監視の宣告が付加される。

第3級性犯罪

第3級性犯罪は、性的挿入のうち相対的に軽い行為を類型化している。他人に対する性的挿入を行った者が次の要件を満たす場合は、第3級性犯罪を構成する。

(a) 相手が13歳以上16歳未満のものであるとき。
(b) 性的挿入を達成するために、強制または抑圧が行われたとき。
(c) 行為者が、被害者が精神的無能力または精神的能力が奪われ、もしくは身体的に無力であることを行為者が認識し、または認識すべき合理的な理由があるとき。
(d) 被害者の3親等以内の血族または姻族の関係を有する者との間で性的挿入が行なわれたが、それがその他の点では禁止されない状況で行われたときも、行為者は第3級性犯罪で処罰される。相手方が被告人に対して権威ある立場にあり、被告人に対して本号の犯罪を行うよう強制するためにその権威を行使したことは、訴追に対する積極的抗弁となる。被告人はこの抗弁を優越的証明によって立証する責任を負う。この規定は、両者がその後適法に婚姻している場合には適用されない。
(e) 相手方（被害者）が16歳以上18歳未満で、公立または私立の学校の生徒であり、行為者が教員、代用教員、または管理者であるとき。本号はその後相手方が学校になくなった場合または両者が適法に婚姻をしている場

第9章 アメリカにおける性刑法の改革

合には、適用されない。

本罪の法定刑は、15年以下の拘禁刑である。

第4級性犯罪

第4級性犯罪は、性的接触のうち相対的に軽い行為を類型化している。

(1) 犯罪の成立要件

男であれ女であれ、他の人と性的接触を行ない、次のいずれかの状況が存在する場合には、第4級の性的接触罪を構成する。

(a) 相手が13歳以上16歳未満であり、かつ、行為者が相手よりも5歳以上年長であるとき

(b) 性的接触を達成するために強制または抑圧が行われたとき

(c) 被害者が精神的無能力または精神的能力が奪われ、もしくは身体的に無力であることを行為者が認識し、または認識すべき合理的な理由があるとき。

(d) 被害者の3親等以内の血族または姻族の関係を有する者との間で性的接触が行なわれたが、それがその他の点では禁止されない状況の下で行われたとき。

ただし、両者がその後適法な婚姻をした場合には、本号の適用はない。

(e) 行為者が精神保健の専門家であり、被害者が行為者の依頼人または患者である間に、または、そうした関係が終了した後2年以内に、性的接触が行われたとき。被害者の同意は、本号の訴追に対する抗弁とはならない。本号の訴追は、被害者が精神的に無能力であることの証拠として使用されてはならない。

(f) 相手方（被害者）が16歳以上18歳未満で、公立または私立の学校の生徒であり、行為者が教員、代用教員、または管理者であるとき。本号はその後相手方が学校にいなくなった場合または両者が適法に婚姻をしている場合には、適用されない。

(2) 法定刑

2年以下の拘禁刑または500ドル以下の罰金もしくは両者の併科である。

第3級性犯罪と第4級性犯罪との差異は、基本的には性的挿入か性的接触か

の違いである。ただ、第4級性犯罪は、精神保健の専門家と患者、依頼人との間でも成立するとしており、この点は第3級の性犯罪には見られない特徴である。

ミシガン州刑法のその他の規定

以上の第1級から第4級までの4類型に加えて、性犯罪を遂行する目的での暴行罪を規定し、重罪としている。第1級の性的挿入罪を遂行する目的で行った暴行は10年以下の拘禁刑に処する。第2級の性的接触を遂行する目的で行った暴行は5年以下の拘禁刑に処するとしている。

性犯罪の各行為に対する訴追では、被害者の証言に関する補強証拠は必要とされないこと、性犯罪での訴追に関して、行為者に対する抵抗は必要とされないことが、明文で規定された。また、レイプ・シールド条項が規定されている。すなわち、被害者の性的行動の個別事例に関する証拠、被害者の性的行動に関する意見、被害者の性的行動に関する評判は、原則として許容されないことが明記された。レイプ・シールドの例外は、裁判官が①被害者と行為者との過去の性的行動に関する証拠、②精液、妊娠または病気の源泉を示す性的活動に関する個別事例の証拠が、その事件の争点となる事実に関して不可欠であり、その扇情的または予断を抱かせる性質が証拠価値を上回るものではないと判断した場合である。

氏名および事件の詳細の公表は、禁止できるとされる。治安判事（magistrate）は、弁護人、被害者または行為者の要求に基づいて、罪状認否、公訴棄却またはその他の終局決定のいずれかが行われるまで、被害者および行為者の氏名、起訴事実の詳細の公表禁止を命じることができる。

配偶者に対しても性犯罪が成立することが、明記された。

③ アメリカにおける性刑法の改革

ミシガン州を皮切りに、性刑法の改正が全米で遂行され、現在も続いている。フェミニストは、主として性犯罪の再定義、証拠法の改正、同意年齢の見直し、法定刑の緩和という4つの分野で改革を推進した。以下、それらを概観してみよう。

第9章　アメリカにおける性刑法の改革

性犯罪の定義の改正

アメリカでも、20数年前までは刑事法の教授たち——そのほとんどは男性であった——は、成人の間の強姦にほとんど注意を向けていなかったと指摘されている。その当時、教授たちは、強姦罪の問題点は、事実認定と証拠法にあると考えていた。しかし、近年では、強姦罪の定義そのものに問題があるという認識で一致が見られるようになった。強姦は、伝統的に「強制力を用い、妻以外の女性に対して、その意思に反して性交をすること」と定義されてきたが、それは暴力によって同意なしにペニスを膣に侵入させることを意味した。このような伝統的な定義自体が、女性に対する家父長的な態度を反映するものであり、性的強制の被害者に対して、正義を否定するものであるという見解が支配的となっていった。このように、強姦罪の定義の改正が必要であるという点では、大方の意見は一致するようになった。しかし、どのように改正をするべきかについては、一致していない。

暴力犯罪としての位置づけ

改革論者たちは強姦についての狭い定義を変えて、暴力という現実を法文に具体化することを目標とし、強姦罪を暴行罪の一種として構成しようとした。暴力とは、その本来的な意味として被害者の不同意を含意しており、強姦を暴力犯罪として定義することにより、被害者の同意という問題を回避できると考えた。

これにもいくつかのアプローチがある。1つは、あらゆるタイプの性的侵入および性的接触を含む、より広い性的暴行を犯罪化することである。これとは別のアプローチは、レイプを苦痛の大きさによって段階が異なる一連の犯罪に分割するというものであった。その苦痛の大きさは、①強制の程度、行為の重大性（性的挿入か、性的接触か）、②被害者に対して加えられた傷害の程度、③被害者の年齢、④被害者の抵抗不能などの事情によって異なるとされた。ミシガン州をはじめいくつかの州は、さらに進んで、性犯罪の性的側面から暴力的側面に焦点を移し、「強姦」（rape）という用語を廃止し、たとえば「性的暴行」（sexual assault）という用語に置き換えている。さらに、いくつかの州は「同意」という文言を除去しようとした。すなわち、不同意が現に存在したことを表現する特定の状況——たとえば、武器の使用など——を規定することで、同意

第4部　諸外国における性刑法の改革

という文言を完全に削除した。別のいくつかの州は、強姦に関しては同意という文言を残しつつ、強制力といった一定の状況を必要としない不同意の性的接触を犯罪化した。

　証拠法の改革も、同意の問題と不可分である。いくつかの州は、「同意」という文言を残しつつ、犯罪者の行為よりも被害者の態度に注目するような伝統的な証拠法を改革しようとした。

　性刑法の改革では、見知らぬ者による犯行よりも顔見知りの者による強姦を摘発し、処罰することが重視されてきた。しかし、ほとんどの州では顔見知りの間でのレイプに関しては、依然として不同意性交は①強制力を行使したり、行使するという脅迫をともなうか、または②意識を失っていたり、薬物やアルコールで酩酊状態にあったり、③一定の年齢以下であったり、④その他の理由で精神的に無能力でないかぎり、レイプではないとしている。それに加えて、被害者が言葉の上で性交を拒否していても、行為者の男が強制力を行使していない以上は、レイプには当たらないとする立法や法の運用が行われてきた。したがって、暴力を示唆しない脅迫、例えば、「言うこときかないとクビだ」といった脅しや、同意が欺罔による場合でも、レイプには当たらないことになる。このように多くの州法は、現在でも強制力という要件を残しているといってよい。

不同意性交の処罰

　もっとも、現状を固定的に見るのは相当とは言えないという指摘も行われている。長期的な傾向としては「強制的なレイプ」(forcible rape) が、強制力を必ずしも含まない一連の類型に置き換えられてきている。この傾向の起点は、判例が最大限の抵抗を要求した伝統的なレイプの概念を修正するようになったことである。最近、多くの州が部分改正によって伝統的なレイプの規定を変更している。すでに見たミシガン州の規定では、心理療法士と患者の間での強制力によらない性交を犯罪化している。また、いくつかの州は欺罔による同意に基づく性交を一般的に禁止する規定を置いている。また、いくつかの州は、日常的なデートの場面での性交でも強制力の要件は不要であるとされている。こうしたレイプ概念の拡大という傾向は、将来も長く続くであろうと指摘されている。

第9章　アメリカにおける性刑法の改革

> **性中立化**

多くの州の法律は、男性、配偶者および同棲者など、伝統的には強姦罪の保護を受けてこなかった被害者の保護を図った。その1つが、強姦罪の性中立化である。伝統的な強姦罪は、男性のペニスによる女性の膣への侵入を意味した。フェミニズムはこの定義を批判して、レイプの意義を拡大し、膣、口、肛門のいずれに対してであれ、性的挿入および性的な部位への接触が含まれるようになった。女性が行う男性または女性に対する性犯罪を処罰するために、用語の性中立化も行われた。

> **コモンローにおける証拠法則**

伝統的なコモンローのもとでは、被害者は強姦を立証するために自分の証言に関して補強証拠が必要とされ、いくつかの州では、強姦罪については被害者の証言だけで有罪を宣告することができないとされていた。他方、裁判官は陪審員に対して「強姦の告訴はでっちあげが容易である」旨の警告的説示を与えていた。さらに、被害者の過去の性遍歴によって、強姦への反証が行われていた。すなわち、その女性の貞操観が性的交渉についての同意の有無に関連性があるとされていた。そのため、顔見知りの間の強姦の事例では、裁判所は、刑事弁護人が女性は乱れた性的関係を有する人間であると描き出そうとして、反対尋問で被害者である女性の性的遍歴を質問することを許容していた。さらに、被害者の告訴は「新鮮なものであるべきである」というルールに基づいて、被害者が速やかに被害を通報しなかったことが強姦の公訴を棄却する理由となっていた。

> **レイプ・シールド法**

改革者たちは、補強証拠や陪審に対する警告的説示といった立証上の負担は、強姦以外の犯罪では要求されないことを理由に、これを除去する努力を行った。改革運動の鍵となったのは、レイプ・シールド法の制定であった。この法制度は、主尋問および反対尋問において、被害者が被告人やその他の者との間で有した過去の性的行動に関する証拠について、その許容性を制限するものである。多くの州は、被告人との間の過去の性遍歴を証拠として利用することを制限し、その結果、それは非公開または裁判官室での審理でなければ認められないとし、また、同意の証明などの一定の目的のためにのみ許容されるとされた。各州はまた、被告人以外の第三者との間の過去の性遍歴を証拠として利用

することを厳しく制限しようとした。その結果、それは非公開での審理でなければ認められないとし、また、同意の証明などの特定の場合にのみ許容されるとされた。特定の場合とは、精液の同一性、隠れた動機、過去の不実の告発の証明といった目的である場合が含まれる。いくつかの州は、同意や信用性を証明するために、性遍歴を証拠として利用することを禁止した。

　これに加えて、被害者の証言には補強証拠が必要であるというルールも大幅に縮小され、廃止の傾向にある。迅速な通報を要求する法律規定も廃止された。そして、裁判官は陪審員に対して前述のような警告的説示を行わないようになっている。

同意年齢をめぐる改革

　改革者たちは、児童の保護は維持しつつも、10代の若者の間での同意に基づく性的行動は許容するという立法を促進する立場から、同意の法定年齢に関する法改正に努めた。この法改正は、段階が異なる犯罪類型とこれと比例した罰則を設けるとともに、年齢の錯誤の抗弁（mistake-of-age defense）を除去するものであった。この年齢の錯誤の抗弁は、被害者は実年齢よりも大人びていたので、同意年齢に達していたと誤解していたと主張することで、行為の責任を免れることを許容するものであった。

法定刑の改革

　伝統的に強姦罪の刑罰は峻厳で、犯罪の重大さに応じた刑罰の差異を認めず、一律に死刑もしくは終身刑とされていた。改革者たちはそうした峻厳な法定刑を改めようとした。彼らは一般的には法定刑の引き下げを主張したが、他方で宣告刑の下限を設定する制度（必要的最低刑の宣告）を導入し、刑罰は行為の重大性に応じて宣告されるべきだと主張した。

　法定刑の緩和という主張は、厳罰化が声高に主張されている日本の現状を見ると、奇異に感じられるかもしれない。フェミニズムは、刑罰が厳しくないならば、裁判官や陪審員は有罪宣告をためらわなくなり、より確実に有罪が宣告されると推測したのであった。

第 9 章　アメリカにおける性刑法の改革

④ 改革の効果に関する評価研究

改革の評価研究

アメリカにおける性刑法の改革の結果は、州によって実に様々であった。しかも、多くが改革前の特徴を色濃く残していた。改革は女性の権利の擁護者と「法と秩序」のグループとの連合によって実現されたことの影響もある。後者は、フェミニズムとは異なる保守的なグループであり、犯罪率の増加と寛容な刑事司法への懸念を有していた。

アメリカでは重要な法改正が行われた場合、その運用状況をフォローする評価研究が研究者によって行われることが多い。性犯罪に関する刑事法改革に関しても、そのような評価研究がいくつか行われてきている。そうした研究は、ほぼ一致して改革が象徴的な意味を持ち、性犯罪に関する人々の意識や態度を変化させたことを認めているが、刑事司法の事件処理に対しては、消極的な評価と積極的な評価とが対立している。

事件処理が変化しなかったとするもの

ロー（Wallace Loh）が 1972 年から 1977 年にかけて実施し、1980 年に公表した調査によれば、ワシントン州の法改正は強姦事件の処理に対してほとんど影響がなかったという結論を示している。ローは 5 年間にわたってキング・郡政府裁判所（シアトル市）の検察官の訴追記録を検討し、レイプ改革法の主たる効果は、法執行の手段の変化よりもむしろ、社会全体にとって象徴的で教育的な効果をあげたことであるとした。彼の調査では、法執行の手段に注目した場合の最も顕著な変化は、レイプの段階づけを行ったことから生じたとしている。すなわち、行為の重大性に比例した類型を設けて、刑罰もそれに対応させたことによって、改正法の下では処罰の確実性が高まった。しかし、そのことは、厳罰化が進んだことを必ずしも意味しない、との結論に到達している。

ポーク（Kenneth Polk）は、1975 年から 1982 年にかけて、カリフォルニア州の法改正の影響を調査し、ローとほぼ同様の結論を下している。彼によれば、逮捕後の重罪の訴追の割合および有罪宣告後の施設収容の割合を分析し、改正後の増加はわずかであり、その他の点では変化はなかったとした。

第4部　諸外国における性刑法の改革

　ブライデンとレングニック（David P. Bryden and Sonja Lengnick）は、1977年の論文で、それまでに公表された社会科学の文献を網羅的にレビューし、改革によりレイプ事件における司法制度の運用に改善が見られるものの、レイプ事件の処理の結果（outcome）にはほとんど変化はなかったとした。
　レイプ法の改正は象徴的（社会に対するメッセージ）な意味をもつことはいうまでもないが、それだけではなく、より積極的な通報、逮捕、訴追、有罪、量刑へと導くであろうという期待が込められていた。しかし、これらの調査の多くは、刑事司法の運用の効果としての事件処理には、あまり変化を生じさせなかったことを示唆した。調査結果は、改革者の期待に反するものであったという評価がある。なぜなら、証拠法の改革は、前評判は高かったにもかかわらず、強姦事件の通報、処理、有罪宣告に対して、ほとんど影響を与えなかったというものであったからである。なるほど、女性は強姦の被害をより積極的に通報するようになっている。事例調査の結果から、陪審も、訴追事実に関して女性に同情を示すようになったことが裏付けられる。しかし、こうした前進は、個別の法改革の効果というよりも、顔見知りの間でのレイプに関して人々の態度が変化し、改善したことによると解されている。

事件処理が変わったとするもの　事件処理に変化をもたらしたという評価研究もいくつか見られる。たとえば、ブライデンは、2000年に発表した論文では、前述した評価を変えて、この20～30年の間人々のレイプに関する態度に変化が見られるという。すなわち、20数年前と比べて、被害者はレイプ被害を通報するようになり、いくつかの法域では、顔見知りの間でのレイプ事件についても、有罪判決を得ることが容易になっている。また、レイプ・シールド法の下で被害者に敬意を払った取扱いを受けるようになった。「賢明な法改正を選択するならば、歴史的にレイプ事件において存在してきた問題の解決について楽観的となる十分な理由が存在する」と結論づけている。
　2001年に公表されたフッターとメベイン（Stacy Futter and Walter R. Mebane）の論文は、1970年から1991年の間で全米の各州とワシントンDCの法改正が強制的なレイプ（forcible rape）の通報件数と逮捕件数に与えた影響

第9章 アメリカにおける性刑法の改革

を総合的に調査するものであった。この23年間に全米で3322の警察組織への通報と警察の逮捕、検挙の推移を『統一犯罪報告書』のデータにより分析し、法改革の影響、効果を測定している。それによれば、よりリベラルでフェミニストに好意的な立法は、通報と逮捕の双方に明らかな影響を及ぼしたとしている。とくに、性犯罪を連続体で定義すること（段階に応じて類型化し、刑罰も段階的にすること）、配偶者や同棲者を訴追すること、被告人やその他の者と被害者の間での性的な関係に関する証拠の許容性を制限すること、同意年齢に関する錯誤の抗弁を否定するといった改革は、警察が確かな根拠による通報と判断した事件の増加を導き、さらにそれが逮捕件数の増加をもたらした、としている。

人々の意識の変化

性刑法の改正が与えた影響に関して調査が蓄積されてきてはいるものの、共通の確定的な結論が得られてはいないようである。とくに、警察、検察、裁判所での性犯罪事件の処理に影響を与えたのかについては、評価が分かれている。しかし、法改正が象徴的な意味を持ち、女性の性的自己決定権を重視する方向で人々の意識を変え、その結果、被害者が泣き寝入りをしないという方向での影響をもたらしたという点については、多くの一致が見られるといってよい。

顔見知りの間でのレイプ

一連の改革を通じて、強姦罪は実際には二つの異なる犯罪であるという点が認識されるようになったといわれる。すなわち、一方では加重的な強姦と呼ばれる類型であり、見知らぬ人による強姦、武器を持った男による強姦、被害者が隠れた傷を負っているような類型であり、この領域では刑事司法は比較的よく機能しているとされる。しかし、問題は親密圏ないし顔見知りの者による、武器を持たないで行われる強姦であり、付随的な傷害を負わない類型である。この類型は、具体的には、デート・レイプ、恋人、隣人、または職場の同僚・使用者によるレイプ、さらには夫婦間のレイプである。こうした類型では、刑事司法がうまく機能して来なかったとの評価が行われている。被害者は、顔見知りの者によるレイプを警察に通報する割合は低く、ときにはそれがレイプであるという認識すら持っていない。警察に通報しても、警察官は彼女の言い分を聞こうともしない。検察官は起訴をしないことも多いし、陪審員も有罪を言い渡さない傾向がある。

第4部　諸外国における性刑法の改革

上訴裁判所の決定にも問題が多い。この領域は、DV問題、セクシャル・ハラスメントの問題とも重なり合う。アメリカでは、親密圏での女性に対する暴力、とりわけDVに関して、必要的逮捕制度、必要的訴追をはじめとする一連の改革が行われている。それはDVに共通する問題であり、必ずしも性暴力に限られるわけではない。

⑤ 日本法への示唆

本における最近の法改正

アメリカの性刑法改正は、西欧諸国にも大きな影響を及ぼし、各国の法改正を促進した。しかし、わが国では国際的な動向とは距離を置いて、性刑法の法定刑の引き上げ、集団強姦罪の新設、被害者の刑事手続での保護と参加を促す立法措置や運用の改善が行われてきた。そうした措置は、「法と秩序」派と被害者運動の高揚とも対応するものであり、フェミニズムの主張もそれらの枠組みにおいてのみ、部分的に実現されたにすぎない。そのため、性刑法の全般的な見直しやレイプ・シールド法の導入などの課題が残された。

日本法への示唆

日本の性刑法の規定は、抽象的であるが故に、持続力がある。かつてのアメリカとは異なり、抵抗要件は明記されてはいないし、強姦罪を補う強制わいせつ罪の規定があり、夫婦間での強姦も法文のうえで否定されてはいない。

　しかし、刑法の規定そのものを改正すべき点もある。現行法は強姦罪を強制わいせつ罪と区別し、重い類型としている。しかし、それは男系中心の世襲制、家父長制を前提にしているとの批判を免れない。それは女性を厚く保護するものではなく、何よりも夫以外の男との性交により、夫以外の血筋の子どもができることを回避しようとするものである。妻に対する強姦罪は原則として成立しないという考え方も、家父長制のイデオロギーによるものである。性刑法を改正し、強姦罪の特別扱いをやめて、性刑法を性的侵入罪と性的接触罪に分け、性中立的な性犯罪として再構成することである。そのうえで、行為者と被害者の客観的な力関係と行為の場の状況に着目して、類型を段階的に設定するという方向が望ましい。侵入の対象は膣だけにとどまらず、肛門、口腔も含むので

第9章 アメリカにおける性刑法の改革

あり、侵入は性器だけではなく、器具なども含まれる。性的侵入罪と性的接触罪との二元化は、性的中立性 をも意味する。

　強姦罪の運用において、暴行・脅迫が「被害者の抵抗を著しく困難にする程度」でなければならないという高い基準のため、事実認定では①被害者が実際に強く抵抗していたこと、②被告人がこのような抵抗を排除して、暴行・脅迫が行われ、姦淫したことの立証が求められている。日本でも運用上は抵抗要件を排除されていない。さらに、判例における事実認定を子細に検討すると、不同意の証拠として被害者の女性の供述だけでは足りず、補強証拠が必要であるという前提に立つと思われるものが相当数に達する。それは、その他の犯罪での被害者の供述の取り扱いとは明らかに異なるものであり、そのような扱いをする理由は疑わしい。レイプ・シールド法の導入も検討すべきである。夫婦間強姦は、性的虐待であり、DV問題であるとの認識が日本でも広がっている。夫婦間でも強姦罪が成立することを法規定で確認することは、象徴的な意味をもつ。

【参考文献】
上村貞美『性的自由と刑法』(2003年)
特集「ジェンダーと刑事法」現代刑事法5巻3号 (2003年)
斉藤豊治・青井秀夫編『セクシュアリティと法』(2006年)
斉藤豊治「アメリカにおける性刑法の改革」5巻1号 (2009年)

第4部　諸外国における性刑法の改革

第10章　フランスにおける性刑法の改革

島岡まな

① フランス刑法における強姦法改革

ナポレオン刑法典における強姦罪

19世紀初頭、世界の模範となったフランスのナポレオン法典は、近代化を急ぐ明治時代の日本の法典編纂にも多大な影響を与えた。1804年の民法典に続き、1810年に制定されたナポレオン刑法典における強姦罪は重罪（重罪、軽罪、違警罪というフランス刑法上の犯罪の3分類中最も重い類型）であり、1832年に整備されたといわれる第332条1項において、成人に対する強姦罪（viol、10年以上20年以下の有期懲役）と15歳未満の子供に対するそれ（2項、刑罰は同じ）を区別するとともに、第333条では、被害者に対して特殊な地位にある者が強姦の重罪を犯したときも重懲役に処する旨を既に規定していた。

当時の強姦罪の保護法益は、多くの国と同様「風俗に対する罪」とされていたが、注目すべき点は、強姦の定義も客体の限定もなかったため、それは解釈に全面的に委ねられていたという点である。当時の学説によれば、「強姦」は「女性の意思に反するまたは同意に基づかない肉体的結合」とされ、第一義的には姦淫（性交）行為が考えられていたようである。また、当時の家父長制度の下で、強姦は「男性の所有物としての女性の侵害」（つまり被害者は女性を所有する男性）と捉えられており、その意味で客体を女性に限定する学説が強かったといわれる。しかし、19世紀の学説のみならず、1857年6月25日の破毀院刑事部判決においてすでに、「この重罪は、被害者をその意思に反して濫用する行為により構成される（傍点筆者、以下同様）」とされていた点は、注目に値する。

1970年代の第2派フェミニズムの影響の下、このような「男性の所有物としての女性」という概念に批判が起こり、まず1980年に、旧来の強姦法から

第10章　フランスにおける性刑法の改革

より中立的な性暴行法への改革が行われた。

1980年12月23日の法律

1970年代に多くのフェミニズムからの旧強姦罪規定に対する批判を受けた形で立法された1980年12月23日の法律は、ナポレオン法典におけるシンプルな強姦罪規定を整理し、強姦罪（332条）と性的侵害罪（333条）とを区別して規定した。改正された条文は、以下の通りである。

第332条（強姦罪）　どのような性質であれ、他人の身体に対して暴行、強制または急襲（不意打ち）によって犯されたあらゆる性的挿入行為は強姦とする。

　2項　強姦は、5年以上10年以下の重懲役に処する。

　3項　強姦が妊娠、疾病、身体障害、身体若しくは精神的欠陥のゆえに著しく脆弱な被害者に対して犯された場合、15歳未満の子供に対して犯された場合、武器を用いて若しくは集団によって犯された場合、実親若しくは養親によって犯された場合、または被害者に対し権限がある者によって若しくは職業上の権利を濫用した者によって犯された場合は、10年以上20年以下の重懲役に処する。

第333条（性的侵害〈わいせつ〉罪）　どのような性質であれ、他人の身体に対して暴行、強制または急襲によって犯されたあらゆるその他の行為は、15歳未満の子供に対して犯された場合を除き、3年以上5年未満の拘禁刑および（または）6千フラン以上6万フラン以下の罰金に処する。

　2項　当該行為が妊娠、疾病、身体障害、身体若しくは精神的欠陥のゆえに著しく脆弱な被害者に対して犯された場合、武器を用いて若しくは集団によって犯された場合、実親若しくは養親によって犯された場合、または被害者に対し権限がある者によって若しくは職業上の権利を濫用した者によって犯された場合は、5年以上10年以下の拘禁刑および（または）1万2千フラン以上12万フラン以下の罰金に処する。

これらの条文の改正の特徴は、(1) 強姦行為を初めて「他人の身体に対する暴行、強制または急襲（不意打ち）によって犯されたあらゆる性的挿入行為」

第4部　諸外国における性刑法の改革

と定義したこと、(2) 強姦罪（332条）と性的侵害罪（333条）を区別して規定し、後者を軽く処罰したこと、(3) 家父長制度の下での財産と同視された女性の侵害という観念を払しょくし、個人的法益に対する罪という性格を前面に出したこと、(4) 客体を女性に限定することなく、また(5) 行為を姦淫（性交）に限定することなく、「あらゆる性的挿入行為」とすることにより、性中立的な内容に変更したことである。また、(6) 通常の強姦罪の法定刑を10年以上20年以下から5年以上10年以下に引き下げ、逆に一定の加重事由がある場合に10年以上20年以下で処罰することとした。その加重事由とは、被害者の身体状況や年齢等からくる脆弱性に基づく場合と、加害者側の悪質性（集団によるもの、尊属や被害者に対して権限のある者により行われた場合等）に基づく場合とで、違法性が特に高いことが理由となっている。(7)性的侵害罪は強姦より程度の軽い性的侵害行為と位置づけ、法定刑を3年以上5年以下とさらに引き下げるとともに、罰金刑も規定したことである。ただし、強姦罪と同様の加重事由も規定し、その場合は5年以上10年以下の拘禁刑および（または）1万2千フラン以上12万フラン以下の罰金で処罰されることとした。

このように、改正された強姦罪の下で、判例上、女性加害者による強姦罪（破毀院刑事部1985年1月4日判決）や男性被害者に対する強姦罪有罪判決（破毀院刑事部1987年6月24日判決）も出されていた。

1810年ナポレオン刑法典は、時代に合わせた小規模の改正を繰り返しつつ180年余り通用された後、1960年代以降30年余りの改正作業を経て全面改正され、1992年7月22日にフランス新刑法典として公布され、1994年3月1日より施行された。

② フランス新刑法典における性犯罪の類型と処罰

フランスで180年余り続いたナポレオン刑法典を全面改正した1992年の新刑法典（1994年施行）は、中立的な性暴行法という1980年法の理念を踏襲しつつ、時代の流れとともに問題視されるようになった新たな犯罪行為を追加・更新するなど、さらに先進的な特徴をいくつも備えている。特に、未成年者やその他の理由による弱者の保護、密室で行われ、客観的証拠が乏しいことが多い性犯罪被害者の保護という視点においては、世界で最先端の内容をもってい

第10章　フランスにおける性刑法の改革

るように思われる。

新刑法典の全体構成と性的攻撃罪の保護法益

1992年新刑法典は、重要な犯罪から順に規定しており、各論である第2部「人に対する重罪及び軽罪」の冒頭に第1編「人道に対する重罪」を置いているが、これは、個人を超えた公的秩序（社会的法益）に対する犯罪と考える学説と個人に対する犯罪と考える学説とに分かれている。第2編「人に対する侵害」は文字通り個人（的法益）に対する犯罪である。次に同じ個人（的法益）に対する犯罪でありながら、客体の性質に着目して第3部「財産に対する重罪及び軽罪」が、公的秩序（社会的又は国家的法益）に対する犯罪として、第4部「国民、国家及び公共の平和に対する重罪及び軽罪」が、最後に第5部「その他の重罪又は軽罪」が規定されている。

　第2編「人に対する侵害」は、保護法益の重大なものから、第1章「生命に対する侵害」（殺人／過失致死）、第2章「人の身体的・精神的完全性に対する侵害」（拷問及び野蛮行為／暴行／脅迫／過失傷害／性的攻撃／強姦／セクシュアル・ハラスメント／麻薬取引）、第3章「人を危険にさらす行為」（人体実験／妊娠中絶／自殺教唆）、第4章「自由に対する侵害」（略取監禁／航空機，船舶その他すべての輸送手段の奪取）、第5章「人の尊厳に対する侵害」（差別行為／売春斡旋／人の尊厳に反する労働／死者への敬意に対する侵害）、第6章「人格に対する侵害」（プライバシー侵害／名誉棄損／秘密侵害／個人カード又は情報処理侵害／人の遺伝子情報による識別から生ずる侵害）、第7章「未成年者及び家族に対する侵害」（未成年者・家族遺棄／未成年者を危険にさらす行為）の順番で規定されている。

　このように性的攻撃は、拷問及び野蛮行為、暴行・脅迫、過失傷害と同列に並べて規定されており、その保護法益は生命に次いで重要な「人の身体的・精神的完全性」と捉えられている。それは、第3章以下に続く自殺教唆や「自由に対する侵害」より重い犯罪として捉えられているのである。

構成要件──性的攻撃罪（一般規定）

第2章第3節は「性的攻撃（Des agressions sexuelles）」というタイトルがつけられ、日本の強姦罪と強制わいせつ罪を含む上位概念としての性的攻

第4部　諸外国における性刑法の改革

撃罪について、次のような定義規定と注意規定が存在する。

> 第222-22条（性的攻撃罪）　① 暴行、強制、脅迫または不意打ちをもって実行されるすべての性的侵害行為は、性的攻撃とする。
> 　② 強姦（Le viol）及びその他の性的攻撃等（Les autres agressions sexuelles）は、本章に規定する状況で被害者に対して行われるとき、婚姻を含む加害者と被害者のいかなる関係にもかかわらず、構成される（2006年に追加）。
> 　③ 性的攻撃は、外国で、フランス人またはフランスに定住する者が未成年者に対して行った場合、第113-6条2項及び第113-8条後段の例外として、フランス法が適用される（1998年に追加）。
> 第222-22-1条　第222-22条1項に規定する強制とは、物理的および心理的なものをいう。心理的強制は、未成年被害者と加害者との年齢の差異や加害者が法律上または事実上被害者に及ぼしている権限により形成され得る（2010年に追加）。

　立法当時の1992年には、第222-22条第1項に性的攻撃の定義が存在するのみで、「暴行、強制、脅迫または不意打ち」という手段が一応列挙されていた。しかし、2010年に追加された第222-22-1条により、そのうちの強制が心理的なものを含むとされて明示的に拡張され、さらにその心理的強制は、未成年被害者と加害者との年齢に差異がある場合や、加害者が法律上または事実上被害者に権限を及ぼしている場合は事実上推定されることが明文上規定されたため、密室で行われることの多い性的攻撃罪の立証上の困難性を、被害者に有利な形で緩和する効果をもたらした。

　また、日本の準強制わいせつ・準強姦罪（178条）にあたる規定は個別には存在しないが、フランスでも解釈上認められており、不意打ちまたは欺もうという手段による場合も、犯罪成立が判例・学説上認められている。

　さらに、2006年に追加された第222-22条2項は、いわゆる夫婦間でも強姦や性的攻撃が処罰されることを明文化した。かつてはフランスでも夫婦間強姦はなかなか認められなかったが、1980年代からすでに肯定判例が現れ（グルノーブル大審裁判所1980年6月4日判決、破毀院刑事部1984年7月17日判決、同

182

第10章　フランスにおける性刑法の改革

1990年9月5日判決等）、破毀院刑事部1992年6月11日判決は「夫婦の性交における同意の推定は、逆の証拠が出された場合は無効となる」と明確に宣言し、欧州人権裁判所もこの考え方を支持した（1995年11月22日判決）。このように判例上は1990年代から認められていたものの、「妻は夫の性的欲求に常に従わなければならない」という家父長制度時代の古い価値観である男性支配思想からの決別を象徴する規定が、2006年に明文化されたことの意義は大きい。

　最後に、フランスでは、強姦罪とそれ以外の性的攻撃罪という名称による区別を現在も維持しているが、日本の明治40年刑法典が、家父長制、男系中心の世襲制を前提とした血統の断絶可能性のある行為を強姦として特に重く処罰している態度とは異なり、あくまで性中立的な性的暴行の中で、法益侵害の程度の重い性的挿入罪とより程度の軽い性的攻撃罪とに分類し、前者を「強姦」、後者を「その他の性的攻撃」と呼んでいるに過ぎない点に注意を要する。

強姦（性的挿入）罪

第222-23条（強姦罪＝重罪）　他人の身体に対し、暴行、強制、脅迫又は不意打ちをもって実行するあらゆる性質の挿入行為は強姦とし、15年以下の懲役に処する。

第222-24条（加重強姦罪）　以下の場合の強姦は、20年以下の懲役に処する。
1　被害者に後遺障害を惹起した場合
2　被害者が15歳未満の未成年者の場合
3　年齢、疾病、身体的または精神的障害、妊娠等によって脆弱な状態であることが明白な場合、または加害者が特にその事情を知っている場合
4　尊属または養親その他被害者に対して権限を有する者による実行の場合（2010年に追加）
5　職務上付託された権限を有する者による実行の場合
6　集団による実行の場合
7　武器が使用された場合
8　被害者と加害者が不特定多数にあてたメッセージの利用を介して（1998年追加）、またはインターネットを介して（2011年追加）知り合った上で実行された場合
9　被害者の性的傾向や性自認（同性愛など：筆者注）を原因として実行

された場合（2003 年追加）
10 他の被害者に対する単一または複数の強姦と同時に実行された場合（2005 年追加）
11 配偶者または内縁のパートナーにより実行された場合（2006 年追加）
12 薬物またはアルコールの影響により実行された場合（2007 年追加）

第 222-25 条（強姦致死罪）　30 年以下の懲役
第 222-26 条（拷問強姦罪）　無期懲役

　強姦（性的挿入）罪は、1980 年法により一度は刑が（10 年以上 20 年以下から 5 年以上 10 年以下へ）軽減されたが、新刑法典では再び重罰化し（10 年以上 15 年以下）、10 年以上 20 年以下で処罰される加重事由も、時代の変遷とともに次々と追加されていることが特徴である。

　性的挿入行為とは、性器の結合だけでなく、口や肛門などへの性器挿入や手・異物の挿入などもすべて含まれる。男性による男性に対する性的挿入罪ももちろん成立し、それ以外の性的攻撃罪より重く処罰される。ただし、女性が男性の意思に反して無理やり性交した場合、刑法の厳格解釈の要請により加害者による被害者への挿入行為がないことから性的挿入罪は成立しないとされ、それ以外の性的攻撃罪のみが成立するとした判例（破毀院刑事部 1998 年 10 月 21 日判決）もあり、学説上、逆差別との批判も存在する。

　強姦致死罪は 30 年以下の懲役であり、拷問を伴う強姦罪は、1981 年に死刑を廃止したフランスにおける最高刑である無期懲役で処罰される。

性的攻撃（強制わいせつ）罪

第 222-27 条（性的攻撃罪）　強姦以外の性的攻撃行為は、5 年以下の拘禁刑および（または）7 万 5 千ユーロ以下の罰金に処する。

第 222-28 条（加重性的攻撃罪）　以下の場合の性的攻撃行為は、7 年以下の拘禁刑および（または）10 万ユーロ以下の罰金に処する。
1 被害者に傷害を負わせた場合
2 尊属または養親その他被害者に対して権限を有する者による実行の場合（2010 年に追加）
3 職務上付託された権限を有する者による実行の場合

第10章　フランスにおける性刑法の改革

4　集団による実行の場合
5　武器が使用された場合
6　被害者と加害者が不特定多数にあてたメッセージの利用を介して（1998年追加）、またはインターネットを介して（2011年追加）知り合った上で実行された場合
7　配偶者または内縁のパートナーにより実行された場合（2006年追加）
8　薬物またはアルコールの影響により実行された場合（2007年追加）

第222-29条（少年・弱者に対する性的攻撃罪） 以下の場合の性的攻撃行為は、7年以下の拘禁刑および（または）10万ユーロ以下の罰金に処する。

1　被害者が15歳未満の未成年者の場合
2　年齢、疾病、身体的または精神的障害、妊娠等によって脆弱な状態であることが明白な場合、または加害者が特にその事情を知っている場合

第222-30条（少年・弱者に対する加重性的攻撃罪） 第222-29条に規定する行為が、以下の事情を伴う場合、10年以下の拘禁刑および（または）15万ユーロ以下の罰金に処する。

1　被害者に傷害を負わせた場合
2　尊属または養親その他被害者に対して権限を有する者による実行の場合（2010年に追加）
3　職務上付託された権限を有する者による実行の場合
4　集団による実行の場合
5　武器が使用された場合
6　被害者の性的傾向や性自認（同性愛など：筆者注）を原因として実行された場合（2003年追加）
7　薬物またはアルコールの影響により実行された場合（2007年追加）

第222-31条（未遂） 第222-27条ないし第222-30条に規定する罪の未遂は、同じ刑に処する。

通常の性的攻撃罪は、性的挿入（強姦）罪に比べて軽い刑で処罰されるが、性的挿入（強姦）罪同様、様々な加重事由が追加されてきた。しかも、性的挿入（強姦）罪よりもきめ細かく、まず少年・弱者に対して行われた場合にそれ

だけで刑が7年以下の拘禁刑および（または）10万ユーロ以下の罰金へ引き上げられ、少年・弱者に対しての行為に加重事由が加わった場合は、さらに10年以下の拘禁刑および（または）15万ユーロ以下の罰金へと引き上げられている。

③ 若年者・弱者への類型的保護と近親姦罪の復活

類型的保護の2つの型

日本と異なり、フランス刑法の性犯罪規定は、若年者・弱者への類型的保護が特徴である。そして、その保護には、被害者の属性に対する保護と加害者の属性（あるいは加害者と被害者の関係）による保護という2つの型がある。

被害者の属性に対する保護には、(1)被害者の年齢を理由とする保護と、(2)疾病、身体的または精神的障害、妊娠等によって脆弱な状態にあることを理由とする保護の2種類がある。

(1) 被害者の年齢を理由とする保護として、いわゆる性交同意可能年齢は日本が13歳以上であるのに対し、日本人より男女とも成長が早いと思われるフランスでは、15歳以上となっている。しかし、日本でよく言われる「中学生の恋人同士が同意の上でなす性行為も処罰の対象となるのではないか」との危惧は、フランスでは当てはまらない。まず、行為の主体は成人に限られているため、中学生同士や高校生同士など、同級生間での合意による性行為は処罰されない。また、たとえある程度の年齢差があったとしても、被害者の告訴がない場合に、国家が強制捜査や起訴をする事態はフランスでは考えられない。性犯罪は日本のように他の犯罪と区別して親告罪という形をとってはいないものの、捜査の端緒は被害者の告訴であり、「本人同士が合意の上で行う行為を他人、ましてや国家権力が干渉することなどあり得ない」との社会的コンセンサスがフランスには厳然として存在する。日本のように人権意識が希薄な社会で、国家権力（警察）による個人の人権侵害の危険が危惧される社会とは、前提条件が大きく異なるといえよう。

(2) 疾病、身体的または精神的障害、妊娠等によって脆弱な状態にあることを理由とする保護は、性犯罪のみならず、暴行、傷害、殺人罪などあらゆる主要な犯罪の加重事由となっており、フランス刑法の「弱者保護」に対する徹底

第10章　フランスにおける性刑法の改革

した姿勢が表れている。

> 暴行、強制、脅迫または不意打ちを伴わない未成年者に対する性的攻撃罪

以下の規定は、他の性犯罪規定のある第2章「人の身体的・精神的完全性に対する侵害」ではなく、第7章「未成年者及び家族に対する侵害」（未成年者・家族遺棄／未成年者を危険にさらす行為）の章に規定されている。

第227-25条　暴行、強制、脅迫を用いることなく、又は不意を襲うことなく、成人が15歳未満の未成年者に対して行う性的攻撃は、5年以下の拘禁刑および（または）7万5千ユーロ以下の罰金に処する。

第227-26条　第227-25条に規定する行為が以下の事情を伴う場合、10年以下の拘禁刑および（または）15万ユーロ以下の罰金に処する。

1　尊属または養親その他被害者に対して権限を有する者による実行の場合（2010年に追加）
2　職務上付託された権限を有する者による実行の場合
3　集団による実行の場合
4　被害者と加害者が不特定多数にあてたメッセージの利用を介して（1998年追加）、またはインターネットを介して（2011年追加）知り合った上で実行された場合
5　薬物またはアルコールの影響により実行された場合（2007年追加）

第227-27条　暴行、強制、脅迫を用いることなく、又は不意を襲うことなく、15歳以上であって、婚姻により親権を解かれていない未成年者に対する性的攻撃は、次に掲げる場合、2年以下の拘禁刑および（または）3万ユーロ以下の罰金に処する。

1　尊属または養親その他被害者に対して権限を有する者による実行の場合（2010年に追加）
2　職務上付託された権限を有する者による実行の場合

第227-27-1条　第227-22条ないし第227-27条に規定する行為は、外国で、フランス人またはフランスに定住する者が未成年者に対して行った場合、第113-6条2項及び第113-8条後段の例外として、フランス法が適用され

る（1998年に追加）。

さらに続く第227-27-2条は、2010年に追加されたもので、フランスでかつて宗教上禁止されるべきと長年考えられてきたものの、ナポレオン法典では同性愛処罰と同様、不問に付された「近親姦罪」を刑法典の中に復活させたと話題になったものである。

近親姦罪の復活

第227-27-2条（近親姦罪）　第227-25条ないし第227-27条に規定する行為が、家族内で尊属または養親その他被害者に対して権限を有する者や、兄弟、姉妹によって行われた場合は、近親姦とみなされる（2010年に追加）。

第227-27-3条（親権剥奪）　未成年者に対し近親姦罪が行われた場合、民法第378条及び第379-1条に規定するあらゆる親権は剥奪される（2010年に追加）。

これらの規定はもちろん復古趣味で復活されたものではなく、宗教上の禁止とは無関係に、家庭という外部の目が届きにくい閉ざされた場で、親や保護者という強い立場を利用して弱い立場の子どもに対し性的虐待が頻繁に行われる現実を直視し、実態に即した処罰規定とともに、即時の親権剥奪も規定したものである。

④ 夫婦間暴力に対する厳格な処罰

フランス刑法のもう1つの注目すべき特徴は、世界でも珍しく、夫婦間強姦を通常の強姦より重く処罰している点である（2006年に加重事由として追加）。夫婦間強姦を否定する学説も存在する日本はともかく、欧米先進国のほとんどが夫婦間でも強姦は成立することを明文化する傾向にあるが、フランス以外の国では通常の強姦罪と同等の刑で処罰している。その中で2006年にフランス刑法が夫婦間強姦の刑の加重に踏み切った背景には、長年プライバシーに属する領域として公的保護の外に置かれ、それゆえに被害者の保護が不十分であった家庭（いわゆる親密圏）におけるあらゆる暴力を白日の下にさらし、権力関係（非対称性）による構造的な暴力と捉え直して厳しく処罰することにより、

第10章　フランスにおける性刑法の改革

その中で虐げられてきた女性を中心とする弱者の人権を厚く保護する姿勢がある。

たとえば、配偶者または内縁のパートナーにより実行された場合に刑罰が重くなる加重事由となっているものは性犯罪に限らず、暴行、傷害、野蛮行為、殺人罪などあらゆる主要な犯罪の加重事由となっており、いわゆるドメスティックバイオレンス（配偶者間暴力）を特別法ではなく、刑法上厳しく処罰する結果となっている。そのような姿勢を新刑法典立法当時（1992年）から貫いてきたフランスにとって、家庭内暴力の一部としての夫婦間強姦（性的攻撃）を通常の強姦（性的攻撃）より重く処罰することは、自然な流れだったといえよう。

⑤ 手続き・処分

親告罪　日本と異なり、親告罪か否かが被害者に無益な負担を課すという議論は、フランスでは行われない。なぜなら、すべての犯罪に関して被害者の告訴が検察官の起訴と同等の効力を持ちうる完全私訴制度を採用しており、逆にすべての犯罪について「被害者の告訴」が当然に捜査の端緒となる国だからである。

強姦法から性的暴行法への転換をもたらした前記1980年年12月23日の法律は、刑事訴訟法上も重要な改革をもたらした。すなわち、強姦若しくは性的攻撃の被害者を診断した医師による通報（被害者による同意が前提）は秘密漏示罪の例外（現行刑法第226-14条2項）とされた上、性的暴行に対する闘争を規約上の目的として5年以上活動する団体が被害者の同意を得て「私訴原告人」となることができるようになったのである（現行刑事訴訟法第2-2条）。これ以後、被害者に代わる団体の告訴が性的攻撃罪の告訴を飛躍的に増大させたと言われている。

公訴時効　成人に対する強姦罪の公訴時効は20年（2004年に延長）、未成年時に行われた強姦については成年に達してから20年であり、十分に長いものとなっている（フランス刑事訴訟法第7条）。

第4部　諸外国における性刑法の改革

|被害者に対する保護方策| いわゆるレイプ・シールド法はフランスにはないが、そもそも被害者の過去の性的遍歴や現在の性に対する態度が個別の性的攻撃罪の証明には無関係というコンセンサスが法曹三者に浸透しているので、特にレイプ・シールド法のような法律は不要なのではないかと思われる。さらに、2010年に追加された第222-22-1条は、「第222-22条1項（性的攻撃罪）に規定する心理的強制が未成年被害者と加害者との年齢の差異や加害者が法律上または事実上被害者に及ぼしている権限により形成され得る」としており、このような一定の客観的な事実が存在すれば、性的攻撃罪の要件である心理的強制が事実上推定されると学説上も解釈されている。すなわち、加害者と被害者に年齢の差異が大きく、あるいは加害者が法律上または事実上被害者に権限を及ぼしている場合には、心理的強制がなかったことを加害者側が事実上証明しなければならない。このことは、レイプ・シールド法以上に被害者に有利で保護の効果が大きいと思われ、その意味で画期的な立法と言えよう。

また、1980年法の成果として、(1) 性犯罪の公判は裁判公開の原則の例外とされ、非公開とするかどうかの決定は裁判官ではなく当然被害者にあるとされた（フランス刑事訴訟法第306条3項以下）。さらに、(2) 性犯罪の被害者特定に関する報道禁止も明文化された（報道の自由法（1881年）39条）。

⑥ 適用状況

2005年から2010年にかけてのフランスにおける性的攻撃罪（性的挿入罪およびそれ以外の性的攻撃罪）の有罪件数は、表1の通りである。

日本における強姦罪等の有罪件数は、2010年に1,975件である。フランスの人口が日本の約半数であり、性的挿入罪とその他の性的攻撃罪を合わせた広義の性的攻撃罪の有罪件数が2010年に6,892件であることと比較すると、その差は約7倍である。しかし、フランスの方が日本より性犯罪が7倍多く発生しているのではなく、フランスの性犯罪規定が日本に比べて網羅的な上、性犯罪に対する社会の目も厳しく被害者への支援も手厚いために、有罪とされる場合が多いと見るべきであろう。逆にいえば、フランスの性犯罪被害者は、日本の性犯罪被害者より7倍手厚く保護されているとも言えるかもしれない。

第10章　フランスにおける性刑法の改革

〔表１〕　性的攻撃罪（性的挿入罪およびそれ以外の性的攻撃罪）の有罪件数（2012年版フランス司法統計）

＊2010年は集計が未確定なため、数が少なくなっている。

	2005	2006	2007	2008	2009	2010*
性的挿入（強姦）罪（重罪）	1,802	1,710	1,668	1,496	1,419	1,356
集団強姦	161	89	148	138	117	109
加重強姦	675	647	559	517	467	467
15歳未満の未成年者に対する強姦	557	535	547	456	448	395
尊属または権限を有する者による強姦	98	116	87	78	86	109
単純強姦	311	323	327	307	301	276
性的攻撃罪（軽罪）						
性的攻撃罪	1,677	1,624	1,713	1,709	1,662	1,488
上記性的攻撃罪の中のセクシュアルハラスメント罪	51	62	56	53	54	46
加重性的攻撃罪	650	602	617	643	716	725
15歳未満の未成年者に対する単純性的攻撃罪	254	278	284	289	294	313
15歳未満の未成年者に対する加重性的攻撃罪	3,836	3,570	3,248	3,156	3,097	2,832
尊属または権限を有する者による15歳未満の未成年者に対する性的攻撃罪	299	235	235	240	236	178

⑦　日本法との比較・示唆

日本の性犯罪類型との比較

最後に、日本の性犯罪類型との比較と日本法への示唆について述べる。

まず第１に、フランスにおいてはナポレオン法典の時代よ

第4部　諸外国における性刑法の改革

り既に、被害者に対して特殊な地位にある者による強姦を特別視していた点と、学説や判例によってすでに、強姦の本質が「女性の意思に反するまたは同意に基づかない肉体的結合」または「被害者をその意思に反して濫用する行為」とされていた点を指摘できる。

　1992年刑法典の性的攻撃罪においても暴行・脅迫等の手段は非常に緩やかに解釈されているが、性的攻撃の本質を「被害者の性的自己決定権の侵害」であると捉える解釈の当然の帰結と言える。この点、日本の強姦罪（177条）は単に「暴行又は脅迫を用いて」としか規定されていないにも拘わらず、学説・判例上「反抗を著しく困難にする程度」の暴行・脅迫が要求される背景には、あくまで異常な少数の男性による例外的な強姦と不可罰となる合意にもとづく性交とを区別する必要性が男性の視点から強調され、合意に基づく通常の性交でも「ある程度の暴行は許容される」から「犯罪となる暴行は相当程度強いものに限定されるべきだ」という男性支配主義思想があることを認め、判例・学説上早急な改善がなされるべきである。19世紀から女性の自己決定権侵害を性犯罪の中核に据えていたフランスと21世紀になってもなお女性に対する男性支配主義思想から抜け出せない日本との彼我の差は益々開くばかりである。

　第2に、ナポレオン法典の時代より既に、規定上は犯罪の客体に男女の区別がなく、1980年法にいたって明確に性中立的な規定として明文化された点も指摘できる。この点、未だに「女子に対する姦淫」のみを重く処罰している日本の強姦罪は、家父長制時代の男系血統主義を維持するための「貞操」、すなわち将来男性に嫁ぐ無垢の女子の「処女性」または夫に従属する「貞淑な妻」の保護を目的とする「強姦法」の体裁を維持しており、フランスと比較して200年以上遅れていることを法曹界は認識すべきである。

　第3に、処罰される行為も、日本に比べて非常に広い。性器の結合だけでなく、口や肛門などへの性器挿入や手・異物の挿入などもすべて、「強姦（性的挿入）罪」として統一的に処罰している点がフランス刑法の特徴である。男性による男性に対する強姦（性的挿入）罪ももちろん成立する。この点、強姦罪（177条）の客体を女子に限定し、男性被害者は刑の軽い強制わいせつ罪（176条）でしか保護されない日本は、男性や性的マイノリティの人々の保護に欠けるといえる。

第10章　フランスにおける性刑法の改革

　第4に、暴行・脅迫・強制等がなくても処罰されるいわゆる性交同意不可能年齢は、日本が13歳未満であるのに対し、日本人より男女とも成長が早いと思われるフランスでは15歳未満となっている。ただし、15歳未満の未成年者や弱者に対する暴行・脅迫・強制等を伴わない強姦または性的攻撃の主体は成人に限られているほか、被害者の告訴がなければ事実上処罰される可能性はない。逆に、尊属または養親その他被害者に対して権限を有する者による実行、職務上付託された権限を有する者による実行、集団による実行など、一定の「加重事由」があれば刑が加重される。暴行・脅迫・強制等を伴う通常の性的攻撃罪でも多くの加重事由が定められているほか、15歳以上18歳未満の未成年者に対し、尊属または養親その他被害者に対して権限を有する者や職務上付託された権限を有する者が行う暴行・脅迫・強制等を伴わない性的攻撃罪も加重されるなど、被害者の年齢や置かれた状況などに応じて細かく類型的処罰を規定している点が特徴である。この点、未成年者に親告罪の負担をかけるだけで弱者に対する特別の保護を考えていない日本とはかなり異なっている。パターナリズムの危険性も指摘されうるが、日本人に比べて一般的に成長の早いフランスの未成年者に対し、自立や自己決定権を重んじるフランス社会が性犯罪については手厚く保護している事実から、性犯罪に対する危機意識・リスク管理の相違を見てとることもできよう。

　そのことと関連して、第5に、被害者の脆弱性、裏を返せば加害者の悪質性が顕著な場合を加重事由として類型化することにより、日本における暴行・脅迫要件に当たるものを緩和し、加重事情が伴う状況における性的攻撃罪の事実上の推定機能を持たせている点は、注目に値する。密室で行われる性犯罪の客観的証拠の少なさからくる被害者の不利益を考慮すれば、このようなフランス刑法の方向性は大いに見習うべきであると思われる。言い換えれば、単に被害者の過去の性遍歴等を証拠排除するレイプ・シールド法以上にラディカルな性犯罪被害者保護規定を実体法上明文化しているフランス刑法は、被害者保護という点で、世界で最も先進的な内容を持つといえよう。

　第6に、夫婦間強姦が1990年代からすでに破毀院判例上肯定されていた上、2006年以来明示的に処罰の対象とされ、さらに他国に先駆けて加重事由にさえなっている点も注目に値する。この点、未だに「婚姻期間中の性交に関する

第4部　諸外国における性刑法の改革

包括的同意が妻にあるから強姦罪は成立しない」とする刑法学説が存在し、判例上も明確に夫婦間レイプを認めたとは言い難い日本との差は、開くばかりである。

　第7に、フランスの性的攻撃罪の法定刑は十分に重く、性的攻撃に対する社会の厳しい態度を反映している。しかも、様々な類型毎に法定刑も細かく規定され、より実態に即した処罰を可能としている。この点、強姦罪に関しては3年以上20年以下と法定刑の幅が広く裁判官の自由裁量に処罰を任せている日本の刑法典は、実態に即したきめ細かな被害者の保護という点で不十分であるように思われる。

　第8に、単に厳罰というだけでなく、性犯罪の被害者保護や再犯防止のために様々な対策が立てられている点もフランスの特徴であろう。被害者保護団体はフランス全土で活発に活動し、既に1980年12月23日の法律により、性的暴行に対する闘争を規約上の目的として5年以上活動する団体が被害者の同意を得て「私訴原告人」となることができるとされ、被害者に代わる団体の告訴が性的攻撃罪の告訴を飛躍的に増大させたと言われている。30年以上後の現在でもなお日本では認められていないこの制度を、日本も導入すべきであるように思われる。また、性犯罪者の再犯防止プログラムも活発に行われているほか、拘禁に代わる電子監視システム導入や出所後の司法監視などにより、性犯罪を防止する様々な対策も行われている。このシステムに対する懐疑的な意見も存在し、目に見える効果もまだ出ていない状況のようだが、今後注視すべき動向と言えよう。

性犯罪の保護法益
　最後に、性犯罪処罰を考える上でも根本となる性犯罪の保護法益について、フランス刑法典上の規定の位置から「心身に対する暴力・侵害」と捉えられている点は、大いに参考となるように思われる。すなわち、日本のように、保護法益を「貞操」・風俗に対する罪と捉えていた家父長制時代の規定形式をそのまま温存しつつ、表面上のみ保護法益を「性的自由」と言い変えてみたところで、根本思想は何も変わらないのである。しかも、生命や身体に比べれば重要性の劣る「自由」に対する罪としたことで、住居侵入罪、監禁罪と同等のレベルの法益侵害として軽くみられ、

第10章　フランスにおける性刑法の改革

財産犯などと同様に、法益主体が同意する場合は法益侵害自体が認められず、構成要件該当性自体が否定されると考えられてきた。

しかしながら、フランスのように被害者の性的自由のみならず身体の安全や人格（人の尊厳）そのものを脅かす性的「攻撃」罪と捉えることにより、傷害罪等と同程度に重大な法益侵害のある行為と認識することが可能となり、そもそも暴行又は脅迫を用いた行為が外形的に行われれば構成要件に該当し、被害者の同意がある場合にのみ例外的に違法性が阻却されると理解されるべきこととなる。したがって、被害者の同意の存在は他の違法性阻却事由と同様に被告人側が主として主張すべき違法性阻却事由となる（刑事事件において検察官が全面的に挙証責任を負い、被告人に挙証責任を転換するものではないことは当然であるが）。フランス刑法のような保護法益の理解こそが、より被害者の保護を重視した解釈につながるとともに、性犯罪の深刻性、重大性を正しく理解することであると確信する。

【参考文献】

上村貞美「人権としての性的自由と強姦罪——欧米における強姦罪の改正をめぐって」香川法学7巻3-4号（1988年）

フランシス・ル・グネーク／島岡まな（訳）「フランスにおける「性犯罪の予防及び処罰並びに少年の保護に関する1998年6月17日の法律」について」亜細亜法学第34巻第2号（2000年）

上野芳久「フランスの少年に対する性犯罪」国学院大学紀要第39巻（2001年）

影山任佐「フランスの性犯罪——最近の動向とその対策」犯罪学雑誌第72巻第1号（2006年）

法務総合研究所研究部報告38「諸外国における性犯罪の実情と対策に関する研究——フランス、ドイツ、英国、米国」（2008年）

島岡まな「ジェンダーとフランス刑事法」慶応の法律学（刑事法）（慶応義塾創立一五〇年記念法学部論文集）（2008年）

島岡まな「刑法175条及び児童ポルノ禁止法と表現の自由——フランス刑法から学ぶこと——」法学研究（慶應義塾大学）84巻9号（2011年）

第 4 部　諸外国における性刑法の改革

第 11 章　ドイツにおける性刑法の改革

髙山佳奈子

① 日本に影響を与えたドイツ刑法

　日本は明治維新後に、近代的な法制度を構築するため、欧米諸国を参考にすることにした。当時フランスは、いわゆるナポレオン諸法典の形で、現在の「六法」つまり憲法、民法、刑法、民事訴訟法、刑事訴訟法、商法を完備していたことから、日本にとっても模範となった。刑法の領域では、フランス法の制度にならって、1880 年に刑法（旧刑法と呼ばれる）と治罪法（刑事訴訟法を内容とする）が制定された。ドイツは日本の開国よりも遅れて統一されたが、その後、日本では、フランスとの政治体制の違いや、刑法理論の発展などを背景として、ドイツの法制度への関心が高まった。1907 年制定の日本の現行刑法は、主にドイツの制度を参考にしたものとなっている。第二次世界大戦後、日本国憲法の制定に伴い、刑事訴訟法は新憲法の原則に合わせて刷新されたが、刑法は不敬罪や姦通罪を取り除いただけで、ほぼそのまま残された。そこで、現在でも、日本の刑法はドイツ法の影響の下にあり、実務や学説でも、ドイツが参考にされることが多い。ところが、性犯罪の領域では、ドイツ法が他国と同様に大きな転換を果たしているのにもかかわらず、日本はこれに十分な注意を向けて来なかった。そして、ドイツ法を模範とした韓国など他の多くの国々の制度からも取り残された状態になってしまった。

　19 世紀後半に統一される前のドイツは、ラントと呼ばれる小国に分かれていた。そのうち、統一後のドイツ法に最も強く影響したのはプロイセンである。強姦罪などの性犯罪は、統一の前後を通じて、「風俗犯」として扱われていた。つまり、被害者を傷つける罪というよりも、社会の秩序を乱す罪として理解されていたのである。しかし例外的に、1813 年のバイエルンの刑法典は、性犯罪を個人の性的自由に対する罪として位置づけていた。当時としては進歩

第 11 章　ドイツにおける性刑法の改革

的なことである。この法典を起草したのは、自由主義的な刑法学者として名高い、パウル・ヨハン・アンゼルム・フォン・フォイエルバッハ（哲学者ルートヴィヒ・アンドレアス・フォイエルバッハの父）である。

　ドイツの刑法で、性犯罪が個人の性的自由に対する罪として規定されたのは、ようやく 1973 年になってからであった。

② 強姦罪の沿革と法定刑

性犯罪に対する古い理解　統一後のドイツ（当時は皇帝の下の帝国であり、ライヒと呼ばれる）で 1871 年に制定されたライヒ刑法典では、176 条で女性に対する強制わいせつ罪、177 条で強姦罪、178 条で強姦致死罪を処罰していた（ちなみに、日本の現行刑法でも、176 条が強制わいせつ罪、177 条が強姦罪である）。強姦罪の定義では、「婚姻外」の性交が要件とされていた。つまり、当初の刑法は、妻に対する行為を明文で除外していたのである。強姦罪の法定刑は 1 年以上 15 年以下の懲役（14 条）で、情状の軽い場合は 1 年以上 5 年以下の禁錮（16 条）とされた。強制わいせつ致死・強姦致死罪の刑は 10 年以上の懲役または終身刑である。これらの刑の重さは、その後もほとんど変更されなかった。ドイツでは、1969 年の刑法改正で、懲役と禁錮の区別が廃止されて「自由刑」に統一されたのだが、1 年以上 15 年以下という強姦罪の刑の長さは変わらなかった。致死罪の刑も基本的に変わっていない。

自由侵害としての性犯罪へ　犯罪の定義に大きな変更が加えられたのは、1997 年の刑法各則の大改正においてである。ここで、強姦罪と強制わいせつ罪とが一本化され、現行の刑法 177 条の原型ができた。両罪を統一的に扱うことは、女性の被害者と男性の被害者とを同等に扱うことを意味する。強姦罪は、広い意味での強制わいせつ罪に含まれることになり、強制わいせつ罪の中で原則として重い刑の枠で処罰される類型とされた（刑の下限が 1 年でなく 2 年）。そして、女性の姦淫の場合だけでなく、男性の体内への侵襲の場合も含めることになった。

　日本語では、姦淫というと男性器を女性器に挿入することを意味する場合が

第4部　諸外国における性刑法の改革

多いが、ドイツ語で「強姦」の意味で用いられる Vergewaltigung という単語は、もともと婉曲表現に由来するもので、語源からすると「姦淫」を含んでおらず、「暴力（Gewalt）をもって行う」という意味である。古い辞書などの説明は、暴力を手段とする行為を広く含むようになっている。そこで、被害者を男性に広げることは、言葉の意味からは無理がなかった。また、この1997年の改正では、肛門や口腔への男性器による侵襲だけでなく、物体によるものも含めるのが立法趣旨だとされた。

　同じ1997年改正のもう1つのポイントは、性行為時点で被害者が物理的に抵抗していることが明らかに不要となったことである（177条1項3号）。もともと、姦淫の手段としての暴行は、日本のように高度のものである必要はないとされていた。判例によれば、物理的強制と感じられるものであれば足りるとされる。たとえば、被害者の頭に布を掛けて引き寄せたり、鼻とあごをつかんで口を開けさせたりして口淫させる行為はこれにあたる（連邦通常裁判所）。改正法ではこれに加え、被害者が加害者のなすがままの状態になっている場合や、抵抗できない状態にある場合を利用して行う類型が、明示的に犯罪の定義の中に含められた。判例によれば、これは、被害者の立場で抵抗も逃走も他人の助けも望めない状況をいう（連邦通常裁判所）。加害者が身体的に優勢であるため抵抗をあきらめざるをえない場合や、以前加害者に重傷を負わされた経験からの恐怖で抵抗できない場合はその一例だとされる。身体または精神障がいのために逃走や抵抗が困難な者を保護することも立法趣旨の1つだとされ、たとえばまひのために通常の運動能力のない人に対する加害が含まれる（なお、障がいの程度が重く、そもそも抵抗意思を形成することすらできない人は後述の準強姦罪で保護される）。さらに、条文の定義で、犯人以外の「他人」であれば被害者たりうることになった。つまり、男性が含まれるようになっただけでなく、配偶者も含まれることが明示された。たとえば、同居中だが性交渉を拒否していた妻を、果物ナイフで脅迫して姦淫した夫が、実刑の有罪判決を受けている（連邦通常裁判所）。このような変化は、韓国の章で紹介される最近の判例にも大いに影響していると見ることができる。

　その後の法改正で、性犯罪の規定は詳しくなり、凶器を持って行う場合、行為者が複数の場合の加重類型や、致傷罪などができたほか、刑を軽くする減軽

第11章　ドイツにおける性刑法の改革

類型なども創設されて、刑法の条文は複雑になっている。致死罪（178条、児童虐待につき176b条）の刑は10年以上の自由刑または終身刑のままであるが、現在の運用では、「終身刑」はすべて仮釈放されることになっている。日本で無期懲役の受刑者がほとんど仮釈放されないのとはかなり違いがある。

なお、侵襲を伴わない身体接触は、性犯罪以外としても処罰されうる。背後から襲うなど、被害者の不知を利用して身体接触を行う場合には暴行罪が成立する。日本では暴行罪の刑の上限は懲役2年にしかならないが、ドイツでは5年と重い。また、被害者が身体的・精神的な事情によりおよそ抵抗意思を形成できない場合は、次の項で扱う準強姦罪で処罰される。

③ 準強姦等の罪

弱者の性的濫用

暴行や脅迫を手段としなくても、個人の性的自由が侵害される場合は多々ある。これらについて、ドイツ法も他のいくつかの外国法と同じく、古くから処罰類型を持っていた。ただ、ここには注意すべき点がある。現代的に個人の自己決定を重視するならば、暴行や脅迫がなくても、自由な自己決定のための条件が欠けているときには、個人を保護する必要性がある。この観点からすると、こういった処罰類型は進歩的に見える。しかし、古い処罰規定は必ずしも進歩的な考えを根拠にしていたわけではない。類型的に強い立場の者が弱い立場の者を性的に利用することは、強い者の社会的地位に対する信頼を損ね、秩序を乱す行為だと考えられたから処罰されたのである。そこでは弱者の性的自由というよりも、社会秩序が重視されていたと思われる。具体例を見よう。

1871年のライヒ刑法典は、174条で、学校の生徒や病院の患者などのような「保護を命じられた者」に対する性的濫用の罪を処罰していた。他国にも類似の制度が見られるが、ドイツにおいては、統一よりはるかに前の1794年の「プロイセン一般ラント法」が各種施設に収容された者に対する性的濫用を処罰していたところにこの犯罪類型の淵源があると言われる（ちなみにこのプロイセン一般ラント法は、やたらと条文数が多いことで有名であるが、中には「召使いのくせに奥様やお嬢様に手を出す罪」なども規定されていて興味深い）。この罪は、類型的に虐待と考えられる場合をカバーしている。もとは自由・自己決定の保

護という発想ではなく、秩序・職業的信頼に対する罪として規定されたものであろう。

　1973年の刑法改正で、看守や医師によるわいせつ行為など、一定の権力関係・指導関係が存在する場合を処罰していた174条が、細分化され、174条のほかに174a条、174b条、174c条ができた。これにより、年少者に対しては一定の権力関係の存在のみで性的濫用の罪が成立することとされ、それ以外は「地位の濫用」の要件を満たした場合に、性的濫用の罪にあたるとされた。

障がい者等の保護

　同じく1871年の刑法典では、「夫になりすましての姦淫罪」というものが規定されており（179条）、これが1969年に削除されるまで存在していた。この罪は被害者が告訴しなければ処罰されない「親告罪」という扱いであった。これ以外の場合には、だますことによる姦淫は明示的に処罰の対象になっていなかったことになる。それ以外の、暴行や脅迫によらない姦淫は、被害者の意識や意思を失わせることを手段とする「昏睡」強姦が、1973年改正まで強姦罪の一類型に含まれていた（177条）。

　結局、もともと抵抗できない状態にある女性の姦淫は、それ自体としては犯罪の定義に含まれていなかったことになる。これは歴史的には興味深いことである。つまり、174条の生徒や患者のような弱者に該当しない一般の女性は、夫による強姦罪の対象としては保護されないし、夫以外の男性からも積極的な暴行、脅迫や昏睡手段による攻撃を受けた場合でなければ性犯罪の被害者たりえなかったのである。もともと無抵抗状態の女性が被害者として想定されていなかったということは、「女子供は常に保護された状態にあるもの」との発想に基づくものだろうか。ハシゴ酒の末、気がつけばホームのベンチでゴロ寝をしている筆者のような女性は存在しなかったものと思われる。

　179条は1969年以降空文になっていたが、1973年に新たな準強制わいせつ・準強姦罪の規定として生まれ変わった。新しい179条の罪は親告罪でもなくなった。ここでは、一時的に意識を失っている人のほか、精神・身体障がい者の保護が念頭に置かれており、そもそも抵抗意思を形成することが難しい者に対する性的行為が処罰されることになった。174条～174c条の類型のほう

第 11 章　ドイツにおける性刑法の改革

と比べると、179 条は、社会的立場ではなく、被害者の精神的・身体的状態に着目した規定になっているといえる。この 179 条の準強姦罪は、1997 年の刑法改正で刑が大幅に引き上げられ、現在では一般の強姦罪と同じ刑になっている。意識のない人や一定の障がいのある人に対しては、暴行や脅迫を用いなくても性的攻撃が可能であるから、それらの手段が用いられなくても、一般の人に対して用いられた場合と同じように保護を及ぼす必要があると考えられるためである。日本の現行法にも同様の発想があるだろう。

なお、刑法典の「人身の自由に対する罪」の章の中に、2005 年に強制売春罪（232 条・233 a 条、人身売買罪とも呼ばれる）、2011 年に強制婚姻罪が設けられた（237 条）。

類型的保護のメリットとデメリット

こうして、179 条は日本の準強制わいせつ・準強姦罪等と似ていることがわかったが、それよりも軽い類型である 174 条などの罪はどのような意義をもつのだろうか。日本でもかつて、この類型を「被保護者姦淫罪」として処罰しようとする改正案があったが、立法は実現していない。現行刑法 195 条の特別公務員暴行陵虐罪が、刑事手続の対象になっている者を官憲が性的に濫用する行為などを処罰するだけである。一定の社会的関係を条件として処罰を及ぼすことには二面性がある。1 つは、暴行や脅迫を用いなくても被害が発生する場合を適確に処罰できるというメリットである。だが、もう 1 つとして、年少者や病院の患者などの立場にある人でも、自由に性的な接触を求めたい場合があるだろう。これを誤って処罰してしまわないためにはどうすればよいか。ドイツ刑法は、未成年者保護以外の場合については「濫用」を犯罪成立要件としているので、まじめに交際している間柄で性的な接触があったような場合は犯罪にあたらないことになろう。また、刑法 184 g 条 1 号は、「法益保護の観点からして重要性の認められない事案」を犯罪の定義から除外しているので、未成年者の場合であっても、好きな人との性的接触を求める自由がある程度認められる。もっとも、これらの規定は一般的すぎて、具体的な解釈や適用が相当微妙な場合もあるだろう。日本でも、18 歳未満の者との性的接触は、都道府県条例やいろいろな法律で規制されているが、通常の交際と性的濫用との区

第4部　諸外国における性刑法の改革

別が極めて難しいことは、最高裁判所の裁判官の間で意見が割れた事例のあったことからしてもよくわかる（福岡県青少年保護育成条例事件）。

④ 反自然的性行為

日本にない犯罪類型

ドイツ刑法には、他のいくつかの国々の刑法におけるのと同様に、日本にない性犯罪の類型を処罰してきた歴史もある。1つは、同性間や動物との間の性行為の処罰で、宗教的な考え方とつながりのあるものである。もう1つは、兄弟姉妹などとの間の近親姦の類型である。さらに、年少者に対する性的濫用の類型がある。日本でも、13歳未満の者に対する性的行為は、合意があっても強制わいせつ罪や強姦罪になると定義されている（これを法定強制わいせつ・法定強姦という）が、13歳以上の者に対する行為は一般的な規制を持たず、青少年保護の都道府県条例や、児童福祉法、児童買春・児童ポルノ処罰法といった特別の法令にあてはまらない限り、処罰されない。日本では、1873年から1881年まであった男性同性愛行為の処罰規定を除いて、刑法に同性や動物との性行為の罪が設けられたことはないし、近親姦の罪もない。

近親姦・同性および動物との行為

ドイツでは、まず、近親姦の罪が、1871年のライヒ刑法典（173条）から現在に至るまで存在し続けている。児童虐待を含まない場合にもこれを犯罪として処罰する必要があるのか、争いになった。具体的には、兄と妹が別々に育ち、出会って性行為をして数名の子までもうけたという事件の処罰が問題になったのであるが、ドイツ連邦憲法裁判所は2008年に、成人間の近親姦行為を処罰することも憲法に違反しないと判断している。

男性同士の性行為や動物との性行為も1871年刑法典の時代から処罰されてきた。175条は、男性が、男性や動物と性行為をすることを反自然的な性行為の罪として処罰していた。ナチス時代の1935年の改正で、一種の男女平等が導入され、175a条に男性を被害者とする強制わいせつ罪が導入されるとともに、175b条で女性と動物との間の性行為も処罰することになった。1969年の改正でもともとあった176条の強制わいせつ罪の中に男性に対するものも含め

第11章　ドイツにおける性刑法の改革

られたため、175a条は廃止された。同時に、獣姦の処罰は廃止された。ただし、現行法でも、動物との間の性行為の描写が、わいせつ物頒布等の罪では規制対象になっている。獣姦そのものは犯罪でないが、その画像などを提供する行為は犯罪とされていることになる。これに対し、男性同性愛行為の処罰規定が廃止されたのは、ようやく1994年の刑法改正によってであった。

　日本では都道府県条例で規制されている、青少年の性的濫用にあたる行為は、ドイツでは刑法の中で処罰されている。そもそも、青少年保護が都道府県ごとに違っているという日本のあり方は、比較法的に見ると珍しいだろう。ドイツは連邦国家だが、刑法はアメリカと違って全国で統一されているので、刑法による青少年保護も全国で統一的である。

　3で弱者保護の規定として紹介したドイツ刑法174条は、1943年の改正で性的濫用の被害者を21歳未満の者に拡大した。1969年改正では新たにその未遂犯の処罰規定が導入された。それと同時に、同性愛を処罰する条文であった175条も、男性に対する性行為の若年被害者の範囲を18歳未満から21歳未満へと広げた。1973年の改正では174条と175条の被害者の年齢が再び18歳未満に戻された。この1973年改正時に、それまで176条にあった強制わいせつ罪が178条に一時的に移動し、代わりに176条には子供に対する性的濫用罪が設けられた。だが、2で触れたように、強制わいせつ罪は1997年の改正で177条に統合されたため、178条は再び致死罪の条文に戻っている。

⑤ 児童保護

　日本では、年少者の性的自由の保護に関して重要な年齢区分が13歳未満と18歳未満の場合である。前者は、合意があっても強制わいせつ罪や強姦罪が成立するとされる年齢であり、後者は、児童福祉法や児童買春・児童ポルノ処罰法、出会い系サイト規制法、都道府県の青少年保護条例などの各種の法令の適用対象となる年齢である。

　ドイツでは、年少であることが、刑法の中のさまざまな条文で、保護対象の範囲や、刑を加重する類型の対象を決める基準とされている。合意があっても強姦罪が成立するとされる年齢は14歳未満である。他に、16歳未満、18歳未満（未成年者）を区別基準としている犯罪類型もある。青少年保護は、ヨー

ロッパ連合（EU）の統一した取組みの対象にもなっており、EU の各加盟国の担当閣僚らによって定められた「枠組決定」を受けて、国内法が改正されたこともある（2004年の刑法176条2項、182条以下の改正）。イギリスやフランスなどの他の加盟国でも似た事情が見られるだろう。

なお、未成年者は近親姦罪では処罰されないことになっている（刑法173条3項）。また、日本の出会い系サイト規制法や都道府県条例のいわゆる淫行処罰規定に類似する、未成年者性的濫用罪（182条）では、行為者の年齢によっても犯罪の成立する範囲が異なっており、たとえば、加害者も未成年である場合には、対償を提供して性的行為に応じさせただけでは処罰されない。児童福祉法や児童買春・児童ポルノ処罰法に相当する条文もある（180条など）。

⑥ 処分・手続

特別な刑罰

通常の性犯罪の法定刑の概要は、2で述べたとおりである。他に、日本とは異なる仕組みとして、ドイツでは、犯罪が行われたことを理由として科される制裁の中に、刑罰と保安処分との2種類が存在することがある。このうち、性犯罪の刑罰として特徴的なものをさらに2点挙げると、まず1つには、14歳未満に対する性的加害行為の罪（176a条）を繰り返して行った場合に刑が重くなる「累犯加重」がある。日本では、犯罪を繰り返した者に対し、初犯の者に対するよりも重い刑を科す一般的な制度がある（日本刑法56条以下）。しかし、ドイツでは、犯罪性の高い者に対する制度として後述の保安処分があることから、以前は一般的な累犯加重規定が存在したものの、現在ではこれが廃止され、保安処分による対応に移行している。ところが、この児童に対する性的虐待の罪に関してだけは、繰り返した場合に刑を加重する制度が復活しているのである。

刑罰として特徴的なもののもう1つとして、社会治療施設への収容という刑が設けられている。後述の保安処分との区別が紛らわしいので注意が必要である。これは性犯罪者の社会復帰のために特別のプログラムを立てて行われる刑の執行である。多くの人員を配置し、治療的な雰囲気で行われるという。通常の自由刑では、受刑者は刑務作業を行っているが、社会治療施設の行刑では、性犯罪をターゲットとした療法が中心である。職業訓練も可能である。この制

第 11 章　ドイツにおける性刑法の改革

度は、もとは本人の希望により実施されていたが、1998年の性犯罪者等対策法により、本人が希望しなくても強制的に実施することができるようになった。この法改正の背景には、幼児を被害者とする残酷な性的虐待・殺人の事件があったとされる。

保安処分　保安処分とは、犯罪行為を行った者の危険性に着目して科される刑事処分である。通常の刑罰は、犯人に対する非難という意味があるので、責任能力のある者にしか科すことができないが、保安処分は将来の危険の防止を目的としているため、責任能力の有無にかかわらず科されうる。ドイツ刑法は、すべての犯罪類型について適用される「総則」の中で、保安処分の一種としての「保安監置」制度を定める（66条）。これは、犯罪性の高い者に対し、その危険性に着目した身柄拘束を科す処分である。これと別に、特に性犯罪の場合を対象として、「行状監督」という制度も刑法「各則」の中に設けられている（181b条・233b条）。こちらは、日本でいう保護観察つき執行猶予に似ているが、刑罰ではなく、やはり再犯の危険性を要件として科される処分だということになっている。

このように、性犯罪の通常の刑の重さなどは、日本とある程度共通する面もあるが、ドイツには日本にない刑事制裁制度も若干ある。

親告罪　これ以外にも、処罰の手続の点で違っている条件として、親告罪の扱いがある。

ドイツのライヒ刑法典は、1871年の制定当初、強姦罪を親告罪としており、被害者からの告訴を刑事裁判の条件としていた。被害者は、いったん告訴を行えば、公訴が提起された後にこの告訴を撤回することはできないとされた（177条3項）。実は、他の犯罪類型については、告訴が刑事手続の終結時まで撤回できるのが原則であった（64条）のだが、本罪はその例外とされていたわけである。この1871年当時の告訴期間は3か月（61条）で、被害者が18歳未満のときは法定代理人（保護者）に告訴権があるものとされた。日本の現行法では、やはり強姦罪は親告罪とされ、公訴時効にかからない限り、被害者はいつでも告訴を行うことができるとされている（他の犯罪類型では告訴を行うことのできるのは6か月である）。

第4部　諸外国における性刑法の改革

　ところが、ドイツでは、1876年の刑法改正で、早くも親告罪規定（177条3項）が削除され、強姦罪は告訴がなくても訴追できる犯罪になった。なお、64条も改正され、例外規定が設けられていない限り、いったん行われた告訴は原則として撤回できないことになった。つまりドイツではこの段階ですでに、性犯罪を被害者の意思にかかわらず処罰することが重要だと考えられたといえよう。

　1975年の法改正で、再び、いったんなされた告訴は刑事手続の終結時まで撤回できる制度が復活した（77d条。撤回が行われた後にもう一度告訴することはできない）。しかし、性犯罪は現行法の下でも、原則として非親告罪とされている。例外として、少年の性的濫用罪（182条）だけが「混合的親告罪」である。これは、被害者の告訴もないし、訴追する公的な利益も大きくない、という2つの条件を満たす場合に、刑事裁判を行わないという制度である（日本にはない）。なお、告訴可能期間は原則3か月である（77b条）。少年の性的濫用の罪は、法定刑の上限が15年の自由刑なので、公訴時効は20年である。被害者が未成年である間は、この公訴時効の期間は起算されないことになっている。

手続法上の措置

　日本でも最近の刑事訴訟法改正で、性犯罪の被害者が裁判でさらなる人権侵害を受けることとなるのを防ぐため、匿名にしたり姿を見えなくしたりする措置が導入された。諸外国では、より広い被害者保護措置をもっと前から導入しているところが多い。

　ドイツでも、2011年までの多数の法改正により、性犯罪の被害者や証人の保護が強化されてきた。日本でも最近注目されるようになった、被害者による刑事訴訟への参加や、損害賠償などを中心とする修復的司法に向けた制度改正が行われた。

　特に裁判における証拠調べに関する制度を見てみると、まず、ドイツ刑事訴訟法58a条には、「録画証拠」の制度が導入されている。本来は、被害者などの証人に裁判所で証言してもらい、その供述を証拠として事実認定を行うのが刑事裁判の原則だが、これはその例外を認めるものである。未成年者の保護に

第11章　ドイツにおける性刑法の改革

必要な場合と、「証人を公判で尋問できないおそれがあり、かつ真実発見のため必要な場合」とに用いることができるとされる。

次に、刑事訴訟法68 a条は、質問制限の規定となっている。被害者の以前の性体験などを質問することを禁止するいわゆる「レイプ・シールド法」は、ドイツでは立法されていないのであるが、類似の方向性を持つのがこの68 a条である。それによると、事実に関する質問は、証人等の不名誉に至りうる場合、または、プライバシーにわたる場合には、それが「不可欠な」ときにのみ許されるとされる。つまり規定上は、他の質問によって同じ認定ができるのであれば、プライバシーを直接害するような質問をしてはならないということである。ただし、証人の供述の信用性が問題になっている場合には、人的関係についての質問も必要な限りにおいて認められるとされる。実際には、「レイプ・シールド法」を制定している国々に比べると、ドイツの裁判実務では、やはりどうしても「真実を探求したい」という気持ちが裁判官や参審員に強くはたらくため、68 a条による制限の範囲は狭いものになっているようである。

刑事訴訟法68 b条では、「証人」の弁護人選任権を定めている。裁判所が必要だと判断した場合には、証人に職権で弁護人を付すこともできる。これは、性犯罪の被害者などで弱い立場にある者が証人になっているときに、十分な保護を保障するための規定である。刑事訴訟法397 a条はさらに、性犯罪や暴力犯罪の被害者が「訴訟参加人」となり、検察官的立場を持つ場合に、弁護士を国選補佐人にできることも定めている。刑事訴訟法406 a条は、「被害者」にも弁護人選任権を与えている。

刑事訴訟法247条は、公判における被告人退廷の規定である。これは、被告人の面前では証人が真実を話せないおそれのある場合、未成年者が重大な不利益を受けるおそれのある場合、または、証人の健康に重大な被害の生じるおそれのある場合のいずれかにあたるときに、被告人の在廷なしに公判手続を進めることを許容している。さらに、裁判所構成法175条は、被告人以外の者についても退廷させることができるとする。実務では、傍聴者の退廷については自主的協力の形で行われることも多く、柔軟な運用がなされているという。

刑事訴訟法247 a条はビデオリンク方式による証拠調べの規定である。公開法廷で尋問を行うと弊害の生じることが予想される場合に、これを避けるため

に認められる。証人の福祉に重大な不利益の生じる切迫した危険があり、真実発見のため必要であることを要件とする。裁判所構成法171ｂ条には、裁判の公開制限の規定もある。プライバシー保護の利益と公開の利益とを衡量し、本人の意向に反しない場合であることが要件である。

⑦ 日本との比較

強姦罪の特徴

日本法をドイツ法と比較してみたときに、いくつかの顕著な違いがある。

まず、日本では、通常の強姦罪について、犯行を著しく困難にする程度の暴行または脅迫がなければ犯罪が成立しないこととされているが、ドイツではそこまでの強度の暴行・脅迫は要件になっておらず、特に1997年の刑法改正によって、「加害者のなすがままの状態」や「抵抗できない状態」の利用が処罰対象に含められていることが注目される。被害者が実際に抵抗したことも当然不要である。諸外国の中には、そもそも暴行・脅迫を要件とせず、意思に反する侵襲行為を広く強姦罪としているイギリスのような国も少なくない。そのような国は、統計上、強姦罪の件数が多くなっているのであるが、それは見かけ上のことであって、特別に性的自由に対する犯罪情勢が悪いわけではない。逆に、日本のように、強姦罪の実際の解釈・適用がごく狭い範囲に限られている国は、数値に表れているほど望ましい状態ではないと思ったほうがよいだろう（警察に届けられていない件数も、届けられている件数の何倍もあるという報告がある）。

次に、ドイツでは、男性も性犯罪の被害者として女性と同等の扱いを受けるようになった。この点、日本では、女性に対する強姦罪の刑の引上げによって、かえって男女格差が開いてしまった。だが、年少時に性的虐待を受けた男性が、成人して、加害者らを殺害することとなったような事例（山形一家殺傷事件）を思い起こせば、男性（特に男児）に対する性的加害も、被害者に甚大な傷を残すことになるのが明らかである（韓国で類似の殺人事件が複数発生したことについて、本書の韓国の章も参照されたい）。被害者の性別による保護の格差は疑問としなければならない。また、国際的な潮流としても、被害者の性別にかかわらない保護を設ける国が増加してきていることに間違いない。

第11章　ドイツにおける性刑法の改革

　さらに、ドイツ刑法は、妻に対する強姦罪の成立を、かつて明文で否定していたが、法改正によってこれを肯定することになった点でも、注目される。韓国の判例にも見られるように、これもいまや国際的潮流になってきているといってよいだろう。日本ではこの点が未確立である。日本の刑法は条文で配偶者を被害者から除外していないのであるから、同居の配偶者間であっても強制わいせつ罪や強姦罪の成立を否定する理由はないはずである。日本では、「性行為自体に同意があれば暴行・脅迫罪しか成立しない」という説明を目にすることがあるが、暴行・脅迫について同意がないのに性行為に同意するということは実際にはあまり考えられない。また、たとえば望まない妊娠・中絶を強いられる危険を排除する必要もあろう。

年少者の保護

　年少者の保護に関しては、いくつか注意すべき点があるように思われる。まず、日本では、児童虐待のうち、刑法的保護の抜け落ちている部分がある。13歳未満の者に対する性的行為は一般的に処罰されているが、13歳以上の者には一般的な保護がない。そのため、たとえば、ドイツ刑法174条以下の規定が想定しているような、親子、学校の教師と生徒のような力関係の場合に対する類型的な規制が日本には欠けている。ただ、こうした類型的な保護には前述のような二面性があることにも注意しなければならない。暴行や脅迫を要件とせずに処罰できれば、個々の事案に立ち入った詮索が不要となるメリットがあるが、その反面、性的接触をしたいという年少者の気持ちも尊重する必要のある場合があろう。ここで、ドイツ刑法は、違法性の軽微な類型における刑の免除（174条4項、182条6項）や、法益保護の観点を考慮した不処罰規定（184g条1号）を置いているわけだが、その解釈は微妙である。ドイツのように、原則として広く規制をかけて除外規定を設けるか、それとも、初めから狭い規制のみを及ぼすかは、難しい政策判断である。また、日本ではこの領域の処罰規定が、刑法のほかに児童保護法としての児童福祉法、児童買春・児童ポルノ処罰法、出会いサイト規制法、青少年保護育成条例等に分かれている。ドイツでは刑法にすべて規定されている。日本のように、条例によって地方ごとにばらつきのある保護の状態となっていることが合理的かにも、検討の余地がある。

第 4 部　諸外国における性刑法の改革

社会秩序の保護

日本で原則として処罰されていなかった、反自然的な性行為は、ドイツではようやく最近になって処罰の対象から外された。しかし、児童虐待を含まない近親姦は、現在でもドイツで処罰されている。日本から見ると、このような行為は、兄弟姉妹間で性行為をすること自体が問題なのではなく、むしろ結婚・出産が問題なのではないかと感じられる。もしそうだとすれば、これは重婚罪（ドイツ刑法 172 条）と同様に、家族制度に対する罪として理解されるべきだろう。日本でも重婚罪は処罰されている（刑法 184 条）。しかも、日本人が国外で行った場合にも処罰されるから（刑法 3 条 5 号）、イスラム教の国で第 2 夫人や第 3 夫人になろうという日本人女性は、デヴィ夫人のように国籍を変えるか、再び日本の地を踏むことを断念するかしなければならない。確かに男性だけが 4 人の配偶者を持つことができるというのは両性の平等に反するのであるが、しかし、重婚のすべてに刑事罰をもって臨むべきなのかは問題だろう。近親姦も重婚も不処罰とする制度もありうるだろう。

被害者の保護と支援

刑事手続を日本に比べると、裁判の中で被害者を保護するドイツの制度は種類も範囲も豊富であるといえる。だが、過剰な保護に対しては批判もある。1 つは、被告人の権利が制限される面を指摘するものである。たとえば、高校生が、嫌いな人を陥れるために嘘をつく、といったケースに対して、冤罪を防止できる十分な措置があるかどうか、検討されなければならないだろう。もう 1 つの批判として、性犯罪の被害者を児童と同じ保護の対象にすることは、性的な貞操を特別視する時代錯誤的な倫理観の反映である、との指摘もある。身体や名誉を傷つけられた人には特別の措置が与えられないときに、性犯罪の被害者にだけ子供と同じ保護が与えられることになっているドイツのような国は実際多いのであるが、これに対する根本的な疑問が投げかけられているといえよう。

　最後に、民間団体の協力に触れておきたい。ドイツには、ヴァイサー・リング（Weißer Ring、白い環）という大きな犯罪被害者支援団体があり、3,000 名のスタッフがさまざまな支援を展開している。その中では、性犯罪の被害者の支援も重要な部分を占めている。日本ではここまでの規模の支援はまだ実現で

第 11 章　ドイツにおける性刑法の改革

きておらず、ドイツの例が十分に参考になると思われる。

【参考文献】
特集「ジェンダーと刑事法」現代刑事法 5 巻 3（通巻 47）号（2003 年）
齊藤豊治・青井秀夫編『セクシュアリティと法』（2006 年）
谷田川知恵「性的自由の保護と強姦処罰規定」法学政治学論究 46 号（2000 年）
内海朋子「日本における性犯罪処罰規定の問題点」亜細亜法学 38 巻 2 号（2004 年）

第4部　諸外国における性刑法の改革

第12章　イギリスにおける性刑法の改革

川本哲郎

① 2003年性犯罪法改正までの経緯

1956年性犯罪法

　2003年の性犯罪者法は、1956年に制定された性犯罪法を改正したものである。1956年法は、強姦について「男性が女性を強姦するのは犯罪である」と規定するのみであり、1976年法が制定されるまでは、判例等により、以下のような解釈が行われていた。つまり、「①力ないし身体傷害の恐怖によって、②欺罔によって、③睡眠ないし無意識のとき、若しくは精神に欠陥があるか、年少のために行為の性質を理解できないので、同意ないし反対を決定できない状態にあるとき、同意なく性行為を行った場合は、強姦とする」とされていたのである。

　①の暴行・脅迫に関しては、「暴力というためには最高の抵抗排除を要するとされ、或る程度抵抗しても結局同意すれば強姦罪ではない」とされていたが、しだいに、①の要件は用いられなくなり、数次にわたって性犯罪の改正が行われてきた。たとえば、1976年の改正では、性行為時の同意の有無とその認識についての規定が置かれることとなった。

1997年性犯罪者法

　そして、1980年代の後半から、児童に対する小児性愛などの犯罪が関心を集めるようになり、1996年にアメリカ合衆国で制定されたメーガン法をも参照し、1997年性犯罪者法が制定されることになった。そこでは、性犯罪者の管理ないし処遇が対象となっており、以下のような改革が行われた。

　児童に対するものなど特定の性犯罪で有罪とされるかもしくは警告を受けた犯罪者は、その住所を警察に届け出なければならないし、氏名や住所を変更したときも同様である。法律施行の日（施行後は転居の日）から14日以内に登録

第12章　イギリスにおける性刑法の改革

をしなければ、6月以下の拘禁刑もしくは5,000ポンド（約80万円）の罰金刑が科される。そして、この規定は、施行の日に拘禁されている者や社会内で監督されている者にも適用される。その期間は、量刑によって異なり、たとえば、30月以上の拘禁刑を科された者は終身、6月以上30月未満の場合は10年、非拘禁刑のときは5年となっている。さらに、この規定は、外国で同種の犯罪を実行した場合にも適用される。

　この性犯罪者法は1997年9月1日に施行されたが、この法律の施行以前に拘禁刑の執行を終えた者が対象から除外されるなどの欠点を有していた。そこで、その欠陥を補うために、1998年犯罪・秩序維持法は性犯罪者命令を規定した。性犯罪者命令（Sex Offenders Orders）とは、社会内において重大な性犯罪者を監督するための新しい手段であり、命令の下限は5年間で、1997年性犯罪者法による登録を要求する。命令違反は犯罪になり、最高5年の拘禁刑を科される（2〜3条）。警察が裁判所に民事の命令を請求し、命令では、正当な理由なく、小学校の周りを徘徊したり、子供の遊び場に行ったりすることなどが禁止された。

サラ・ペイン事件（2000年）　その後も、青少年を自己の保護の下に置いている者が、その信頼関係を利用して性行為を行うことを禁止することや、ペドフィリア（小児性愛症）に対する対策として、児童虐待により有罪もしくは嫌疑のある者が児童のいる場所で働くことを禁止することが検討されたが、2000年に起きたサラ・ペイン（Sarah Payne）殺害事件が国民に大きな衝撃を与えた。これは、2000年6月に、性犯罪の前歴のある者が8歳の少女を誘拐し殺害した事件であったが、その直後に、マスコミが49名の性犯罪者の顔写真と名前を公開するキャンペーンを張り、性犯罪者が攻撃を受けたり、人違いの襲撃も発生し、大きな注目を集めた。そして、2001年には、サラ・ペイン事件の公判が始まり、被告人は終身刑に処せられたが、事件発生の5年前に性犯罪を実行し、4年の拘禁刑を科されたにもかかわらず、2年6月で仮釈放になっていたことが明らかになり、性犯罪者に対する刑罰の軽いことがマスコミから批判を受けた。そこで、政府も、性犯罪を厳しく処罰する方向での検討を開始し、2003年の法改正に至ったわけである。

第4部　諸外国における性刑法の改革

② 2003年性犯罪者法

本法の概略

　2003年性犯罪者法は、5年間に亘る検討を経て、同年11月に成立した。政府は、2000年と2001年に、従来の性犯罪者法に関する検討結果を公刊し、2002年に「国民の保護」と題する白書を公表した。この白書は、児童に対する性犯罪処罰の強化と、強姦の規定の見直し、同性愛に関する処罰の緩和を提案した。政府は、当時の性犯罪処罰規定は時代遅れであることを認め、性犯罪者法の大改正に踏み切った。

　本法は1956年性犯罪者法を改正するもので、その目的は、性犯罪に対する適切な処罰によって国民を保護すると同時に、被告人に対する公平性を保証することであった。本法は3編から構成されている。第1編は、性犯罪の新しい枠組みを提示するものであり、少年や精神障害者などの弱者の保護を重視する犯罪が多いが、同意なき性行為に関連する法を強化し、迷惑行為などに対する国民の保護を増強する犯罪も新設されている。第2編は、性犯罪や性的有害行為を予防することによって国民を保護するための、（性犯罪者の住所などの）届出に関する要求・命令を規定している。第3編には、手続などに関する規定が置かれている。

実体法と手続法の主な内容

　第1に、同意の有無にかかわらず、13歳以下に対する性交渉を強姦とする、とされた。第2に、強姦について、「性交」（sexual intercourse）という文言が、「意図的な膣、肛門、口へのペニスの挿入」（intentionally penetrates the vagina, anus or mouth of another person with his penis）へと変更され、加害者は男性に限定されることになった。なお、被害者に男性が含まれるという変更は、既に1994年刑事司法・公共秩序法によって行われていた。また、強姦以外に、ペニス以外の物の「膣、肛門、口への挿入による暴行」と、接触を含む「性的暴行」が別に規定されている。前者については、強制的なオーラル・セックスが加えられたことは大きな変更である、とされている。さらに、同意を得ないで、性的行為を強制する罪も設けられている。これは、自慰をさせる行為や、女性が自分自身や他の女性に対して性行為をすることを要求する行為を処罰するものである。

第12章　イギリスにおける性刑法の改革

日本において、女性が男性と共同して姦淫した場合に、強姦の共同正犯とされた例があるが、それが認められない場合は、強姦の教唆ないし幇助にとどまることになる。本条は、そのような行為に対して、重い刑罰を科すことを狙いとしている。

第3に、被害者の同意および不同意の推定に関する規定が導入された。強姦の成立については、「被害者が同意していないと思ったことが合理的であったかどうか」が問われることになり、その判定には、被害者が同意していることを確認するためにとられた手段を含む、すべての環境を考慮することとされた。また、不同意の推定に関しては、証拠上の推定と確実な推定に関する規定が置かれることとなり、かなり詳細な説明が施されている。前者は反証を許されるが、後者では許されない。さらに、同意についての定義規定も設けられた。

以上が重要な改革の概要であるが、これ以外にも、以下のような改革が行われた。すなわち、①児童に対する不適切な性的行動を処罰する一連の規定を新設する、②性犯罪を目的として、インターネットなどを通じて児童と接触を図る行為を処罰する、③児童買春などを処罰し、児童と弱者に対する性犯罪の刑の上限を引き上げる、④知的障害者ないしは精神障害者に対する保護を強化する、⑤外国で性犯罪を実行した者がイギリスに入国したときに性犯罪者登録を命じる、⑥性犯罪者登録のデータを1年ごとに更新する、⑦違反を迅速に発見するために、性犯罪登録者の国民保険の情報を記録する、⑧性犯罪者が警察に届け出なければならない氏名・住所の変更の期間を14日から3日に短縮する、⑨公衆トイレでの性行為や性器露出、窃視などを犯罪とする、などである。

③ 2003年性犯罪者法の規定

以下では、この法律で定める主要な性犯罪類型をあげる。
第1条　強　姦
(1) 次の各号のすべてに該当するときは、この者（A）は、強姦罪を犯したものとする。
　(a) Aが意図的に自己の陰茎を他の者（B）の膣、肛門、口へ挿入するとき
　(b) Bが当該挿入に同意していないとき

(c)　Bが同意していないと思うのが合理的なとき（同意しているという合理的確信を欠いているとき）（A does not reasonably believe that B consents.）
 (2)　確信が合理的かどうかは、Bが同意しているかどうかを確かめるためにAがとった、あらゆる措置を含む全ての状況を考慮して、決定する。
 (3)　第75条および第76条の規定を本条に適用する。
 (4)　本条の罪により有罪となった者は、正式起訴に基づく有罪宣告により、終身拘禁に処する。

第2条　膣又は肛門への挿入による暴行
 (1)　次の各号のすべてに該当するときは、この者（A）は、本罪を犯したものとする。
  (a)　Aが意図的に自己の身体の一部又はその他の物を他の者（B）の膣又は肛門へ挿入するとき
  (b)　当該挿入が性的であるとき
  (c)　Bが当該挿入に同意していないとき
  (d)　Bが同意していないと思うのが合理的なとき
 (2)　確信が合理的かどうかは、Bが同意しているかどうかを確かめるためにAがとった、あらゆる措置を含む全ての状況を考慮して、決定する。
 (3)　第75条および第76条の規定を本条に適用する。
 (4)　本条の罪により有罪となった者は、正式起訴に基づく有罪宣告により、終身拘禁に処する。

第3条　性的暴行
 (1)　次の各号のすべてに該当するときは、この者（A）は、本罪を犯したものとする。
  (a)　Aが意図的に他の者（B）に接触するとき
  (b)　当該接触が性的であるとき
  (c)　Bが当該接触に同意していないとき
  (d)　Bが同意していないと思うのが合理的なとき
 (2)　確信が合理的かどうかは、Bが同意しているかどうかを確かめるためにAがとった、あらゆる措置を含む全ての状況を考慮して、決定する。

(3) 第75条および第76条の規定を本条に適用する。
(4) 本条の罪により有罪となった者は、以下の各号による。
 (a) 略式起訴による有罪の場合、6月以下の拘禁若しくは法定上限以下の罰金に処し、又はこれを併科する。
 (b) 正式起訴による有罪の場合、10年以下の拘禁に処する。

第4条 同意を得ないで性的行為を強制する罪
(1) 次の各号のすべてに該当するときは、この者（A）は、本罪を犯したものとする。
 (a) Aが意図的に他の者（B）に行為をさせるとき
 (b) 当該行為が性的であるとき
 (c) Bが当該行為を行うことに同意していないとき
 (d) Bが同意していないと思うのが合理的なとき
(2) 確信が合理的かどうかは、Bが同意しているかどうかを確かめるためにAがとった、あらゆる措置を含む全ての状況を考慮して、決定する。
(3) 第75条および第76条の規定を本条に適用する。
(4) 強制された行為に以下の行為が含まれていたときは、終身拘禁に処する。
 (a) Bの肛門ないし膣への挿入
 (b) 第三者の陰茎をBの口に挿入すること
 (c) 第三者の肛門ないし膣にBの身体の一部を挿入すること又はBが他の物を第三者の肛門ないし膣に挿入すること
 (d) 第三者の口にBの陰茎を挿入すること
  なお、ここでいう「挿入」とは、「挿入を開始してから抜去までの継続的な行為を意味する（79条(2)）。
(5) 前項の規定が適用されないとき、本条の罪により有罪となった者は、以下の各号による。
 (a) 略式起訴による有罪の場合、6月以下の拘禁若しくは法定上限以下の罰金に処し、又はこれを併科する。
 (b) 正式起訴による有罪の場合、10年以下の拘禁に処する。

第 4 部　諸外国における性刑法の改革

第 16 条　信用ある地位の乱用

(1) 次の各号のすべてに該当するときは、18 歳以上の者（A）は、本罪を犯したものとする。

　(a) A が意図的に他の者（B）に接触するとき
　(b) 当該接触が性的であるとき
　(c) A が B に関して、信用ある地位にあったとき
　(d) (2)が適用される場合、A が、B に関して、信用ある地位にあるという状況を知っているか若しくは知っていることを合理的に推測できるとき
　(e) 次のいずれかであるとき
　　(i) B が 18 歳未満であり、かつ B が 18 歳以上でないと思うのが合理的なとき
　　(ii) B が 13 歳未満のとき

なお、信用ある地位の乱用について、第 17 条は「児童に対し性的行為を行うように強制又は勧誘する行為」、第 18 条は「児童の面前での性的行為」、第 19 条は「児童に対し性的行為を見るように強制する行為」を規定している。

第 21 条　信用ある地位の代表例

・A が、裁判所の命令又は法規によって施設に収容される 18 歳未満の者の世話をしており、B が当該施設に収容されているとき
・A が、以下の施設において収容され、かつケアを受けている 18 歳未満の者の世話をしているとき
　(a) 病院
　(b) 独立のクリニック
　(c) ケアホーム、住宅ケアホーム、私立病院、など
・A が、教育施設において教育を受けている 18 歳未満の者の世話を行い、B が当該施設において教育を受け、A が教育を受けていないとき

第 22 条　信用ある地位：解釈（要旨）

「18 歳未満の者の世話」とは、A が、定期的に、B のケア、訓練、監督、ないし単独での担当、に従事しているときをいう。

第74条　被害者の同意
　被害者が、選択によって（外形的に）同意し、その選択を行う自由と能力とを有していたときに同意が認められる。

④ 2003年性犯罪者法の諸問題

強姦罪の本質

　強姦罪の本質に関しては、強制力を行使しない場合が問題となる。強姦が、本質的に、暴力犯罪であるとすると、強姦は、強制力が行使されたときに限定されることになり、騙された場合や性行為のときに無意識であった場合は除外されることになるからである。これに対して、強姦を性的自己決定権の侵害ととらえれば、この問題は克服される。

　また、強姦の被害者の約3分の2は、顔見知りの者に襲われているし、ある調査によれば、10代の女性の44％が、ボーイフレンドからの性行為の要求を断ることに罪悪感を抱いている、との結果が報告されている。このような状況に鑑みて、J. Herringは、2005年に、以下のような見解を公にした。つまり、性行為の時に、①事実について錯誤に陥り、②本当のことを知っていたら同意しなかった場合は、性行為に対する同意はなかったことになる。被告人が、相手が同意していないことを知っていれば、当該犯罪について有罪である」と。この見解に対しては、反対する立場も有力であるが、後の「欺罔に基づく同意」の箇所で改めて取り上げることとしたい。

被害者の同意に関する学説

　同意の問題に関して、J. Heriingは以下のように述べている。同意を厳格に解すると、被害者が、関連する事実のすべてを認識・衡量し、被害者自身で最終的決定＝同意に到達することが必要とされることになる。つまり、被害者は、不当な圧力にとらわれず、自己に与えられた一連の選択肢があると感じていなければならないのである。そして、同意は、積極的な熱意でなければならない。

　他にも、M. Allenの以下のような見解がある。「選択による外形的同意とは、被害者が、①要求されている性行為が何であるのか、②加害者が誰であるのか、を知っていて、③（暴力や威圧、欺罔などの）束縛がなく、加害者とのそのよう

な行為に外形的に同意することを選択するということである。また、そのような選択が、自由に束縛なく行われるためには、十分な情報を与えられたうえでの選択でなければならない」。

また、脅迫の効果は人によって異なるし、被害者の性格と環境によって決定される、とする見解もある。

J. Loveless は、同意については、服従への圧力や強制から自由であることが重要である、としている。そして、「自由」と「選択」については、同意が与えられた脈絡（context）が重要であり、これには、加害者と被害者の関係、知識、環境が含まれる。また、外形的同意では、相互関係、平等（対等）、十分な説明を受けたうえでの選択が前提とされる。同意能力については、本法に規定されていないが、他の犯罪に関する能力についての知見が該当することになる。

すなわち、性行為の性質を理解する能力に影響を与える「精神無能力（mental incapacity）」に関しては、Gillick 判決に従って決定される。すなわち、行為の性質を一般的に理解しているだけでは足りない。選択を行うためには、環境とそれに伴うリスクとを理解できなければならない。この Gillick 判決（Gillick v West Norfolk and Wisbech Area Health Authority [1986] AC 112）では、16 歳の男性につき「要求されていることを理解し、代替手段を考えて、自分自身の決定を下すという能力が十分にある」と認められるので、「彼は治療行為に同意できる」という基準が適用されている。

被害者の同意に関する判例

R. v Linekar [1995] QB250 は、売春婦に金を払うと言っていたのに、払わずに逃走した事例であるが、裁判所は、「被告人である Linekar は、自分の意図について、売春婦を騙した。彼は、確かに、彼女に嘘をついた。しかしながら、彼女は、性行為の性質や目的について、騙されていない。したがって、76 条の「『反証を許さない推定』は適用されない」として、強姦罪について無罪を言い渡した。この判例ついては、「コモン・ローの伝統的アプローチは、錯誤に関して厳格な見解を採用しており、そのことは Linekar 事件に現れている」、と評されている。

また、B [2006] EWCA Crim 2945 は、被告人の男性が、HIV であることを

第12章　イギリスにおける性刑法の改革

隠して性行為を行ったものであるが、強姦罪で起訴された。裁判所は、「行為の性質」を偽ったものではないとし、重大な身体傷害罪で処断されるべきである、とした。これについて、J. Herring は、ポイントは、判例が、「性行為についての同意はあるが、感染についての同意はない」と言っているところである、としている。

　飲酒酩酊に関する事案としては、裁判官が、陪審に、無罪の評決を出すように命じたものがある（R. v Dougal［unreported, 2005］）。事案は、21歳の女子大学生が、酔って気分が悪くなり、アルバイトの警備員に送ってもらい、アパートの廊下で警備員と性行為を行った、というものである。彼女は、証言において、「酔っ払っていたために性行為のことはまったく憶えていないので、自分が同意しなかったということを100％の自信をもって言うことはできない」、と述べたのである。

　R. v Devonald［2008］EWCA527 は、父親が、娘がふられた仕返しに、女性を装って、ネット上で娘のパートナーを誘惑し、ウエブカメラの前でわいせつな行為をさせた、という事例であるが、本法4条の罪で有罪とされた。

不同意の推定

　2003年性犯罪法には、手続に関しても詳細な規定が置かれている。すなわち、76条では、「確定的推定（conclusively presumed）」= The irrebuttable presumption（反証を許さない推定）に関する規定が置かれ、75条には、「証拠に基づく推定（evidential presumption）」= The rebuttable presumption（反証を許す推定）が規定されている。

　まず、後者の「証拠に基づく推定」の条文は以下のようなものである。すなわち、「①被告人が当該行為を行ったこと、②以下の状況のいずれかが存在すること、③被告人がその状況を知っていたこと、（以上）が証明されれば、被害者は、当該行為に同意しなかったこととされる」。②の「以下の状況」とは、「①当該行為時ないしその直前に、被害者ないし第三者に、暴力が行使されたか、ないしはそのおそれがあったとき、②不法に監禁されていたとき、③睡眠など無意識状態にあったとき、④身体的な障害のために同意の有無を伝達できないとき、⑤薬物を投与されたために判断が困難になったとき」、とされてい

る（75条）。そして、これらは「反証を許す」ものなので、反証が出された時は、検察は「合理的な疑いを超えて」、被害者が同意していなかったことを証明しなければならない。また、この場合は、挙証責任が転換されている。

　次に、前者の「確実な推定（conclusively presumed）」については、以下のような規定が置かれている。「当該行為の性質と目的について、意図的に被害者を欺罔したこと及び被害者が個人的に知っている人物になりすまし、当該行為に対する同意を与えるように仕向けたこと。以上の状況があれば、被害者が当該行為に対して同意を与えなかったこと、および、被告人が、被害者が当該行為に同意していないと思っていたことが、推定される。」（76条）

　もっとも、75条については、ほとんど利用されていないとして、その有効性に疑問を呈するものもみられる。なお、「なりすまし」については、「個人的に知っている人物」とされているので、被害者が個人的には知らないが、ファンである有名なスターに加害者が成りすましたというような場合は、ここでいう推定の対象にならない。また、被告人が意図的に別人に成りすましたとはいえないとき、すなわち、被害者が酔っていて、勝手にボーイフレンドと間違えたときに、加害者が成りすましていない場合は、同様に、推定の対象とはならない。

　ちなみに、イギリスには親告罪という制度は存在しない。被害者の告訴の申立ては訴訟条件ではなく、単なる捜査の端緒にすぎないのである。

欺罔に基づく同意

相手をだまして同意を得た場合に強姦が成立するかどうかについては、肯定説と否定説とが対立している。

　肯定説は、まず性行為のとらえ方は文化によって異なるとする。そして、被害者からのアプローチを提案する。被害者は、当該の性行為を純粋な物理的行為として記述する可能性は低く、加害者と被害者双方の関係の中で理解する可能性が高い。欺罔は、強制や脅迫と同様に、「自由な選択」を無効にすると考える。すなわち、真意に基づかない同意は無効と考え、「本当のことを知っていれば性行為に応じることはなかった」と判断する。

　エリオットとクイン（C. Elliot & F. Quinn）によれば、「Devonald事件のように、性行為の目的を偽った場合は、治療目的の場合などと同様に、76条の

第12章 イギリスにおける性刑法の改革

対象となるが、「(金持ちである、独身である、惚れているなどの) 行為の目的を表すものではない周辺的な環境 (surrounding circumstance) に関する欺罔には、76条は適用されない」。そして、売春婦に支払いをしなかった Linekar 判決は、次のように説明される。被告人の目的は性行為を行うことであり、支払いに関する欺罔は、純粋に周辺的な環境に関連するものである。

これに対する反対説の概要は次の通りである。人を騙すことは広く行われており、これを犯罪化するのは不当である。正しい態度を教え込むのは刑法の役割ではない。恋愛は一種の駆け引きであり、多少の虚偽が含まれるのはよくあることである。このような行為の違法性は軽微である。また、同意がなかったことの証明は困難である。本当のことを知ったとしても、同意したかもしれない、ということも考えられる。行きずりの恋の場合に、相手にあらゆる情報を与えなければならないというのは現実的ではない。これを強姦とすると、強姦の悪質性が低下することになるので、別個の犯罪を創設すべきである。

この問題について、J. Herring は、「関係的自己決定権」という概念の導入を提案している。「関係的自己決定権」が行使されたかどうかは、次のように判定される。すなわち、「他人の自己決定権を尊重することは、同意があったかどうかを問うだけではなく、自己決定権を与えて、選択が行われた環境の慎重な分析を行うことを可能にすることである。これによって、決定が行われた社会的な脈絡、2人の関係性、与えられた同意に先行する2人の間の相互作用 (transaction) についてはるかに大きな認識が要求される」。つまり、この見解は、同意の有無の判定を合理的に行おうとするものであるといえよう。

本法の課題 R. Heaton によれば、2003年性犯罪者法に対する批判としては、以下の点が挙げられている。①フェミニストの観点から見て不十分である、②実体法の改正のみであって、証拠法、警察、検察など訴訟手続に関する改正が必要である、③「同意」や「同意における合理的な確信」などの概念が明確性を欠いている、④16歳以下の場合などについて、処罰範囲を拡大しすぎている。⑤罪種が多すぎるし、重複も多い。

他方、V. Tadros の提案は次の通りである。①2003年法のように、強姦は単一の犯罪であるべきである。②2003年法とは異なり、そのような犯罪は、

第4部　諸外国における性刑法の改革

強姦法における様々な問題に適用できるように、異なった実体的部分に分解されるべきである。2003年法において手続的に考慮されている多くの部分は、強姦法の実体法的側面として、整理され、包含されるべきである。③同意の概念は、強姦犯罪の中心的なものと見なされるべきではない。性的自己決定権が侵害される特定の方法を従来よりも正確に反映するような規定に置き換えるべきである。

　さらに、「2003年法の認識と規定は依然として弥縫的であり、訴追側と被害者支援関係者の訓練が必要なのは明らかである」とする指摘や、児童が被害者の場合には、特別な措置を設けるべきであるとする提案もある。

レイプ・シールド　1994年までは、被害者の女性の証言だけでは足りず、補強証拠が要求されていた。たとえば、不純性交のための婦女提供（売春婦周旋）罪では、2人以上の証人の証言が互いに補強されていなければならない、とされていた。しかし、このような立場は、被害者の女性を信用しないものであるため、批判にさらされ、1994年に必要的補強証拠の規則は廃止された。

　また、被害者の性的経験について、1975年の報告書では、被害者の性的経験を証拠として認めるべきでないという意見が出されたが、受け入れられず、1976年性犯罪法2条は、裁判官が認めた場合には証拠とされることとした。しかし、1999年少年司法と刑事証拠法では、過去の性的行動は、裁判所の許可のある法廷でのみ証拠として使うことができる、とされた。許可は、不許可が当該事件の関連問題についての陪審ないし裁判所の結論を不安定にするという結果を招く場合にのみ、与えられるとされた。

　国会の明確な意図は、過去の性的経験という証拠の使用を著しく制限することであったが、2001年のR v A判決において、上院は、このような国会の意図を無視して、1998年人権法に依拠し、以下のように判断した。「過去の性的経験の証拠は、それを排除することが裁判の公平性を損なうおそれがあるときは、許容される」。これは、それが許容されないときは、公平な裁判を保障しているヨーロッパ人権条約6条違反としたものであり、この条約は1998年人権法によって国内法となっていたのである。

第12章　イギリスにおける性刑法の改革

　事件は、強姦に係るものであった。被告人の男性は、当該強姦から遡ること3週間の間に被害者と数回の性的交渉をもったと主張し、強姦を否認した。性的交渉の一番近いものは、約1週間前であった。当該強姦は、被告人と被害者が深夜にテムズ川の岸辺を歩いているときに起こった。被告人が転倒したので、被害者が助け起こそうとしたときに、引き倒されて性行為を行った。同意がなかったとして訴えられたが、被告人は同意があったとして争った。なお、被害者は、その時期に被告人の同居人と性的関係をもっていた。予備審問で、被告人は、過去の性的交渉についての反対尋問の許可を求めた。1審は否定したが、上院はヨーロッパ人権条約も考慮に入れて、被告人の主張を認めたのである。

⑤ 日本法への示唆

　第1に、イギリスにおいても、わが国と同様に、性的自己決定権を重視する見解と性犯罪を暴力犯罪ととらえる考え方の対立が見られる。「本当のことを知っていれば性行為に応じることがなかった場合」を強姦罪に問うのは極端としても、この2つの見解について、わが国においても、これまでよりも掘り下げた議論を行う必要はあると思われる。

　第2に、イギリスにおいては、暴行・脅迫が強姦罪の要件となっていないので、日本のような「反抗を著しく困難にする程度」についての議論は存在しない。

　第3に、イギリスでは、2003年の改正によって、性器の結合だけでなく、肛門や口への挿入も処罰されることになったし、強姦、膣又は肛門への挿入による暴行、性的暴行に加えて、児童に対する犯罪等を広く処罰することとされた。日本では、強制わいせつ、強姦、準強制わいせつ・準強姦、集団強姦という類型が設けられているが、このような分類は、世界的な潮流から見ると、時代遅れの感が否めないものであり、根本的な修正が必要であろう。

　第4に、イギリスでは、手続の面でも、反証を許すかどうかという区別を設けて、不同意の推定を認める規定を置いており、その内容も詳しく定められている。実体法と手続法において、どのような連携を行うのが適切かについては議論のあるところであると思われるが、このような規定の仕方も一考に値するものであろう。

第4部　諸外国における性刑法の改革

　第5に、イギリスの性犯罪者法の特徴のひとつとして、独立した法律を設けることより、実体法、手続法に加えて処遇法も定めていることが挙げられる。日本においても、近年に至って漸く性犯罪者の処遇に関心が寄せられるようになってきた。たとえば、2006年に制定された刑事収容施設法では、受刑者の改善指導が定められ、その中の特別改善指導のひとつとして、性犯罪再犯防止指導が置かれている。イギリスのように、性犯罪者の継続ケア（through care）を考えて、性犯罪に特化した法律を定めることも、検討に値すると思われる。

　第6に、イギリスにおいて、レイプ・シールドに関しては、ヨーロッパ人権条約との関係で、意見が分かれているので、その動向が注目されるところである。

　以上のような点について、イギリス法を参照する意義は大きいと考えられる。

【参考文献】
　2003年性犯罪法の条文については、全訳として、横山潔「イギリス『2003年性犯罪法』（法律第42号）(1)-(3)」比較法雑誌38巻2-4号（2004-2005年）がある。
　立法の経緯については、川本哲郎「精神医療と犯罪者処遇」（2002年）103-104頁、横山潔「イギリスにおける対児童犯罪・少年犯罪・性犯罪に対する最近の立法措置」外国の立法218号（2003年）34頁以下、同「1997年性犯罪法の改正──性犯罪被害者保護の強化──」青少年問題50巻5号（2003年）50頁以下、高木勇人「犯罪対策と情報──イギリスの性犯罪者法、犯罪・秩序違反法──」警察学論集52巻9号（1999年）174頁以下参照。
　イギリスの性犯罪処罰の歴史については、横山潔「イギリスにおける性犯罪処罰規定について」レファレンス556号（1997年）7頁以下、飛田茂雄「英米法律情報辞典」（2002年）417頁以下参照。
　性犯罪者の処遇については、川本哲郎「性犯罪者の処遇」法学新報112巻1・2号（2005年）635頁以下、同「性犯罪者処遇の動向」警察政策8巻（2006年）38頁以下、守山正「イギリス性犯罪対策の概要」犯罪と非行149号（2006年）112頁以下、五十嵐禎人「英国における性犯罪者対策──最近の動向」罪と罰50巻4号（2013年）65頁以下参照。
　イギリスの白書については、横山潔「性犯罪者と性犯罪に対するイギリス政府の公衆保護強化の取組（その1～4）青少年問題50巻11号（2003年）44頁、51巻5号（2004年）52頁、6号52頁、7号50頁以下に紹介されている。

第13章　韓国における性刑法の改革

崔　　鍾　植

① 朝鮮時代における性犯罪に対する規制

　近年の韓国の性暴力犯罪の問題について理解するには、朝鮮時代にまで遡り、性犯罪に対してどのような対応や規制が行われていたかを検討することがきわめて有益となろう。なぜなら、朝鮮時代は、現代韓国の文化形成にもっとも大きな影響を及ぼしたと言われるからである。

　儒教が国家理念であった朝鮮国は、徹底的な身分社会であり、男性中心の家父長制の社会であった。当時の刑事基本法は「大明律」であり、それに加えて特別刑事法（国典）がその都度制定されたが、これらはいずれも身分刑法であった。そもそも「大明律」が基本的に儒教的価値の実現を追及する法であり、朝鮮王朝も儒教的徳治主義を理想として標榜していたので、これから外れることはなかった。儒教的徳治主義は、社会構造の側面においては、国王を頂点とする身分制の秩序とこれを維持する道徳原理である「三綱五倫」として現れていたため、制定された刑事法の内容もそのような原理を徹底的に貫いていた。儒教の三綱五倫のモラルによって社会全体が維持されており、それは制定法の適用範囲と処罰の強弱にも影響を及ぼした。その結果、同一の犯罪行為であっても、犯罪者と被害者の関係や身分によって量刑が変わることも、稀ではなかった。

姦通の処罰　朝鮮国は、儒教思想による男女関係のあり方を厳しく区別することによって、男女ともに既婚・未婚を問わず、結婚以外での姦淫（性交渉）をすべて姦通として処罰した。そのうち、未婚男女の性行為に対しては杖刑80回、既婚男女同士の姦通は90回としており、未婚男女の姦通罪のほうが少し軽かった。また、未婚男女が結婚を約束し

第4部　諸外国における性刑法の改革

たとしても、結婚式を挙げる前に性関係を結んだ場合には、同じく姦通罪が適用された。朝鮮時代の姦通罪は、非親告罪であり、摘発即時に処罰の対象になった。男尊女卑の風潮、父系社会であったため、婚姻した男子の姦通事実が明らかになっても、蓄妻制度によって姦通罪の適用から逃れることができた。すなわち、姦通の相手の女が婚姻した婦女子さえでなければ、その女性を「妾」として囲うことによって済むことができた。

　反面、女性たちにはそのような出口がなく、杖刑に処されるだけではなく、特に両班（ヤンバン、朝鮮時代の文班と武班の貴族階級）の婦女子が姦通を犯した場合は、淫乱で品行の悪い女として「恣女案」や「遊女籍」という名簿に記録して生涯姦淫した女として烙印を押したり、追放して公の奴婢にしたりする場合が多かった。朝鮮国が女性、特に両班層の婦女子たちの性的堕落を一切容赦しなかったことが、ここから窺える。

　さらに、身分が相違する男女の姦通に対しては、もっと厳しく規制した。その結果、同一の身分や地位を持つ男女の姦通より異なる身分や地位の男女が姦通した場合、より重く処罰した。その中でも、良民と賤民との姦通は、非常に強いタブーとされた。身分制の崩壊を防止するため、異なる身分間の結婚を厳格に禁止し、もしこれに違反した場合には、処罰だけではなく、たとえ結婚して住んでいたとしても、その結婚自体を無効化した。特に、賤民男子と両班の女性との姦通はもっとも重い処罰を受けた。すなわち、賤民男性は斬首刑、両班の女性は状況によって、杖刑100回及び流配（流刑）3千里の刑罰が科され、重い場合は絞首刑に処せられた。しかし、両班の男性が下女と姦通した場合は、軽い処罰を受けるだけではなく、ほとんど問題にならなかった。その理由は、その両班男性が姦通をした下女を「賤妾」として囲えばそれで済むからであった。また、儒教の人倫の教えによって、近親関係の姦通を一般姦通よりもっと重く処罰した。直系親族間の姦通に対しては、すべて斬首刑に処した。

強姦の処罰

　強姦罪は、姦通罪よりもっと重く処罰した。強姦罪は極刑である絞首刑に処し、強姦未遂の場合も杖刑100回、流刑1千里の刑罰に処せられた。現在の「未成年者擬制強姦罪」と類似した条項もあり、12歳以下の幼い女の子と姦淫した場合は、たとえ、その

第13章　韓国における性刑法の改革

女の子が性関係に同意したとしても、男性を強姦犯として絞首刑に処した。しかし、姦通の場合と同じように、身分の高い両班の男性が身分の低い良民や賤民の女性を強姦した場合は、強姦行為それ自体に対する非難よりも強姦者の社会的身分と権威が優先され、処罰がうやむやになる場合が多かった。

　両班家の女性が強姦された場合には事情が変わって来る。すなわち、両班身分の女性が強姦の対象になった場合は、その強姦の犯罪者は非常に重く処罰された。これは、朝鮮国が賤民女性より両班女性の純潔と貞操をもっと重要視したからである。そして、強姦犯が賤民の男子であれば、奴婢と主人間の「奴主強姦」に当たり死刑の中でもっとも極刑である斬首刑に処されたのである。また、親族同士の強姦はより重く処罰されたが、直系の8親等以内で起きた近親強姦は例外なく斬首刑に処された。これは親族同士の姦通罪を厳しく処罰したことと同じ理由によるものであった。

　一方、強姦から貞節を守るために自ら命を絶ったり、強姦された後その恥辱に耐えず自ら命を絶ったりした場合には、国が「烈女」として亡くなった女性をたたえるために「烈女門」という碑を立てるなど、女性の純潔と貞操が称賛された。

朝鮮時代における性認識が現代に及ぶ影響

　このように朝鮮時代は、人倫を重視する儒教思想によって姦通罪や強姦罪等の性暴力犯罪に対しては峻厳な処罰を原則としながらも、反面、身分制や家父長制社会を徹底的に追求した結果、身分による不公正的な処罰及び男尊女卑を助長し、さらに女性の純潔と貞操だけを異常に強調する矛盾性を帯びていた。すなわち、朝鮮時代における性暴力犯罪に対する規制制度は、女性の「性的自己決定権の自由」を保護することとはかなりの隔たりがあり、男性中心の身分制や家父長制を維持するための手段としての意味が強かった。また、男女の性関係についての認識も抑圧的で、不自然なこと、汚いことという認識が多かったのではないかと思われる。現代の韓国では、儒教の残滓が大分薄まったとは言えるものの、その文化的影響がいまだ根源的に溶け込んでいる。現代の韓国においても、性問題に対して男性中心的、男性偏向的な否定的な要素が強く働いている部分があるのではないかと考えられる。

第 4 部　諸外国における性刑法の改革

② 最近の性暴力犯罪に関連した法改革の概要

相次ぐ性暴力犯罪規制の立法

近年、韓国の社会は、児童と障害者を対象とした性暴力犯罪に対する怒りで沸き返った。事件が報じられるたびごとに特別刑法の制定と改正法の発議が頻発した。

児童青少年と障害者を対象にする性暴力犯罪関連の法改正案の主要な論点は、処罰範囲の拡大と処罰程度の強化との二つである。すなわち、法定刑の上限と下限を引き上げたり、裁判官の量刑裁量を縮小したりすることによって、処罰の強化を図っている。特に、2011 年は児童青少年の中でも、障害児童青少年を性暴力犯罪の被害から保護するために処罰を強化しただけではなく、被害者保護を強化するための立法政策が積極的に打ち出された。障害児童青少年に対する姦淫ないし猥褻行為を強姦、強制猥褻、強制類似性行為として擬制し、裁判官の量刑裁量において酌量減軽、宣告猶予、執行猶予などに対して処罰を強化する方向として縮小、制限しており、さらに手続的にも公訴時効を延長・廃止し、反意思不罰罪（「反意思不罰罪」とは、被害者側の告訴がなくても起訴はできるが、被害者の処罰を希望しない意思表示があり、またはその意思表示を撤回した場合は処罰できない犯罪である。反面、「親告罪」とは被害者側の告訴がなければ起訴さえできない犯罪である）の規定を制限ないし廃止した。

また、2012 年 12 月の刑法の改正によって強姦罪の客体において男女区別がなくなり、類似強姦罪が新しく設けられ、さらにあらゆる性暴力犯罪について、親告罪の条項が削除された。一方、性暴力犯罪の被害者の保護の充実化を図るために「性暴力防止及び被害者保護等に関する法律」をはじめとする特別法律の制定と改正が行われた。これらの法律によって、性暴力犯罪の被害者を保護・支援するための多様な制度が設けられた。

立法の複雑さと混乱

最近相次いで起きた児童・青少年対象の性暴力犯罪によって、刑法の改正だけではなく、性暴力処罰特例法、児童・青少年性保護法、性暴力防止及び被害者保護等に関する法律、位置追跡電子装置法、性衝動薬物治療法などの特別法が制定及び改正され、法定刑の引き上げ、性犯罪者身上公開、治療監護、位置追跡電子装置（電子足首輪）、

第13章　韓国における性刑法の改革

性衝動薬物治療（化学的去勢）などの新しい性暴力犯罪対策が続々と導入された。しかしながら、このような厳罰化中心の法律の改革によってどれほど効果が現れているのかについては疑問が強く残っている。それだけではなく、あまりにも、各法律が複雑に絡まっており、性暴力犯罪に対する処罰規定が曖昧に散在しているため、実務的にも混乱を極めている実情であり、二重三重の処罰として憲法違反という批判もある。韓国における性暴力犯罪に関する法律の体系を図で示せば、次のようになる。

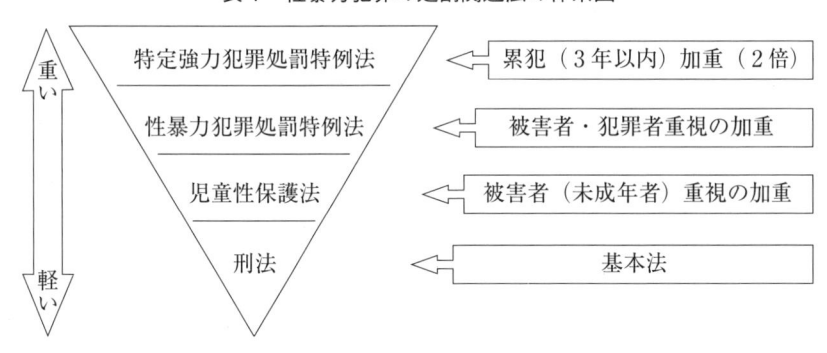

表1　性暴力犯罪の処罰関連法の体系図

重い ↕ 軽い	法律		加重事由
	特定強力犯罪処罰特例法	←	累犯（3年以内）加重（2倍）
	性暴力犯罪処罰特例法	←	被害者・犯罪者重視の加重
	児童性保護法	←	被害者（未成年者）重視の加重
	刑法	←	基本法

③ 性刑法の改革の背景

韓国では最近社会の耳目を集める性暴力犯罪が相次いで発生し、目まぐるしい程の様々な性暴力犯罪の対策が溢れ出ることになった。しかし、果たしてどれだけの性暴力犯罪が発生しているか、また、その原因としては何が考えられるのかについて、充分説明されているとは言いがたい。ここではその点に関して検討してみたい。

最近の性暴力犯罪の動向

表2は、2002年から2011年までの10年間の凶悪犯罪（殺人、強盗、性暴力犯罪、放火）の動向を表したものである。この表を見れば、性暴力犯罪を除いた残り3つの犯罪は、横ばいないし減少していることが分かる。しかし、性暴力犯罪だけは、数も多くて増加傾向が著しい。10年間に性暴力犯罪は2倍以上増加しているが、こ

第 4 部　諸外国における性刑法の改革

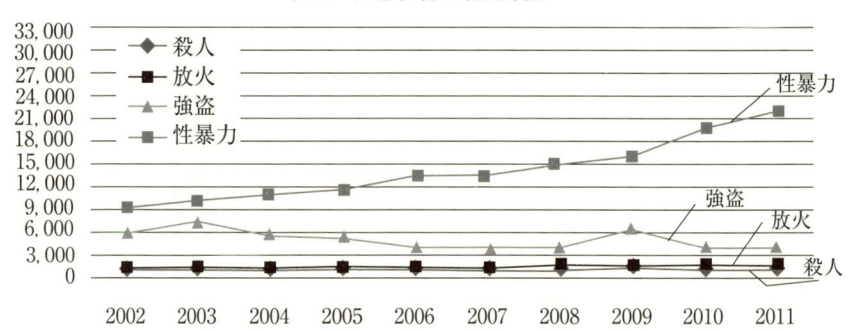

表 2　凶悪犯罪の発生現況

＊法務研修院、犯罪白書（2012 年版）

のような増加傾向は 2009 年以降、より高い上昇を見せていることが注目される。犯罪全体に性暴力犯罪が占める割合も 2010 年から 1 ％を超え始めている。統計的に増加が確認されているだけではなく、特に児童を対象とした残酷な性暴力犯罪が 2000 年代に入って毎年発生し、全国を震撼させた。このことが性暴力犯罪に対する極端的な対策を急がせた大きな背景になった。

次に、韓国における性暴力犯罪の人口比を、日本、アメリカ、ドイツ、イギリス（England と Wales）と比較したのが、表 3 である。この表から、韓国における性暴力犯罪の人口比は 2002 年と比べて 2 倍以上の増加を見せていることが明らかとなる。他の 4 つ国はすべて減少しているにもかかわらず、韓国だけが唯一に増加している。韓国の人口比は、日本の 2 倍から始まって 2011 年は約 7 倍まで増加している。また、2008 年からアメリカの人口比を、そして 2010 年からはドイツをそれぞれ追い抜いて、2011 年にはかなりの差を見せている。韓国と人口数で類似しているイギリス（England & Wales）における人口比がもっとも高いが、最近減少傾向が著しい。しかし、この流れが継続することになれば、韓国の性暴力犯罪の人口比がイギリスのそれを追い抜くことは時間の問題であろう。このように、主要諸外国と比べてみても、最近の韓国における性暴力犯罪の動向は尋常でないことが分かる。

表 4 は、20 歳以下に対する性暴力犯罪の被害者の状況を表したものである。特に 16 歳以上 20 歳までの被害者の増加が目立っている。一方、12 歳以

第 13 章　韓国における性刑法の改革

表 3　性暴力犯罪の主要外国との比較（人口比）

* 韓国犯罪白書（http://www.ioj.go.kr/homepage/information/DataAction.do?method=view）
* 日本法務省サイト（http://hakusyo1.moj.go.jp/jp/nendo_nfm.html）
* アメリカ連邦捜査局サイト（http://www.fbi.gov/about-us/cjis/ucr/crime-in-the-u.s/2011/crime-in-the-u.s.-2011/tables/table-1）
* ドイツ連邦捜査庁サイト（http://www.bka.de/nn_194552/EN/Publications/PoliceCrimeStatistics/policeCrimeStatistics_node.html?__nnn=true）
* イギリス法務省サイト（http://www.justice.gov.uk/publications）
* 人口比は 100,000 人当たりの割合（offence rate＝（件数×100,000）÷人口数）
* 強姦罪、強制猥褻罪などの性暴力犯罪を含む（それぞれの国の性犯罪の態様や統計の取り方において相違があり得る）。

下、15 歳以下の被害者は緩やかな増加を見せている。12 歳以下は 2011 年には 2002 年の 2 倍に増加しており、15 歳以下は 3 倍以上にまで増えている。表 4 の中で、韓国と日本の 12 歳以下の性暴力犯罪の被害者を比べてみると、2002 年には日本が韓国より 3 倍以上多かったのだが、それ以降はだんだん減少し、つい 2007 年からは韓国の方が追い抜き、最近は類似な推移を見せている。日本より人口が少ないという面もあるから、確かに韓国の方が 12 歳以下の子供に対する性暴力犯罪が多いことが分かる。反面、日本の場合も全体的には性暴力犯罪が韓国より少ないが、12 歳以下の子供に対する性暴力犯罪については、減少の気味にはあるもののかなり発生しているのではないかと見られる。

韓国の状況は、性暴力犯罪に対する司法網の拡大や過剰対応の結果ではないかという側面も看過することはできない。しかし、羞恥心で被害届を出すことができず、また届けても結局女性だけが損をするだけであるという認識がかな

り強いため、泣き寝入りし申告していない暗数までを勘案すれば、韓国における最近の性暴力犯罪の増加は異常な現象と言わざるを得ない。

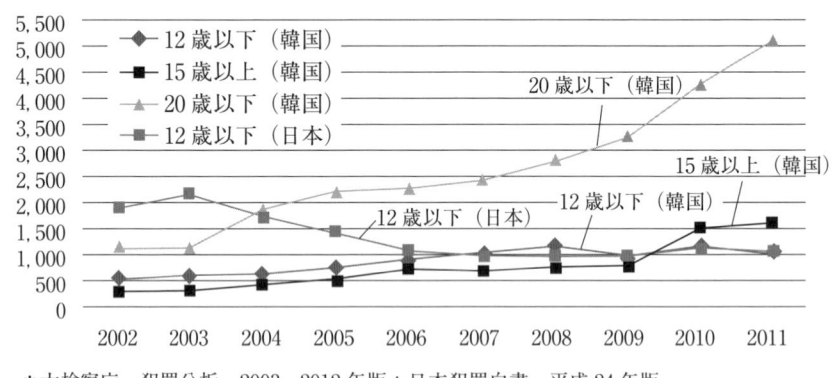

表4　12歳以下の性暴力被害者の日韓比較

＊大検察庁、犯罪分析、2003-2012年版；日本犯罪白書、平成24年版

儒教思想と性暴力
犯罪の増加
現在の韓国における特異な変化を見せる性暴力犯罪の現象は特異な動きを示しており、それをどのように見るか、また、その原因として考えられるものは何か等について検討してみたい。

　第一に、伝統的価値観の崩壊ないし喪失の影響が考えられる。前述したように、現代の韓国社会は儒教思想の影響が少なくはない。儒教思想は性問題についても、肯定的な側面の崩れと本来の否定的な側面の影響という両面を共に内包している。まず、肯定的な側面の崩壊である。儒教思想は人間社会のなかで人としての「道理」や「人倫」を強調し、人に対する思いやりとして「仁」を施すように諭している。さらに男女の間にはそれぞれ守るべき礼儀があることを定めて男女が淫らに振る舞ってはいけないと教えていた。したがって、性犯罪というのはこのような「人倫」と「道理」に逆らう禽獣同然の行為として世の指弾を受けたのである。しかし、現代に入ってこのような儒教思想の社会道徳的な規律性が崩れてしまい、性犯罪の増加に影響を及ぼしているのではないかと思われる。一方、儒教思想本来が持つ性への否定的な側面としては、儒教思想が男女関係において男性中心の考え方からする男尊女卑の風潮を助長し、

第13章　韓国における性刑法の改革

男女の性関係については抑圧的な姿勢が現在の性犯罪の増加にも影響を及ぼしているのでないかと思われる。旧来はこのような男女観、性観念が、儒教思想の上述した肯定的な側面によってある程度抑制や規律できた部分があったが、個人主義・利己主義・物質万能・開放的な性観念の風潮が広まっている現代社会の中では、儒教思想の本来の否定的な側面が目立つことになり、結局、性暴力犯罪の現象にも悪い影響を及ぼしているのではないかと見られる。

　第二に、しかし、現代の韓国の社会では、儒教以外にも仏教やキリスド教の影響を看過することはできない。仏教やキリストの信者数を合わせると全人口数を上回るといわれるほど韓国は宗教人口が多い。キリストや仏教の掟のなかでも男女間の関係については厳しいところがあるばかりではなく、性犯罪に対しては重大な罪悪として見ている。したがって、儒教の影響だけが薄まって性犯罪が異常に増えているとも言い切れない部分がある。そうだとすれば、次に考えられる要因としては何があるか。

超競争社会・格差社会の影響　韓国は、1945年日本の侵略から解放されて以降、急激な国家発展を成し遂げて経済的にある程度余裕ができるようになった。しかしながら、狭い国土のうえに、限られた資源と人口過密の問題が根源的に内在している国でもある。その結果、必然的に韓国社会は徹底した競争社会になっており、教育などの格差問題が深刻な状態に至っている。まず、「大学（一流大学）に入らなければ出世できない」という風潮が強い。子供の適性に関係なく、また大学に進学しにくい家庭状況等はあまり問われることなく、可能ならば一流大学、少なくとも大学に入るべきであるという社会通念のもと、親は子供の大学進学のために必死の状態になる。一流大学に入るための準備は幼稚園から始まると言われるが、特に高校での大学受験の状況はそれこそ戦争に匹敵する。いわゆる受験戦争である。この受験戦争で落伍した生徒、成績至上主義の学校教育からのストレスに耐えきれなかった一部の生徒は、自殺または逸脱行動等によって、自分たちが置かれている場から逃避しようとすることになる。

　大学までの入試戦争が終わったら、今度は就職戦争が始まるが、よい会社に入っても長く生き残るための生存競争が激しい。早ければもう40代から強制

第 4 部　諸外国における性刑法の改革

退職の対象になるのだ。現在韓国の失業率は全体で約 4 ％、また青年失業率は約 8 ％として全体失業率の 2 倍に上る。しかし、この政府発表を最少値として見る見解もある。また、2010 年の統計によれば、10 代から 30 代の死亡原因の中で自殺がもっとも多く、40 代から 50 代では自殺が二番目を占めている。10 歳から 19 歳の死亡原因としての自殺は 24.3 ％でもっとも高い。国民全体の自殺者の人口比は 31.2 名として OECD 国家の中でトップである（日本の人口比は 2011 年に 23.8 名）。学校では一流・成績第一主義によって極めて強いストレスがかけられ、いじめや学校暴力の問題が深刻化している。

　親は自分の子供たちの教育に必死だが、学校での正規日課だけでは受験戦争で勝つことができないので、私立の塾で追加勉強（課外教育）をさせなければならない。このような私教育を受けている児童・生徒は、小学生で 84.6 ％、中学生で 71.0 ％、高校生で 58.7 ％に上る（2011 年基準）。私教育費の一人当たりの月平均の支出を見ると、小学生が 24 万ウォン、中学生と高校生が 26 万ウォンである。この激しい競争のなかで、親がもし勤め先で早期退職でも強いられたら、大変な事態になる。特に 40 ～ 50 代は、職場で優秀な若者たちに追い込まれて早期退職する場合が多く、全体非正規職（派遣職）の中でもっとも高い割合を占めている。また、国内の受験戦争を避けて留学させるために子供と妻を海外に送り出す家庭も少なくなく、一人で残された父親が耐え切れず、自殺するケースもしばしば報じられている。40 代から 50 代のなかでは、死亡原因のトップは体の病気（癌）、二番目を自殺が占めている。この世代が、社会的にいかにストレスに悩まされる年齢代であるか、垣間みられる。

　このことは、犯罪現象のなかでも現れている。韓国における犯罪動向を見ると、41 歳から 50 歳までが最も高いピークを見せている。40 代から 50 代までの世代は、子供たちの教育、家族扶養、職場での仕事で、強いストレスを受けながら生活していることを表しているのではなかろうか。これは、単なる推測だけともいえず、次の 5, 6 の表によっても裏付けられている。一般刑法犯だけではなく、性暴力犯罪においても 41 歳から 50 歳までの年齢層が最も多く、二つの図の曲線がほぼ同じような形をとっている。

第 13 章　韓国における性刑法の改革

表 5　年齢別一般刑法犯

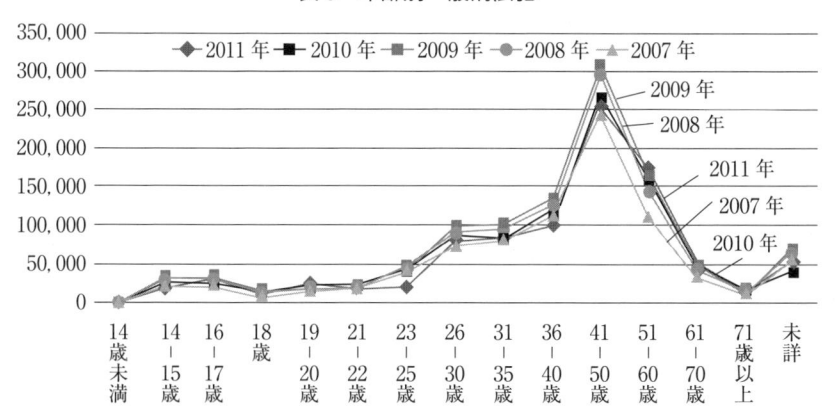

表 6　年齢別性暴力犯罪

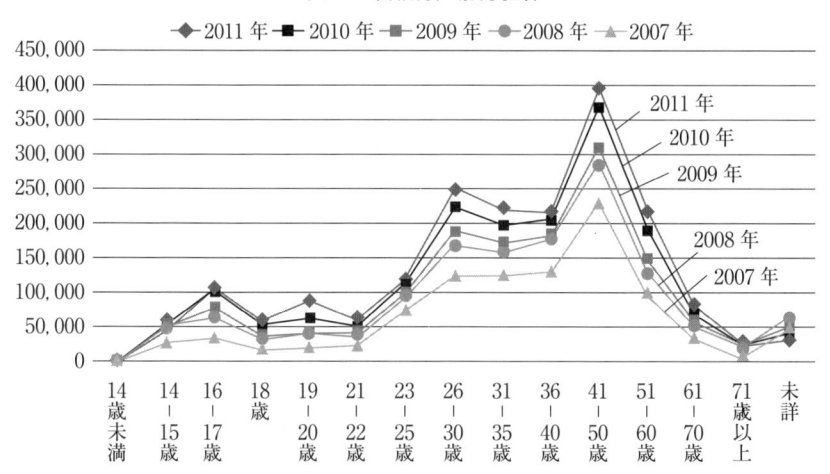

＊　大検察庁、犯罪分析、2012 - 2008 年版

　要するに、息詰まる競争社会・格差社会で落伍したり、傷付けられたりした人たちの一部は、自分たちの鬱憤や欲求不満のはけ口を求めて、社会の弱者である女性、さらに幼い子供たちを対象にした性暴力を引き起こしているのではないかと思われる。

第 4 部　諸外国における性刑法の改革

④ 刑法における性暴力犯罪の処罰

　韓国刑法典は 1958 年に制定されたが、そのモデルとなったのは、日本の「改正刑法仮案」（以下、仮案）であった。当然刑法典の編成も仮案との類似点が多く残されている。制定当時は、性暴力犯罪について刑法各則第 32 章「貞操に関する罪」として設けられたのだが、1995 年の全面改正の時、「強姦と醜行の罪」に改正された（醜行とは、わいせつ行為）。このような再構成から性暴力犯罪に対する明確な認識の変化が窺える。すなわち、「貞操に関する罪」は、「性的純潔」に対する罪という男性中心的イメージが強いことから、女性の性的自己決定権の自由を侵害する犯罪であることを明らかにしようとしたことに改正の意義がある。また、従来は性暴力犯罪の客体は「婦女」になっていたが、2012 年 12 月の改正で「人」に変わり男女区別が廃止された（2013 年 6 月 19 日から施行）。その改正の立法理由からすると、女性による男性に対する強姦も想定していることが明らかである。以下、刑法上の性暴力犯罪類型を概観する。

　(1)　強姦罪（第 297 条）
　強姦罪の法定刑は、仮案 388 条や日本刑法 177 条と同じである。暴行または脅迫によって「人」を強姦した者は 3 年以上の有期懲役に処す。強姦罪の客体において男女区別が廃止され、異性間の強姦罪が成立することになった。暴行・脅迫の程度については、相手の反抗を完全に不可能にする場合だけではなく、反抗を著しく困難にすることも含まれる（絶対暴力と強制暴力を含む、通説）。判例は「あらゆる事情を総合的に考察」して判断しなければならないという見解を取っている。つまり、「事後的に見て被害者が性交行為以前に犯行現場を逃れることができたとか、または被害者が必死の力で反抗しなかったという事情だけで、加害者の暴行・脅迫が被害者の抗拒を著しく困難にする程度までには至っていないと即断してはならない（大法院判決 2005 年 7 月 28 日 2005 도（ド）3071）」としている。

　婚姻関係が実質的に維持されている夫婦間における強姦罪の成立については、既存の学説と判例はこれを否定していたが、2013 年 5 月 16 日に大法院で強姦罪を認定する判決がはじめて下された（大法院判決 2012 도（ド）14788）。大法院の判決の要旨は、「……憲法が保証する婚姻と家族生活の内容、家庭にお

第 13 章　韓国における性刑法の改革

ける性暴力に対する認識の変化、刑法の体系とその改正の経過、強姦罪の保護法益と夫婦の同居義務の内容等に照らしてみれば、刑法第 297 条が定めた強姦罪の客体である「婦女」には、法律上の妻が含まれており、婚姻関係が破綻された場合だけではなく、婚姻関係が実質的に維持されている場合にも、夫が妻の反抗を不可能または顕著に困難になる程度の暴行や脅迫を加えて妻を姦淫した場合は、強姦罪が成立すると見なければならない……。」としている。この大法院の判例の変更に対しては、「……そもそも刑法が強姦罪を設けた趣旨は、配偶者ではない人によって性関係を強要される場合を想定している」として、「それを夫婦関係にまで拡大することではなく、夫婦関係での強制性関係は別の罪として処罰しなければならない。……夫婦強姦罪を認めることは、家庭の平和や安定を取り戻して健康な家庭をつくろい被害者と家族構成員の人権を保護するという家庭暴力特例法の趣旨にも反する」という根拠で反対する意見もある。しかし、肯定説が大勢である。

　また、性転換者に対する強姦罪の問題についても、1996 年 6 月 11 日の大法院判決では否定していたが、2009 年 9 月 10 日の大法院判決で認めることになった。その判決の要旨は、「……被害者が成長期から男性に対する不一致感と女性としての性帰属感を現し、性転換手術によって女性としての身体と外観をそろえており、手術後 30 年間個人的・社会的に女性としての生活を行っている点などに配慮したとき、社会通念上女性として評価される性転換者として、強姦罪の客体である「婦女」に該当する……」とし、男女の性判断についても積極的な姿勢を見せている。

(2)　類似強姦罪（第 297 条の 2）

　2012 年 12 月改正で新設された構成要件であり、「暴行または脅迫によって人に対して口腔・肛門など身体（性器は除く）の内部に性器を挿入したり、性器または肛門に指など身体（性器を除く）の一部若しくは道具を入れる行為を行った者は 2 年以上の有期懲役」に処される。新設理由は、「ドイツ・フランスなど先進外国においては、強姦の基準を『身体に挿入』することであるとして強姦罪に包摂して厳しく処罰しているに反して、わが国では『性器間の挿入』だけを強姦罪として処罰し、これと類似した他の性交行為は強制醜行罪として処罰している問題がある」とし、男女を区別せずにこれを強制醜行罪より

第 4 部　諸外国における性刑法の改革

処罰を重くしようとする意図が窺える。
　(3)　強制醜行罪（第 298 条）
　仮案 389 条より法定刑が重くなっており、現行の日本刑法（第 176 条）と類似している。構成要件は、「暴行・脅迫によって人に対し醜行を行った者は、10 年以下の懲役または 1,500 万ウォン以下の罰金に処す」となっている。こちらでの醜行とは、「相手方の性的自由を侵害する淫乱な行為として性的羞恥心・嫌悪感情を呼び起こすあらゆる行為」を意味する。従来の男性被害者の状況を見れば、2007 年 697 名、2008 年 635 名、2009 年 747 名、2010 年 702 名、2011 年 816 名として増加傾向にある（大検察庁、犯罪分析）。
　(4)　準強姦・準強制醜行罪（第 299 条）
　「人の心神喪失または抗拒不能の状態を利用し姦淫または醜行を犯したものは、強姦、類似強姦、強制醜行罪の例に従う」とし、仮案（第 390 条）、日本刑法（第 178 条）に似ている。
　(5)　強姦など傷害・致傷罪（第 301 条）
　法定刑は、無期または 5 年以上の懲役であり、制定以来刑の変更はない。こちらも仮案（第 392 条）と同じであり、日本刑法（第 181 条）と似ている。
　(6)　強姦など殺人・致死罪（第 301 条の 2）
　仮案（392 条）より重くなっており、日本刑法（第 181 条）に似ている。その法定刑は、「殺人の場合は死刑または無期懲役、致死の場合は無期または 10 年以上の懲役」である。この規定は、制定刑法の第 301 条のなかで仮案と同じく「致死傷」としてなっていたものを 1995 年 12 月の改正時に分離・新設し、殺人と致死の法定刑を引き上げた。
　(7)　未成年者などに対する姦淫罪（第 302 条）
　仮案（第 393 条）と法定刑で同じである。未成年者または心神耗弱者に対して偽計または威力を用いて姦淫または醜行をした者は 5 年以下の懲役であり、制定以来法定刑の変更はない。対象年齢としては、13 歳以上 19 歳未満である。
　(8)　業務上威力などによる姦淫罪（第 303 条）
　仮案（第 394 条）と第 1 項の法定刑においては同じであるが、第 2 項の法定刑は引き上がっている。業務・雇用関係によって自己の保護または監督する人に対して偽計または威力をもって姦淫した者は 5 年以下の懲役または 1,500 万

第13章　韓国における性刑法の改革

ウォン以下の罰金であり（1項）、法律によって拘禁された人を監護する者がその人を姦淫したときは7年以下の懲役に処する（2項）。

　⑼　13歳未満の未成年者に対する姦淫、醜行罪（第305条）

仮案（第396条）と同じであるが、いわゆる13歳未満の未成年者に対する「擬制強姦」である。手段のいかんや同意の有無を問わず、強姦罪や強制醜行罪などの法定刑と同じく処罰する。

　⑽　常習犯規定（第305条の2）

2010年4月15日の改正で新設された。第32章（強姦と醜行の罪）の犯罪の中で、第301条（強姦など傷害・致傷罪）と第301条の2（強姦など殺人・致死罪）を除いて常習でその罪を犯した場合は、法定刑の2分の1まで加重処罰する規定である。ところが、韓国刑法は2010年4月の改正で、有期刑の上限を15年から30年に引き上げ、加重する場合もその上限を25年から50年に引き上げており、これは、まさに加重の加重であると言わざるを得ない。

　⑾　非親告罪の廃止

本来第301条と第301条の2を除いて親告罪だったが（第306条）、2012年12月の改正で削除され、2013年6月19日からあらゆる性暴力犯罪の親告罪が廃止された。

　⑿　婚姻藉口などによる姦淫罪（第304条、2年以下の懲役）

そもそも、この条項は仮案の第395条（3年以下の懲役）から継受した規定だが、2009年11月26日（2009헌바（ホンバ）191）、憲法裁判所から違憲判決が下されて2012年12月の改正で削除された。その憲法裁判所の判決理由は次の通りである。「まず、男性が威力や暴力など害悪的な手段を伴わず女性を愛情行為の相手として選択するという問題は、その行為の本質上国家の介入が自制されなければならない私的で内密な領域であり、さらに、その属性上誇張が伴われるはずであって、我が刑法が婚前性関係を処罰対象にしていないことから婚前性関係の過程の中で行われる通常的誘導行為も処罰することには、理由がない。次に、女性が婚前性関係を求める相手の男性と性関係を結ぶかどうかについて自ら決定した後、自分の決定が錯誤によるものであることを主張しながら相手の男性の処罰を要求することは、女性自らが自分の性的自己決定権を否認する行為に他ならない。また、婚姻藉口姦淫罪は、多数の男性と性関係を結

第 4 部　諸外国における性刑法の改革

ぶ女性全体を'淫行の常習ある婦女'として烙印を押して保護の対象から外し、保護の対象を'淫行の常習のない婦女'に限定するものであり、女性に対する男性優越的貞操観念に基づいた家父長的・道徳主義的な性イデオロギーを強要することにならざるを得ない。結局、刑法の'婚姻藉口姦淫罪'の条項は、男女平等の社会を目指して実現しなければならない国家の憲法的義務（憲法第36条第1項：婚姻と家族生活は個人の尊厳と両性の平等に基づいて成立し維持されなければならず、国家はこれを保障する）に反することであり、同時に女性を幼児視することによって、女性を保護するという口実で事実上国家自らが女性の性的自己決定権を否認することになる。このため、この条項が保護しようとする女性の性的自己決定権は女性の尊厳と価値に逆行することになる。……結局、目的の正当性、手段の適切性及び被害最小性を揃えておらず法益の均衡性もないことから、憲法第37条第2項の過剰禁止の原則を違反し男性の性的自己決定権及びプライバシーの秘密と自由を過剰に制限することとして憲法に違反する」。

　日本の仮案は、そもそも、陽の目を見ることなく死蔵されてしまったのであるが、「人身及び名誉ノ保護ヲ完全ニスル為」にこのような構成要件を新設しようとしていたのである。韓国でこの規定が最近ようやく削除されたのは、遅きに失した感がある。ともかくも、この憲法裁判所の判決を見れば、まさに韓国において男女の性関係及び性犯罪に対する認識の変化を強く感じさせる判決であると言わざるを得ない。

　韓国は日本の仮案第324条の「姦通罪」をそのまま継受しているが、この姦通罪については、今まで4回にわたって憲法裁判所が合憲決定を下している。最近の合憲決定は2008年10月30日に下されているが、この裁判の内容はとても興味深い。憲法裁判所の裁判官は全部で9人、議決定足数は6人である。この裁判では、4人が合憲意見、4人が違憲意見、1人が憲法不合致の意見としているが、違憲の意見が多数（5人）ではあるが、議決定足数の6人に1人が足りなかったので、違憲ではなく合憲として終わったのである。この裁判での合憲の意見をみれば、「姦通罪の法律条項は、婚姻関係を保護し、社会秩序を維持するために姦通及び相姦行為を制裁することとして、正当な立法の目的を達成するために適切な手段である。ただ、'刑罰'の制裁規定が行き過ぎて

第 13 章　韓国における性刑法の改革

いるのか否かが問題になるが、これは基本的に立法形成の自由に属する。姦通が社会秩序を害し他人の権利を侵害する場合に該当すると見る我らの法意識と、姦通及び相姦行為に対する事前予防という強い要請に照らして、姦通及び相姦行為を刑事処罰することにした立法者の判断が恣意的だと言い切れない。この条項によって侵害される私益は特定の関係における性行為の制限として軽微であることに比して、反面、達成される公益は重要性が高くて、法益均衡性が認定されることから、この条項が過剰禁止の原則に違背して個人の性的自己決定権、プライバシーの秘密と自由を侵害しているとみることはできない。また、この条項は法定刑として懲役刑のみを規定してはいるが、やはり行き過ぎた過重な刑罰を定めていると見ることはできない」としている。しかし、このような主張は、上記の婚姻藉口姦淫罪に対する違憲決定に照らしてみれば、不自然なところが多いことは明らかである。「婚姻藉口姦淫罪」の違憲決定の理由からも窺えるように、男女の性関係に対する認識の変化によって姦通罪についても「違憲決定」が下されることは、時間の問題ではないかと見られる。

⑤ 特別法における性暴力犯罪の処罰

性暴力犯罪の処罰等に関する特例法

韓国において性暴力犯罪の深刻性が認識され始めたのは、1990年代に入ってからである。もちろんそれ以前にも女性団体等が性暴力の問題を提起してきた。しかし、いまだ性暴力に関する認識も低く、非難の矢を犯罪者ではなく被害者に向ける社会的雰囲気が強く、申告率は2.2％内外に止まる実情だった。ところが、1990年と1991年に発生した2件の性暴力犯罪事件をきっかけで「韓国性暴力相談所」が設立されることになった。1990年の事件は、9歳のとき村の隣人に強姦された少女が成長しても社会生活や異性関係がうまく行かず苦しんだ末、21歳になってその加害者を殺害した事件である。この女性は裁判で「自分は人ではなくただの獣を殺したにすぎない」と淡々と述べて話題になった。一方、1991年の事件は、9歳の時から大学生になるまで継父から持続的に性暴力の被害を受けた女性が、友達の男子大学生と共謀して継父を殺害した事件である。この2つの事件をきっかけで創設された韓国性暴力相談所は、性暴力特別法の制定を積極的に働きかけ、その結果、1994年1月5日に「性暴力犯罪

の処罰及び被害者保護などに関する法律」が誕生した。この法律がいわば韓国において性暴力犯罪に関する特別法の先駆けになったのである。この法律はその後、2010年4月15日新しく「性暴力犯罪の処罰などに関する特例法（以下、「特例法」）」と「性暴力防止及び被害者保護等に関する法律」と分かれることになった。この特例法は、外形的に1994年の法律のなかで犯罪者処罰と関わる部分だけを分離した形であるが、既存の法律をより重くしたことに特徴があり、2012年12月の改正でさらに重罰化された。以下、この特例法の罰則を概観する。

(1) 特殊強盗強姦罪（第3条）

刑法上の住居侵入、夜間住居侵入窃盗（未遂を含む）、特殊窃盗（未遂を含む）の罪を犯した者が刑法上の強姦、類似強姦、強制醜行、準強姦・準強制醜行の罪を犯した場合には、無期懲役または5年以上の懲役として、重罰に処する。また、刑法上の特殊強盗の罪を犯した者が強姦、類似強姦、強制醜行、準強姦・準強制醜行の罪を犯した場合には死刑、無期懲役または10年以上の懲役にまで引き上げる。

(2) 特殊強姦罪など（第4条）

凶器その他の危険な物件を所持したまま、または2人以上が合同で強姦・準強姦の罪を犯した者は、無期または5年以上の懲役、また同じ方法で強制醜行・準強制醜行の罪を犯した者は3年以上の有期懲役に処する。

(3) 親族関係による性暴力犯罪（第5条）

親族関係の人が強姦・準強姦した場合には、7年以上の有期懲役（刑法上は3年以上の有期懲役）、またその人が強制醜行・準強制醜行した場合は5年以上の有期懲役に処する（刑法上は10年以下）。その親族の範囲は4親等以内の血族・姻戚と同居する親族であり、事実上の関係による親族が含まれる。

(4) 障害者に対する強姦・強制醜行罪（第6条）

身体的または精神的な障害がある人に対して強姦・準強姦した者は、無期懲役または7年以上の懲役（刑法上は3年以上の有期懲役）、類似強姦（準強姦の状態を利用した場合を含む）した者は5年以上の有期懲役（刑法上は2年以上の有期懲役）に処する。また、身体的または精神的な障害者に対して強制醜行（準強制醜行の状態を利用した場合を含む）の罪を犯した者は3年以上の有期懲役ま

第13章　韓国における性刑法の改革

たは2千万ウォン以上5千万ウォン以下の罰金に処する（刑法上は10年以下の有期懲役または1,500万ウォン以下の罰金）。偽計または威力を持って身体的または精神的な障害者を姦淫した者は5年以上の有期懲役（刑法上は5年以下の懲役）、また偽計または威力を持って身体的または精神的な障害者を単純醜行した者も1年以上の有期懲役または1千万ウォン以上3千万ウォン以下の罰金に処する。また、障害者の保護・教育施設に従事する者がその保護・監督の対象である障害者に対して以上の罪を犯した場合には、その法定刑の2分の1まで加重する。

(5) 13歳未満の未成年者に対する性暴力犯罪（第7条）

13歳未満に対して強姦、準強姦の罪を犯した場合には（偽計・威力をもって姦淫した場合を含む）無期懲役または10年以上の懲役として処罰するものである。また、類似強姦（偽計・威力による場合を含む）した場合には7年以上の有期懲役、強制醜行・準強制醜行した場合は（偽計・威力による場合を含む）5年以上の有期懲役または3千万ウォン以上5千万ウォン以下の罰金に処する。

(6) 強姦など傷害致傷罪（第8条）

住居侵入・夜間住居侵入窃盗・特殊窃盗罪の者が性暴力犯罪を犯し、傷害致傷の結果を生じさせた場合の重罰規定である。この者が、特殊強姦罪、障害者に対する性暴力犯罪、13歳未満に対する性暴力犯罪を犯した場合は、無期懲役または10年以上の懲役、また親族による場合は無期懲役または7年以上の懲役に処する（刑法上は無期懲役または5年以上の懲役）。

(7) 強姦など殺人致死罪（第9条）

以上の性暴力犯罪を犯した者が人を殺害した場合には死刑または無期懲役に処する。また、特殊強姦・親族関係の強姦による致死の場合は、無期懲役または10年以上の懲役に処する。障害者・13歳未満者に対する性暴力犯罪による致死の場合は、死刑、無期懲役または10年以上の懲役に処する。

(8) 業務上威力などによる醜行罪（第10条）

業務・雇用の関係にある人に対して偽計・威力を持って醜行した者は2年以下の懲役または500万ウォン以下の罰金に処する。また、法律上拘禁された人を監護する者が醜行した場合には3年以下の懲役または1千500万ウォン以下の罰金に処する。

(9) 公衆密集場所での醜行罪（第11条）

大衆交通手段、公演・集会の場所、その他に公衆が密集する場所において人を醜行した者は1年以下の懲役または300万ウォン以下の罰金に処する。

(10) その他の犯罪

性的目的のために公衆トイレや風呂屋などへの侵入は、1年以下の懲役または300万ウォン以下の罰金（第12条）、また、電話、郵便、パソコン、その他の通信媒体を通じて猥褻行為を行った者は2年以下の懲役または500万ウォン以下の罰金に処する（第13条）。カメラ等を用いて人の意志に反してその身体を密かに撮影したり、売買、提供、展示、上映した者は5年以下の懲役または1千万ウォン以下の罰金（第14条1項）、撮影後その人の意思に反して売買、提供、展示、上映した者は3年以下の懲役または500万ウォン以下の罰金に処する（同条2項）。撮影物を営利の目的のために情報通信網に流布した者は、7年以下の懲役または3千万ウォン以下の罰金に処する（同条3項）。

児童・青少年の性保護に関する法律

1980年代以降、風俗産業が急速に盛んになることに伴い、性売買が急増し、1990年代後半からは10代青少年の性売買が社会的問題として浮上することになった。このような状況を踏まえて韓国政府は、2000年3月、青少年を対象とする性売買・性暴力犯罪に対する処罰強化、被害者である青少年を保護する目的で「青少年性保護法」を制定した。この法律は、性犯罪者の身上公開制度を導入するなど、児童に対する性暴力犯罪が発生するたびに重罰化の道を歩んで来た（制定からすでに28回にわたって改正）。2009年の改正では、「児童・青少年の性保護に関する法律（以下、性保護法）」とその名称が変わった。この法律は19歳未満の未成年者を対象にしており、具体的に青少年とは13歳以上18歳までを示し、児童とは13歳未満を言う。ところが、この法律が児童・青少年として対象を規定しているにもかかわらず、13歳未満の児童に対する場合は「特例法」によって法定刑がもっと重くなっているため、こちらの「性保護法」が適用される余地はなくなり、この限りでは「性保護法」上の処罰の規定は形骸化されている状況である。以下では、この法律の犯罪類型を概観する。

第13章　韓国における性刑法の改革

(1) 児童・青少年に対する強姦・強制醜行罪など（第7条）

強姦（準強姦）の場合は無期懲役または5年以上の有期懲役、類似強姦は5年以上の有期懲役、強制醜行（準強制醜行）の場合は2年以上の有期懲役または1千万ウォン以上3千万ウォン以下の罰金に処し、偽計や威力をもって児童・青少年を姦淫し、または醜行した者も以上のそれぞれの例に従う。

(2) 身体的又は精神的な障害のある13歳以上の児童・青少年に対する姦淫罪など（第8条）

19歳以上の人が、13歳以上で身体的又は精神的な障害があるため弁別能力や意思決定能力が微弱な児童・青少年を姦淫したり、他の人と姦淫させたりした場合には3年以上の有期懲役に処する。また醜行したり他の人に醜行させたりした場合は、10年以下の懲役または1千500万ウォン以下の罰金に処する。この規定の「姦淫」は、被害者の同意の如何を問わず処罰することを意図しており、刑法上の13歳未満に対する「擬制強姦罪」と類似している。

(3) 児童・青少年に対する強姦などによる傷害致傷、殺人、致死罪（第9条、第10条）

傷害・致傷は、無期懲役または7年以上の懲役に処する。また、殺人の場合は死刑または無期懲役、致死の場合は死刑、無期懲役または10年以上の懲役に処する。

6　手続法的規定の改革の概要

性刑法の改革に並んで、手続法の領域でも改革が進んでいる。それらの多くは、前記の特例法に規定されている。

(1) 告訴制限（刑訴法224条）に対する特例（特例法第18条）

刑事訴訟法では、自己または配偶者の直系尊属を告訴することができないと定めているが、特例法は性暴力犯罪に関しては例外を認めている。親族関係の性暴力犯罪が増えたことがその背景にある。

(2) 刑法上の減軽規定の排除に関する特例（特例法第20条）

飲酒または薬物による心神障害の状態で性暴力犯罪を犯した場合には、刑法上の心神喪失者に対する減軽や心神耗弱者に対する減軽及び聾唖者に対する刑

第4部　諸外国における性刑法の改革

の減軽を適用しないことができるとされている。

⑶　専担裁判部制度（特例法第28条）

　地方法院長または高等法院長は、特別な事情がない限り、性暴力犯罪を専門として担当する裁判部を指定しなければならない。この規定にしたがって、韓国は性暴力犯罪の専担裁判部を指定して運営しており、事件受理の段階で性暴力犯罪事件として分類されると、その専担裁判部に割り当てられる。しかし、こちらの裁判部では一般刑事事件に対する裁判も行っており、性暴力犯罪事件の割合は、ソウル中央地方法院（合議部）とソウル高等法院の場合はおおむね50〜70％程度であり、釜山地方法院（合議部）の場合はおおむね30〜40％程度である。性暴力犯罪事件は合議部管轄事件（死刑・無期または短期1年以上の懲役に当たる事件）の場合が多く、合議裁判部がほとんどの事件を処理しており、単純な強制醜行などのように比較的軽微な事件は単独裁判部が処理している。専担裁判部の指定の状況をみると、まず、5つの高等法院全体で21の刑事裁判部があるが、そのうち12が専担裁判部として指定されている。また、地方法院全体では、控訴部の54のうち12、合議部の46のうち19、単独部の187のうち18の刑事裁判部が性暴力犯罪事件の専担裁判部として指定されている。

　専担裁判部の活動状況を見ると、2011年5月から大法院傘下オンライン・コミュニティーを通じて関連判決、質疑応答、資料掲載などの活動を行い、また、専担裁判部の裁判官に対する研修を年1回実施しており、性暴力犯罪の裁判において専門性を高めるための教育を中心として行われている。また、全国の専担裁判部の裁判長が集ってセミナーや討論会を年1回行っている。この制度の長所としては、まず、性暴力犯罪と関連法律について専門的に蓄積された情報・知識と経験を生かして当該事件と被害者の特性に適切な審理方式を採用することによって、裁判過程で被害者が2次被害にさらされることを防止できるとされている。

　第二に、法官の専門性の保持である。多数の性暴力犯罪事件を処理する中で、被害者（特に児童青少年または知的障害のある被害者）の陳述の特性、加害者陳述の特性、加害者と被害者の行動パターンなどについての知識や経験を積むことができ、このような知識と経験に基づいて陳述の信憑性に関する評価をする

第 13 章　韓国における性刑法の改革

ことによって、より実体に近接した結果を導きだせる。また、性暴力犯罪と関わった種々の付随処分の状況、附加要件及び基準等に対する専門性を生かして加害者の再犯危険性を適正に評価でき、同時に再犯防止に必要な適切な処分を選択することができる。

　第三に、処理基準の一貫性を保つことで、量刑偏差を解消できる。類似した事件を特定の裁判部が集中的に処理することによって処理基準の一貫性を高めることができ、専担裁判部間の情報共有、意見交換等を通して量刑の偏差を減らすことができる。

　第四に、裁判手続の進行と実体判断のプロセスのなかで、試行錯誤を減らすことによって事件処理の効率性を高めることができる。

　反面、短所としては、法官の過度な心理的負担、被害者保護に偏った裁判の恐れ、有罪立証において裁判官の均衡感覚が崩れる恐れ等が指摘されている。とりわけ、現在の性暴力犯罪の専担裁判部の裁判官は特別な事情がない限り、1年または2年周期で交替しているため、「専門性を保った法官による性暴力犯罪事件の処理」という制度本来の趣旨がきちんと実現できない限界があるという批判がなされている（以上、2013年10月25日、釜山地方法院第6刑事部の辛宗烈（シン・ジョンヨル）部長判事とのインタビュー資料による）。

（4）公訴時効に関する特例（特例法第21条、性保護法第20条）

　未成年者に対する性暴力犯罪の公訴時効は刑事訴訟法の規定にも関わらず、当該性暴力犯罪の被害者が未成年者である場合は、その未成年者が成年に達した日から起算する。また、未成年者に対する主な性暴力犯罪に対しては、DNA証拠など立証の証拠が確実した性暴力犯罪の場合は公訴時効を10年延長する。13歳未満または障害のある人に対する主な性暴力犯罪に対しては、刑事訴訟法上の公訴時効の規定を適用しない。さらに、強姦殺人の場合にも被害者の年齢に関係なく公訴時効を廃止する。

⑦ 被害者保護に関する特例

刑事訴訟法における特例

法院は被害者を証人として尋問する場合は、職権または被害者・法定代理人・検事の申請によって被害者と信頼関係にある者を同席させることができる（第163条の2、2007

第4部　諸外国における性刑法の改革

年6月新設)。

　また、児童・青少年を証人として尋問する場合は、検事や被告人または弁護人の意見を聞いてビデオなどの中継装置を用いたり、または遮蔽施設を設置し訊問することができる(第165条の2)。また、被害者などの陳述権に関する一般条項によっても(第294条の2、1987年11月新設)公判手続で意見を述べることができ、その陳述は非公開にすることもできる(2007年6月新設)。

特例法における特例

被害者・申告人などに対する保護措置(第23条)、被害者の身元とプライバシー漏洩禁止(第24条)、性暴力犯罪の被害者に対する専担警察及び検事による調査制度(第26条)、性暴力犯罪の被害者に対する弁護士選任の特例(第27条)、2次被害防止のための捜査及び裁判手続における被害者に対する配慮(第29条)、性暴力犯罪の被害者が19歳未満の未成年者または、身体的又は精神的な障害者の場合、被害者陳述の過程をビデオなどの映像物の録画装置で撮影・保存する義務(第30条)、性暴力犯罪事件に対する審理の非公開、被害者の証言に対する非公開申請権(第31条)、証人として法院に出席する被害者の保護のための「証人支援官」の制度(第32)、医師・ケースワーカー等の専門家による被害者診断の制度(第33条)、性暴力犯罪の被害者の証人尋問時、信頼関係にあるものを同席させる制度(第34条)、証人として陳述する性暴力犯罪の被害者に対する陳述助力人制度(第35条)、性暴力犯罪の被害者が13歳未満または、身体的又は精神的な障害者の場合、陳述助力人を捜査手続及び裁判過程に参与させる制度(第36条、第37条)、ビデオなど中継装置による被害者の証人尋問制度(第40条)などの被害者保護のための特例が定められている。

児童・青少年の性保護に関する法律による特例

性暴力犯罪者が親族の場合に被害児童青少年を他の人及び施設に引渡す措置(第24条)、2次被害を防止するための捜査及び裁判手続における配慮(第25条)、被害者の陳述に対する映像物録画装置による撮影・保存(第26条)、被害児童・青少年の相談及び治療に関する規定(第37条)、被害児童・青少年を保護するために加害者に対する接近禁止措置の請求制度(41条)、保護施設や相談施設の運用に関する規定(第45条、第46条)などである。そ

第13章　韓国における性刑法の改革

れらの特例措置は、特例法上の被害者保護に関する制度とほとんど重なっている。

性暴力防止及び被害者保護などに関する法律による特例

性暴力犯罪の被害を受けた被害者などに対する就学及び就業支援制度（第7条）、被害者に対する法律相談支援など（第7条の2）、職場での性暴力犯罪の被害者に対する不利益処分の禁止（第8条）、被害者の保護・支援施設の設置運営（第10条以下）など、性暴力を予防し性暴力被害者を保護及び支援することを目的とした関連規定を定めている。

8　結びにかえて

改革の評価

韓国は長年にわたって儒教の強い影響のもとにあり、性に対する観念や男女関係についても厳しい社会であった。最近韓国政府は性暴力犯罪の問題に頭を抱えているが、この問題は、そのような歴史的な背景も遠因の一つではないかと見られる。現代に入って儒教などの道徳規範が弱まり、また時代の変遷によって男女の性関係についての社会的認識も大分変わって、今まで抑制された性に対する関心や欲求が噴出している側面もないわけではない。さらに、近年の激しい競争社会・格差社会への進行によって疎外された人たちに対する政策の不十分さも問題である。このような状況の中で、ますます深刻化している性暴力犯罪について、韓国政府は処罰だけを厳しくして対応しようとする方法に頼っているようである。しかし、果たしてその効果はどれだけ現れることになるのか。そもそも、最近韓国政府の性暴力犯罪に対する対処立法は、慎重で合理的な議論の上で得られた結果によって制定や改正されたものというよりは、特にマスメディアを通じて形成された世論に便乗して拙速に作られた印象が強い。またその内容が主に処罰の強化に焦点が置かれているだけではなく、法律間の重複などによって二重処罰、遡及適用などの問題点を抱えており、さらに立法だけで実際にはあまり適用されないため、実効性が乏しいという点でも批判を浴びている。

性暴力犯罪者が出所後、電子監視装置を装着した状態で再び性暴力犯罪を犯したという事例からすれば、重い処罰だけですべてが解決できるわけではなく、

むしろ社会福祉的政策や治療的処遇を強化しなければならないのではないか。また、各種特別法に散在している処罰規定の体系性、正当性、効率性等を再検討すべきであり、とりわけ、複雑を極めている多数の特別法律を統合する作業も行われなければならない。

日本法への示唆　このような韓国の状況から、他山の石として日本側が考慮する点としてどのようなものがあるのだろうか。性暴力犯罪の問題において、日本は韓国とはいろいろ状況が異なる。男女間の性文化においても韓国とは認識の差があるだけではなく、男女の性関係についても韓国ほど厳しく見られていないのではないかとも思われる。なにより、韓国のように最近性暴力犯罪が増加一途にあるわけでもない。したがって、法定刑を極端に引き上げたり、化学的去勢のような特異な方法を導入したりする対応は考えにくい。とりわけ、韓国のように特別法を量産し各法律間で重罰規定を複雑に絡ませたりすることは避けるべきである。必要があるとすれば、刑法上の第22章の「猥褻、姦淫及び重婚の罪」を必要に応じて改正ないし補完することで十分足りるのではなかろうか。

　韓国の改革を参照にするとすれば、まず、刑法上の性暴力犯罪を「性的自己決定権」を侵害する犯罪として明確にし、男女の区別も廃止すべきである。また、夫婦強姦罪の問題は、法律上の問題というよりは認識の転換の問題ではなかろうか。法律の改正がなくても裁判所の判例で認められる余地は十分あるのではないか。また、時代の変遷とともに韓国の「類似強姦罪」のような規定の新設も検討に値すると思われる。

　性暴力犯罪を親告罪のままにするかどうかに関する問題については、慎重な議論が必要であるが、原則的には非親告罪にした方が望ましいのではないかと思われる。なぜならば、当然のことであるが、性暴力犯罪は他の傷害罪などの身体に対する物理的侵害犯罪に比べてその心身の被害の重大さは大きい。非親告罪としつつ、被害者の名誉やプライバシーを保護する手段と方法は別に工夫すればできるという理由からである。さらに、性暴力犯罪の専担調査制と専担裁判部の指定、多様な被害者保護に関する規定等も参酌できる制度である。特に、専担裁判部制度は、性暴力犯罪に対する裁判の専門性を高めることによっ

第 13 章　韓国における性刑法の改革

て、性暴力犯罪事件に対する実体の解明は勿論、被害者の保護という観点からも大いに役に立つところがあるのではないかと考えられる。

【参考文献】
大阪弁護士会『韓国性暴力調査報告書』（2011 年）
崔鍾植「韓国における青少年を取り巻く教育環境の現在――ある実母殺害事件を踏まえて――」青少年問題第 648 号（2012 年）
崔鍾植「韓国刑法の歴史的展開と課題―― 1894 年から 1910 年代までの刑法関連の法史的背景を中心として――」刑事法理論の探求と発見、斉藤豊治先生古稀祝賀論文集（2012 年）
判例時報編集部『刑法改正準備案・改正刑法仮案・現行刑法対照条文』（1960 年）

第 4 部　諸外国における性刑法の改革

第 14 章　まとめ——諸外国の性刑法改革

斉藤豊治

改革の動き

いままで見てきたように、アメリカ、フランス、ドイツ、イギリス、さらには隣国の韓国でも、性刑法の改革が相次いで行われてきている。

アメリカは各州と連邦が刑法典を持っている。アメリカでは、ミシガン州で 1974 年の性犯罪に関する刑法改正が行われて、それが短期間のうちに全米に拡大し、すべての州とコロンビア特別区で改革が行われてきた。その動きは現在なお進行中である。改革のうねりは、欧米にも波及し、フランスでは 1980 年法および 1992 年法の改正が行われた。ドイツでも 1997 年に性刑法改正が行われている。イギリスでは、1997 年法および 2003 年法が制定されている。その動きはアジア諸国にもおよび、韓国では 1995 年には刑法改正、2011 年には特別法の制定、2012 年にも刑法改正というように立法が相次ぎ、重要な判例も出されている。

こうした改革の動きを促進したのは、何よりもまず女性たちの運動、とりわけフェミニズム運動であった。これらの運動は、伝統的な性刑法の規定及び運用を家父長制、男系中心の世襲制のイデオロギーにとらわれたものであり、法と運用自体がしばしば被害者女性に対する非難、差別と偏見をもたらしており、ジェンダー・バイアスを再生産しているとして、鋭く批判し、法改正を求めてきた。

改革の対象

伝統的なイデオロギーでは、女性は夫のために「子供を産む道具」として扱われた。結婚を契機に、女性は夫に従属する立場となり、欧米では「夫の所有物」という扱いが行われてきた。実情は日本や韓国でも同様であった。女性の貞操義務が強調され、妻自身が自ら貞操を守ることが強く求められた。

第14章　まとめ——諸外国の性刑法改革

　妻がほかの男と性的関係を持つことは、こうした伝統的な社会制度に対する侵害として、きびしい非難と制裁を免れなかった。妊娠・出産によって、夫以外の血統を持ち込むものであり、家父長制を根底から揺るがすものであるからである。

　妻が同意の上で夫以外の男性と関係を持つことは、姦通罪とされてきた。強姦罪では夫以外の男から性交渉を迫られたとき、妻は最大限抵抗することが求められた。

被害者への非難

　強姦罪が成立するには、強度の暴行・脅迫が求められた。容易に暴行・脅迫に屈するような女性の貞操は保護に値しないとされた。その反面、妻は夫の求めに対して性交に応じる義務を負うとされ、夫婦間では強姦はあり得ないとされた。結婚前の女性は、父親の支配下にあり、将来の結婚に備えて、貞操を守る義務が課され、強姦罪に関して既婚の女性と同様な地位に置かれた。

　強姦の被害者は、「傷もの」というレッテルが貼られた。それだけではなく、被害者は、身持ちの悪い女性であり、スキがあったのではないかとか、挑発をしたのではないか、といった疑念がもたれ、被害者が非難を受けることが少なくなかった。また、被害を受けた女性の言うことは信用できず、本当は合意があったのではないか、加害者である男を陥れるために嘘をついているのではないか、男を誘って性交に及んだが、後にこれがばれそうになって、被害者のポーズをとっているのではないか、といった扱いもまれではなかった。加害者は、こうした高いハードルを越えて選び出されて、ようやく厳しい刑が科された。

　こうした制度の枠組みは、男女の平等主義的な価値観が浸透するとともに、厳しい批判を受けることとなった。フェミニズムは、平等主義的価値観を強力に推し進めた。それは一連の「強姦神話」を克服するための努力と分かちがたく結びついていた。

　性刑法の改革は試行錯誤を伴うものであり、国ごとの法文化の違いに応じて差異がある。法文化が異なるし、性犯罪を女性の性的自由ないし自己決定権に対する罪として構成するか、暴力犯罪の一種として構成するのかという点で考えるのかという差異も存在する。しかし、改革はいくつかの点で共通した目標

第 4 部　諸外国における性刑法の改革

を追求してきている。

性中立化　強姦罪は、伝統的には被害者は女子であり、男性が暴行・脅迫によって抵抗を排除して性器を膣に挿入することで成立するとされた。強姦罪は、前述のような家父長主義のイデオロギーにもとづいて、強制わいせつ罪など他の性的犯罪とは異なる特別な位置を与えられていた。これを改めて、性中立化（ジェンダー・ニュートラル）なものとするという傾向が、各国の性刑法の基本的な流れである。

　改革では、性犯罪は、性的挿入罪と性的接触罪という二元的な構成へと再編成される。性的挿入罪は、男女を問わず成立する。膣だけではなく、肛門や口に対する強制的な挿入は、性的挿入罪として類型化される。性的挿入罪の客体となる部位は、女性の膣だけではなく、男女を問わず肛門および口に対しても成立する。挿入の手段・方法は、性器、手足・指、舌だけではなく、物体も含む。伝統的な強姦罪は、性的挿入罪の一類型とされるが、これを加重的な類型とするのか、強姦という用語を用い続けるのかは、国によって差異がある。強姦の意味は多様化しており、性的挿入を強姦と呼ぶ立法もあれば、伝統的な意味での強姦の概念を維持しているところもあり、アメリカの相当数の州のように、この用語を完全に廃止しているところもある。性的接触罪は、挿入を除く性的部位への接触または性器等による身体への接触である。

加重類型　「強姦罪」のほかに、凶器を用いた暴行・脅迫や集団による性犯罪は、加重類型とされるところが多い。

暴行・脅迫もしくは抵抗要件　伝統的な強姦罪では、日本のように強度の暴行・脅迫が犯罪成立の要件とされたり、あるいは欧米のように加害者が現実の被害者の抵抗を実力によって排除したりすることが犯罪成立に必要とされていた。しかし、性刑法の改革の結果、こうした強度の暴行・脅迫や抵抗がなくても成立する類型が設けられ、他方、強度の暴行・脅迫や抵抗排除を伴う場合は、加重的な類型として規定する立法例が多くなっている。

第14章　まとめ——諸外国の性刑法改革

　諸外国の性刑法は、不同意での性交を処罰する類型を設ける傾向にある。わが国では、13歳未満の者に対する場合や、心神喪失状態の者に対する場合、強姦罪や強制わいせつ罪が成立するとされている。判例では、夫であると誤信した場合や医師による治療と誤信して同意した場合のように同意の際に重要な錯誤があり、錯誤がなければ同意しなかっただろうと認められる場合には、真意による同意ではなかったとして、強姦罪の成立が肯定されている。その意思がないのに結婚するといって同意を得たような場合や、同じくその積りがないのに昇進を約束して、同意を得たような場合が考えられる。日本ではこのような場合には、強姦罪は成立しない。フランスでは、このような欺罔による同意は一般的に同意とは認めず、性的攻撃とされているようである。アメリカのいくつかの州は、フランス刑法と同様な規定を置いている。

　なお、わが国では、強制わいせつ罪では、判例や多数説では、一瞬のスキをついて性器や臀部や乳房を触ることも、強制わいせつ罪に該当するとされている。

　諸外国の性刑法改革では、成人一般について不同意の性的挿入や性的接触を処罰するという方向にある。もっとも、不同意の立証には特有の問題があることも否定できない。不同意という心理的事実の立証は必ずしも容易ではない。強姦罪の多くは見知らぬ人によって屋外の暗闇で犯されるのではなく、顔見知りの者によって室内で行われることが、多くの調査によって明らかになってきた。後者の場合、不同意の立証は、必ずしも容易ではない。

　純粋に不同意性交を1つの犯罪類型とするならば、暴行・脅迫や同意能力の不存在を盛り込むことは不要となる。もし、これらを不同意の定義規定のなかに盛り込むならば、不同意だけでは犯罪が成立しないことに帰着してしまう。また、不同意を暴行・脅迫によって証明することが定着すれば、結局のところ、純粋の不同意処罰という趣旨が維持されなくなる。また、不同意の立証責任を訴追側が負うのか、被告人が負うのかという問題もある。立証責任を転換させる場合、転換の内容も問題となる。

　不同意の立証という問題に対処するには、いくつかの方法がある。1つは、イギリスのように推定規定を設けることである。イギリスは、不同意を定義するとともに、不同意の推定規定を設けているが、そこでは反証を許す推定と反証を許さない推定とを置いている。もう1つの方法は、アメリカのミシガン州

第4部　諸外国における性刑法の改革

の刑法のように、可能な限り客観的要素によって行為類型を定めるという方向である。行為の状況、場、加害者と被害者の力関係を類型化することで、不同意の立証という問題を回避するという方向である。例えば、被害者に凶器を見せつけて、性交をした場合、同意の有無を問題にする必要はなくなる。

社会的優位者による場合　権力関係もしくは指導関係といった社会的優位者による弱者への性的加害を処罰する立法は、必ずしも新しい傾向ではない。しかし、各国でこうした立法が広がりを見せている。その背景には、次のような事情がある。セクシュアル・ハラスメント、次いでパワー・ハラスメントが社会問題となり、人々の意識が急速に変化してきている。さらに、親密圏におけるDVの深刻さに光が当てられ、妻・パートナーおよび子どもに対する性的虐待が社会問題となるなかで、親密圏における優位者による性的加害を処罰する立法が相次いで行われている。関係性を類型化すると、次のようになろう。

(1) 家族内で権威あるものと弱者の地位にある者の関係。通常は、女性の配偶者やパートナーに対する性的加害、子どもに対する大人ないし年長者による性的加害が問題となる。
(2) 通学している学校の教師等と生徒の関係。加害者である教師の中には、校長も含まれる。
(3) 未決拘禁、矯正・保護の領域における職員等と対象者の関係。看守等刑事施設のスタッフによる被収容者への性的加害に加えて、保護観察の職員による対象者へのそれも含まれる。正規の職員だけではなく、契約職員、ボランティアなども加害者となる。民営刑務所の職員等についても性的加害は生じうる。
(4) 医療、とりわけ精神医療の領域の医師等とクライエント・患者の関係。アメリカのいくつかの州では、心理学のカウンセラーとクライエントの関係を規定している。
(5) 障害者施設によるスタッフのクライエントに対する性的加害。
(6) 業務や雇用関係における性的加害。ドイツや韓国では、業務や雇用関係についても、特別な類型が設けられている。いわゆるセクシュアル・ハラ

第14章　まとめ──諸外国の性刑法改革

スメントのうち、悪質なものがこれに含まれる。

　以上のうち、どこまでを犯罪化するか、法定刑をどのように定めるかは、国によって差異がある。

> 児童・未成年者の性の保護

わが国では、刑法の強姦罪および強制わいせつ罪は、被害者が13歳未満の男女である場合には、暴行・脅迫がなくても成立する。この年齢層については、不同意である場合が、犯罪となるだけではない。たとえ被害者が同意し、あるいは被害者が積極的に働きかけたとしても、犯罪は成立する。加害者は被害者が大人びていたとして13歳以上であると誤解していたという「事実の錯誤」を主張することができ、これが認められると、故意がないことになり、犯罪は成立しない。13歳以上は、強姦罪および強制わいせつ罪では暴行・脅迫によって、犯行を著しく困難にした場合にのみ、犯罪が成立する。他方これとは別に、18歳未満の児童・青少年の性的保護が、地方自治体の青少年条例および特別法によって行われている。例えば、東京都の青少年の健全な育成に関する条例では、青少年（18歳未満）と「みだらな性交又は性交類似行為をしてはならない」（18条の8）と規定し、違反者は2年以下の懲役または100万円以下の罰金に処せられる。児童福祉法では、「児童に淫行をさせる」ことが禁止され、違反は10年以下の懲役または300万円以下の罰金が科され、裁量によって懲役と罰金の併科も認められている。児童買春および児童ポルノ処罰法では「児童買春」に対して5年以下の懲役または300万円以下の罰金を科すとしている。

　諸外国でも、未成年者に対する性的加害が社会問題となり、刑罰が強化されている。アメリカの立法の傾向としては、年齢層別に成立する犯罪を細分化し、刑罰もこれに比例して定めている。たとえば、ミシガン州では13歳未満の者に対する性的挿入罪は同意の有無の如何にかかわらず、第1級の性犯罪であり、刑罰は終身刑を含む重いものである。13歳以上16歳未満の場合は、同一の家族の構成員である場合に、第1級性犯罪とされている。さらに、アメリカの立法では、年齢の錯誤の主張を認めないという傾向が強くなってきている。

　ドイツでは、合意があっても強姦罪が成立するとされる年齢は14歳未満であり、日本よりも1歳高い。未成年者（18歳未満）に対する性的濫用罪が刑法

に規定されている。ドイツでは近親姦が処罰されるが、行為者が未成年者（18歳未満）である場合には、対象外とされている。イギリスでは日本と同様に13歳未満の者に対する強姦（被害者は男女を問わない）は、同意の有無の如何にかかわらず、成立する。イギリスでも、児童に対する性的犯罪が大きな社会問題となり、2003年の性犯罪者法で、児童に対する性犯罪を処罰するため、一連の規定が設けられ、刑罰の引き上げが行われている。フランスでは、15歳未満の未成年者に対する性的侵害罪は、暴行、強制、脅迫等を伴う場合は7年以下の拘禁または10万ユーロ以下の罰金が科される。15歳未満の者に対して暴行、強制、脅迫等を伴わない場合には、5年以下の拘禁または7万5千円以下の罰金であるが、行為者は成人に限られている。加害者が尊属または養親等である場合は、10年以下の拘禁または15万ユーロ以下の罰金となっている。韓国では、児童・青少年に対するショッキングな性暴力事件が続発し、刑法の改正のほか、性暴力処罰法、児童・青少年性保護法などの特別法が相次いで制定ないし改正され、性犯罪者身上公開、治療監護、位置追跡電子装置、性衝動薬物療法なども導入されている。しかし、厳罰化の効果に対する疑問や各法律の関係が複雑になりすぎているといった批判がなされている。

　青少年保護は、ヨーロッパ連合（EU）の統一した取り組みの対象となっており、EU加盟諸国の担当閣僚によって定められた「枠組決定」を受けて、国内法の整備が行われてきている。

　日本では、立法論として、青少年条例にゆだねられている罰則を法律に移して、全国共通の基準により青少年の保護を図ることが検討されるべきであろう。同時に、年齢層ごとに異なった対応をすることも考えるべきであろう。また、年齢の錯誤に関して、無条件で故意を否定するのではなく、行為者の過失がある場合には、故意を認めるといった対応を行うこと検討すべきである。

　各国でインターネットを利用した児童に対する性犯罪に関する立法的な対応が進んでいる。イギリスでは2003年性犯罪者法がインターネットなどを利用した児童との接触を処罰する。フランスでは、刑法典にインターネットを介して知り合ったうえ、性的加害を行うことが性的攻撃罪の規定のなかで類型化されている。他方で上述のように15歳未満の未成年者に対して、成人が暴行、強制、脅迫を用いることなく、または不意に襲うことがなく、性的攻撃をする

第14章　まとめ——諸外国の性刑法改革

行為を類型化しているが、インターネットを介して知り合ったうえで行われた場合は、加重類型とされている。日本では、2003年に「インターネット異性紹介事業を利用して児童を誘引する行為の規制等に関する法律」が制定された。この法律では、児童を性行為の相手方となるよう誘引することや、人を児童との性行為に誘引すること等が禁止され、違反は100万円以下の罰金である。

手続法・証拠法の改革　英米法のコモンローでは、強姦の被害者である女性が被害について供述したとしても、それだけで強姦を認定してはならず、補強証拠が必要であるとされていた。強姦事件の被害者はしばしば嘘をつき、これによって男を破滅させているという、ひどいジェンダー・バイアスがこのようなルールをささえていた。性刑法の改革によって、アメリカでもイギリスでもそのようなルールは、明文で廃止されていることは言うまでもない。日本では、もともとそのようなルールは存在しない。しかし、法の運用においては、被害者女性の供述の信用性が不相当に低く評価されているのではないか、と思われるような事例も存在する。そのような事例では結局、もう一つ別の証拠がないと有罪を認定できないとしているといえよう。事実上、補強法則が妥当しているといってもよい。

レイプ・シールド法の導入は、アメリカにおいて性刑法改革の柱の一つであった。これは、被害者の過去の性的経験を持ち出して、被害者は同意していたとか、被害者供述が信用できないという立証することを禁止するものである。ほとんどの州がそのような規定を置いている。もっとも、過去の性的体験が被告人との間のものか、それとも第三者との間のものであるかによって、意味は大きく異なる。被告人と被害者の性的関係は、同意に関する証拠として関連性を認められる場合があることは否定できない。レイプ・シールドを原則としつつも、被告人の防御権、とりわけ反対尋問権の保障のために、例外的に被告人と被害者の間に存在する過去の性的関係に尋問が及ぶことが認められている。この場合は、裁判所の裁量による。イギリスでは、レイプ・シールド法が2003年の性犯罪者法によって導入されたが、ヨーロッパ人権条約に基づいて、制限が加えられている。大陸法およびわが国では、性犯罪に特化した制度はなく、一般的なルールに従った立証の制限が行われている。

終章　改革の提言

雪田樹理・斉藤豊治

① 国際水準と改革の必要性

性暴力に関する国際水準

国連の経済社会局（Department of Economic and Social Affairs）・女性の地位向上部（現在の UN Women「ジェンダー平等および女性のためのエンパワーメントのための国連組織」）は、2009 年に『女性に対する暴力に関する立法ハンドブック』を発行し、女性に対する暴力に関する立法モデルとなる枠組みを提示した。そのために 2008 年 5 月に専門家会議が開催され、世界中の女性に対する暴力に関する立法における経験、取組および模範的実施の見直しと分析が行われた。立法ハンドブックで示された枠組みは、その成果を踏まえて作成されたものである。

そこでは、性暴力の定義に関して、以下のような立法がなされるべきであると勧告されている。

○性暴力は、身体の統合性と性的自己決定を侵害するものと定義すべきである。
○現行の強姦罪と強制わいせつ罪を、被害の程度に応じて、より広範な性暴力の犯罪と置き換えるべきである。
○少なくとも次のような加重事由が存在する場合は、刑を加重すべきである。例えば、被害者の年齢、加害者と被害者の関係性、暴力の行使やその脅迫、複数の加害者による犯行、攻撃により被害者が被った重大な身体的ないしは心理的結果が加重事由となる。
○性暴力は強制力や暴力を用いてなされるという要件、および性器の挿入の証明が必要であるという要件をなくすべきである。また、性暴力に関する以下の定義を規定することにより、手続における被害者の 2 次被害を最小

終章　改革の提言

限にすべきである。
- 「明確で自発的な合意」のない限り犯罪が成立することとし、その立証にあたっては、加害者に対し、被害者から同意を得たか否かを確認するための段階を踏んだことの証明を求めるべきである。もしくは
- 当該行為が「強制的な状況」下で行われたことを要件とし、強制的な状況は広く定義されるべきである。

○なんらかの関係にある者の間で起きる性暴力（たとえば、夫婦間レイプ）に関しては、以下のいずれからの方法によって犯罪化すべきである。
- 加害者と被害者との間の「関係の性質にかかわらず」、性暴力に関する条文を適用するよう規定する。
- 「婚姻関係にあること、または他の関係にあることが、法の下での性暴力の犯罪に対する抗弁を構成しない」ことを規定する。

（信山社『女性に対する暴力に関する立法ハンドブック』国連経済社会局女性の地位向上部著　特定非営利活動法人ヒューマンライツ・ナウ編訳）

> 国連の委員会による勧告

わが国は、2008年に国連自由権規約委員会より、次のような勧告を受けている。
「刑法177条の強姦の定義の範囲を拡大して、近親姦、性交以外の性的暴行、男性に対する強姦が重大な犯罪とされることを確保すべきである。また、抵抗したことを被害者に証明させる負担を取り除き、強姦や他の性的暴力犯罪を職権で起訴するべきである。さらに裁判官、検察官、警察官、刑務官に対する性的暴力におけるジェンダーへの配慮に関する研修を義務化すべきである」。また、2009年には女性差別撤廃委員会より、「被害者の告訴を性暴力犯罪の訴追要件とすることを刑法から撤廃すること、身体の安全及び尊厳に関する女性の権利の侵害を含む犯罪として性犯罪を定義すること、強姦罪の罰則を引き上げること及び近親姦を個別の犯罪として規定すること」といった性暴力に関する立法を見直すよう勧告を受けている。日本の性刑法に関する法や運用が、国際的な人権水準から大きく立ち遅れていることは歴然である。

終章　改革の提言

② 法の運用の改善に向けた提言

> 専門の警察・
> 検察が必要

性暴力の被害者が警察に相談や告訴に行った際、担当の警察官にまともに事情を聴いてもらえずに追い返されたり、被害を理解してもらえなかったり、また、告訴を受け付けられた場合でも、事情聴取のなかで落ち度を責められたり、過去の性体験を聞かれるなどの2次被害が後を絶たない。

　また、児童や知的障害のある被害者の事情聴取において、捜査官による適切な発問がされず、被害者の適正な供述の確保が行われず、そのような捜査側の不十分な捜査能力や捜査技術が要因となり、裁判での有罪立証に不利に働いている事例が見られる。

　さらには捜査官の認識不足や怠慢、消極的な態度に起因して、速やかな証拠収集がなされず、本来であれば得られたであろう客観的証拠に欠けている場合も見受けられる。医療機関との速やかな連携のもとで、性暴力被害の犯人のものと思われる精液や唾液・体液の付着等の痕跡、性器や身体の損傷等を速やかに確認し、証拠採取すること、さらにはアルコールや薬物投与により昏睡させて犯行に及んだことが予想される場合には薬物等の検査を行うことなどが要求されるが、これらの証拠収集が現在の捜査において十分になされているとは言い難い。

　国連の『女性に対する暴力に関する立法ハンドブック』においても、女性に対する暴力に関する専門の警察部門、検察部門を設置し、それらの部門の職員に対する専門的な研修の実施と適切な財政的支援を保障すべきこと、被害者には女性の警察官や検察官に連絡する選択権を与えることを保障すべきであるとしている。

　韓国の性犯罪特例法では、警察、検察、裁判所の専担制を導入したが、わが国においてもこのような性犯罪に関する専門性のある警察・検察による法の運用が望まれる。専門性のある捜査機関が捜査にあたり、医療機関との連携により（そのためには医療機関内に性暴力被害者のためのワンストップ支援センター、「性暴力救援センター」）が設置されることが望ましい）、速やかに証拠収集を行い、訓練を受けた職員が司法面接の手法を用いて被害者の事情聴取を行い、ビデオ

終章　改革の提言

を利用した陳述録画により被害者供述の証拠を確保するといった制度の導入が望ましい。また、捜査段階のみならず公判を担当する検察官の性暴力に関する専門性が大きく問われており、検察においては捜査・公判を通じて専門性のある人材を配置することが求められている。

裁判例の見直し

第2部で詳しく述べたように、現在の刑事裁判の審理は、裁判官個人の「強姦神話」に影響され、「強姦神話」が、裁判の場で「経験則」としてまかり通っている現状がある。また、「暴行・脅迫」の程度に関する判例は、相変わらず、反抗を著しく困難にする程度の暴行や脅迫が必要であると解釈されており、そのため構成要件とされていないにもかかわらず、実質的には被害者側の強い抵抗が要件とされているのと変わらない審理が行われ、被害者が必死に抵抗したか否かにより、強姦罪の成否が決せられるという事態が生じている。

さらに2009年の最高裁無罪判決が、被害女性の供述の信用性について「特に慎重に判断する」という基準を示し、さらに補足意見によって被害者の「詳細かつ具体的な」供述に加えて、それを補強する証拠を要求するという意見が付されたことを受けて、被害女性の供述の信用性はそれなりに認められるが、それを補強する客観的な証拠がないために有罪にはできないとした判決も出てきている。「強姦神話」に影響され、女性の被害者の証言を軽視し、差別的な眼差しで捉えるジェンダー・バイアスに基づく裁判は決してあってはならない。

この点に関し、国連の『女性に対する暴力に関する立法ハンドブック』では、①法は、「被害者の供述に対して補強証拠を求めることは違法である」と規定するか、②性暴力の事件に関しては、被害者の供述に信用性があるとの推定を認めるか、③「性暴力の事件に関しては、被害者の供述の信用性は、他の刑事手続きにおける被害者の信用性と同様でなければならない」と規定するかして、いずれかの方法により、補強証拠原則の適用を排除すべきであるとしている。

裁判所は、性暴力に関する専門的知見に謙虚に耳を傾け、「強姦神話」とは何かを学び、理解を改め、暴行・脅迫に関する判例の解釈をより緩やかな暴行・脅迫に変更するべきである。そして、有形力の行使は、通常の性交の場合にも伴うものとする裁判所の認識を根本的に改めなければならない。加えて、

終章　改革の提言

被害女性に対するさまざまな偏見を一掃し、排除しなければならない。

専門の裁判所が必要
さらに制度的にも、性暴力の実態や被害者心理に関する専門的知見を備えた裁判官による審理が保障されるべきである。上述の国連の『女性に対する暴力に関する立法ハンドブック』は、女性に対する暴力に関する事件を適時、かつ効果的に取り扱うことを保障するため、専門の裁判所の創設、または特別裁判手続を規定すべきであるとし、専門の裁判所に配置された公務員が専門の訓練を受けること、公務員のストレスや疲労を最小限にするための対策が取られることを確保することを求めている。本書の第4部では、韓国における専担裁判部制度が紹介されており、専門の裁判官に対する研修が年に1回開かれ、また、全国の専担裁判部の裁判長が集まったセミナーや討論会が年1回実施されていることが紹介されている。専門の裁判所は、ブラジル、スペイン、ウルグアイ、ベネズエラ、イギリス、アメリカの相当数の州、南アフリカなどにおいても設置されている。

日本においても公正な裁判を実現するためには、性暴力を取り扱う専門の裁判部を設けることが有益であり、被害者の保護にも資する。

また、裁判官が性暴力に関する専門的な知見を身に着けるため、裁判官教育も実施されなければならない。アメリカでは、全米女性機構（NOW）が運営する「NOW法的弁護と教育基金」により、1980年に「裁判における男女平等推進のための全米司法教育プログラム」が設立され、「性暴力を理解するために：他人あるいは知人による強姦と性的虐待の訴えに対する裁判所の対応」と題するカリキュラムを組み、DVDを使用するなどして裁判官に対する研修を実施している。

レイプ・シールド法の導入
2013年7月、鹿児島地裁で行われた準強姦の強制起訴事件において、裁判長が被害者（当時未成年）の女性に対して性体験に関する質問を行い、検察官役の指定弁護人から異議が出ると、質問を求める理由について、判決に向けて被害者の「人となり」を知るために必要であると釈明したという事態が起きている。

本来、被害者の過去の性的経験は、当該具体的な性行為についての「同意」や被害者の供述の信用性とは何らの関連性もない。また、被害者の過去の性経

終章　改革の提言

験についての証拠に証拠能力を認めることは、不必要に被害者のプライバシーを侵害するばかりか、被害者の性行や行状を裁くことになりかねず、被害者の供述の信用性をおとしめる方向でそれが使用され、裁判官や裁判員に対して被害者に対する偏見を抱かせ、事実判断を誤らせる危険性がある。そのため、諸外国では、レイプ・シールド法として、過去の性経験に関する証拠を制限する考え方が導入されており、国連の立法ハンドブックもその導入を勧告している。

　日本においても、裁判の対象となっている犯罪事実とは無関係の被害者の性的経験を証拠として提出することを制限することが運用上確立されるべきであり、さらには、アメリカなどで制度化されているレイプ・シールド法の導入を検討する必要があろう。

③ 改革立法の必要性

日本の性刑法規定の特徴　日本の性暴力に関する刑法の規定は、包括的であり、条文も少ないという特徴を持つ。包括的であるため、裁判所の裁量によるところが大きい。

　欧米諸国では改革前には被害者女性が必死になって抵抗したが、暴力に屈したということが、強姦罪の成立要件とされていた。いわゆる抵抗要件である。日本の刑法では、強姦罪の規定には抵抗要件は明記されてはいない。しかしながら、判例および通説では、暴行・脅迫について、反抗を著しく困難にする程度の暴行・脅迫が必要であると解されており、実際には多くの事例で抵抗要件を織り込んだ法の解釈・運用が行われている。すなわち、法の運用と証拠に基づく立証では、どの程度真剣な抵抗が行われたかが、犯罪認定の分水嶺となっている。強く抵抗しなかった女性は、貞操観念の低い、身持ちの悪い女として非難される。さらには、被害者女性が挑発したのではないかとか、誘ったのではないかといった非難が加えられることも少なくない。深刻な被害を受けた者が非難の対象となるというのは、性暴力に特有な現象である。また、立証においては同意の有無がしばしば争われており、抵抗しなかったことは黙示の同意を与えていた、といわんばかりの認定がなされることもまれではない。被害者が社会的に非難されるという状況の中で、被害者が被害届や告訴をためらい、多くの事件は表に出ずに、暗数化していく。

また、日本の強姦罪の規定は、「女子」とだけ、規定しており、妻を除いてはいない。したがって、かつての欧米の性刑法とは異なり、妻への強姦罪も成立しうる。しかし、法の解釈・運用では、夫婦関係が破たんしている場合にしか、強姦罪の成立を認めていない。妻の性交応諾義務を前提にした法の運用が行われている。

<u>ガラパゴス化した日本の性刑法規定</u>　被害者である女性に抵抗することを求め、また、妻に対する強姦罪の成立を否定するといった法の運用およびそれを支える社会の意識は、家父長制、男系中心のイデオロギーと深く結びついている。強姦罪を強制わいせつ罪と区別して、特別に重い類型としていることもこの根っこから出ている。強姦罪を他の性的侵害とは区別して重い処罰を規定していることは、決して女性の利益、権利を重視しているからではない。むしろ、それを通じて、家父長主義、男系中心の世襲制のイデオロギーとジェンダー差別を再生産しているのである。

諸外国では、この40年来、性刑法の改革が推進されており、ジェンダー差別を克服し、性犯罪の被害者女性の地位と権利を向上させる多方向での取り組みが行われてきている。わが国でも、刑事手続における被害者保護の施策が進んできており、性犯罪の被害を受けた女性の地位と権利を引き上げていることは事実である。また、被害者支援のさまざまな施策が女性の「保護」に寄与してきているのも事実である。しかしながら、刑法の性犯罪規定という核心部分での法改正には至っていない。諸外国の性刑法の改革の進展をみると、わが国は鎖国状態——ガラパゴスの状態——と言っても過言ではない。そうした状況を克服するため、法の運用面での改革が必要であるが、それだけでは対応が困難な問題も少なくないのであり、立法そのものの改革が必要となっている。

④ 立法改革の課題

<u>性中立化と基本類型</u>　日本でも強姦罪規定はもっぱら女性を被害者としており、しかも女性の膣に対する男性の性器の挿入のみを犯罪化している。われわれは、これをあらためて、性中立的な規定に変えることを提言し、それと不可分のものとして性的挿入罪と性的接触罪の二元的

終章　改革の提言

な体系を取り入れること、言い換えれば、強姦罪と強制わいせつ罪の二元的構造の廃止を提唱する。

性的挿入罪は、女性の膣に対する挿入だけではなく、男・女の関係なく、肛門および口に対する挿入も含むものとする。伝統的な意味での「強姦」は、性的挿入罪に包摂される。この「強姦」という用語を残すかどうかは検討課題である。旧来の観念を断ち切るには、「強姦罪」という言葉を法律から除去することが望ましい。かりに、伝統的な意味での「強姦」として残す場合には、それを他の性暴力犯罪とは明確に区別される特別な加重類型とする扱いをしてはならない。それは、あくまでも性的接触罪とは異なり、重い犯罪である性的挿入罪の行為類型の1つとして位置づけるべきである。

性的挿入罪は、被害者・加害者ともに男女を問わないとする。男性を被害者とする性的挿入は、日本の場合、あくまで強制わいせつ罪でしかなかった。事案が少ないとはいえ、その被害は深刻であり、これを性的挿入罪に包摂する。女性を被害者とする性的挿入も、現行法では強姦以外はすべて、強制わいせつ罪として扱われている。しかし、それらを性的挿入罪に包摂する。挿入するものも、性器だけではなく、手・足の指、舌などを含むものとする。さらに、器具や物の挿入も含むものとする。

性的接触罪においても、被害者・加害者ともに男女を問わない。性的接触罪は、被害者の意思に反して身体の性的に敏感な部分に対する接触を意味する。性的に敏感な部分には、性器、乳首・乳房だけではなく、肛門、唇、太ももなどが含まれる。

不同意の立証と行為類型の客観化

上述したように、日本の性刑法では、いわゆる抵抗要件は構成要件に取り込んでいない。しかし、強い抵抗が行われていたにもかかわらず、これを排除して性器を結合させている場合、強姦罪の立証は比較的容易である。その場合、同意がなかったという認定は困難ではない。しかし、専門家は、抵抗それ自体はそれほど激しくはないが、抵抗できなかった場合が少なくないことを指摘している。抵抗すれば、殺害されるかもしれないという恐怖心から、抵抗しなかったのかもしれない。また、予想もしていなかった急襲であるために、混乱してしまい、

終章　改革の提言

強く抵抗できなかった場合も十分にありうる。また、相手が社会的に優位にあり、その権威を利用して性的加害に及んだため、拒否できない場合もある。事後の被害者の行動も、同意の決め手にすべきではない。混乱してしまい、あるいは加害者の更なる加害を恐れて、加害者に迎合的な態度をとることも十分にありうる。強い抵抗がなかったとしても、同意があったと安易に認定をすることはゆるされない。

被害者の不同意を立証することにともなう困難を避けるには、性的挿入罪および性的接触罪の双方について、構成要件そのものの客観化を推し進めることが妥当である。具体的には、凶器を用意して脅迫もしくは暴行している場合、加害者が権威ある立場であり、被害者はこれを拒否できない場合などが考えられる。権威ある立場は、家庭内でも考えることができるが、家庭外で、学校の教師と生徒の関係、刑事拘禁施設での看守等と被拘禁者との関係、精神医療を含む医療・入院の場での医師と患者・クライエントの関係などでも肯定できよう。こうした関係を構成要件に定めておくことが考えられる。そのうえで、被害者の同意があったという反証を被告人側に行わせることが妥当であろう。

年少者の性の保護

わが国の場合、13歳未満であれば同意があったとしても、刑法では強姦罪や強制わいせつ罪が成立する。13歳以上の未成年の性に対して、一般的な保護は行われていない。児童福祉法、風俗営業適正化法、児童買春・児童ポルノ処罰法、出会いサイト規制法、青少年育成条例などが部分的にカバーするにとどまる。学校での教師と生徒の関係や家庭内での性的虐待等について、直接の処罰規定は存在しない。特別法の年少者に対する性的加害の諸規定を整理し、刑法又は1つの特別法に組み込んだ立法を行うことが、検討に値する。刑法典に多数の条文を追加することは、日本の法文化にそぐわないかもしれない。したがって、特別法のなかに盛り込む方が妥当かもしれない。13歳以上の者に対する性的加害は、年齢層に応じた構成要件と法定刑の設定が考えられるべきであろう。

手続法・証拠法の改革

この分野でも一連の立法上の改革の課題を挙げることができる。1つは、性犯罪の被害者の陳述録画制度の導入である。これは、被害を受けた後、できるだけ早い段階で、被

終章　改革の提言

害者に司法面接を行い、その陳述を録画し、それに証拠能力を付与することで、繰り返し事情聴取され、陳述させられることを回避しようとするものである。これによって被害者の負担を軽減し、記憶が混乱していくことを避けるという効果が期待できる。これは、性犯罪の被害直後の医療的、心理的サポートなども含むワンストップ・センターでの総合的な支援制度という枠組みのもとで、具体化していくのが望ましい。陳述録画制度の導入は、刑事訴訟法などの改正が必要となり、被告人の防御権との調整が必要である。

　レイプ・シールド法は、アメリカで普及している制度である。被告人は、性的犯罪の被害者の供述の信用性を減殺、否定することを目的として、法廷で被害者に対して過去の性的経験を尋問でしつこく聞き出し、暴こうとする。それは、被害者に対して不必要な苦痛を与え、被害者に非難の矛先を向けさせる効果を持つ。

　アメリカでは、こうした被害者の性的経験に関する証拠の利用を禁止したり、制限をしたりする立法が導入されている。とくに法廷での尋問を制限することで、被害者の保護を図ろうとする。これが、レイプ・シールド法である。アメリカで広く普及しているが、被告人の防御権との調整という観点から、一定の範囲で例外も認めており、州によって規定は異なる。イギリスでは、レイプ・シールド法が導入されたが、公平な裁判を受ける権利を保障したヨーロッパ人権条約を考慮して、歯止めがかけられている。ドイツでは、一般的な質問制限の規定によって、不当な尋問の抑制が図られている。

　日本では、侮辱的な尋問の禁止が規則で禁止されており（刑事訴訟法規則199条の13第2項第1号）、さらに証人尋問では関連性を明示した尋問が求められている（刑事訴訟法規則119条の14）。これらにもとづく尋問の規制はある程度可能であるが、性的経験の尋問に特化した規定ではない。被告人の防御権との調整を視野に入れつつ、レイプ・シールド法の導入に向けた検討をすることが求められている。わが国では被害女性が性風俗で働いていることが法廷で詳細に明らかにされ、裁判官の偏見を助長し、事実認定に対して過大な影響を与えている。レイプ・シーシールドの規定が導入されることで、そうした弊害を少なくすることができるようになろう。

終章　改革の提言

親告罪の廃止

日本の刑法では、性暴力犯罪の基本類型である強制わいせつ罪（176条）、強姦罪（177条）および準強制わいせつ・準強姦罪（178条）とこれらの犯罪の未遂罪は、親告罪である。親告罪では、告訴がなければ、検察官は起訴できない。なお、集団強姦罪（178条の2）や強制わいせつ等致死傷（181条）については、非親告罪である。

　強制わいせつ罪、強姦罪が親告罪とされているのは、刑事訴追が被害者のプライバシーを侵害し、被害者の利益をさらに害するといった二次被害を生じる可能性があるからとされている。告訴ができる期間は、かつては犯人を知った日から6か月以内であるとされたが、現在はそのような期間の限定はなくなった。現在、強制わいせつ罪および強姦罪を非親告罪とするべきかどうかが、問題となっている。被害者が非難され、屈辱感を深めるという風土の中で、被害者は告訴を断念する場合が少なくない。親告罪であることが、事件がうやむやにされる一因となっている。また、被害者に告訴の有無の決定を委ねられていることが、被害者にとっての精神的負担になっているという現状がある。非親告罪とすることで、公訴提起が促進されることが予想される。

　その場合、被害者の意思に反して、刑事訴追が行われるのではないか、との疑問があるかもしれない。しかし、被害者の協力なくして捜査は困難であるため、被害者の意思を無視した刑事訴追が行われる事態は考えにくい。結論として、強制わいせつ罪、強姦罪も非親告罪とするべきであろう。

まとめ

法の運用および立法において、これらの一連の改革を推進するには、国民および司法関係者を中心とした人々のジェンダー・バイアス、強姦神話などの性差別的な意識を払拭することが不可欠である。性刑法の改革は「ジェンダー主流化」の重要な領域であることを確認することが重要であることはいうまでもない。

あとがき

　本書は大阪弁護士会「性暴力被害検討プロジェクトチーム」が編集し出版している。このプロジェクトチームは 2010 年 4 月、大阪弁護士会の人権擁護委員会内に設置されており、大阪弁護士会の人権擁護委員会、子どもの権利委員会、犯罪被害者支援委員会、刑事弁護委員会、刑事法制委員会から推薦され、選任された委員により構成されている。

　当プロジェクトチームの目的は、2009 年 11 月 27 日の近畿弁護士会連合会の「性暴力犯罪についての関係法規の見直しと被害者支援の制度確立等を求める決議」に基づき、性暴力犯罪の関係法規の見直しや被害者支援の制度確立等に関して、深い調査研究を行うことであった。

　手始めに、2011 年 4 月に韓国の調査を行った。韓国は 2011 年には性犯罪特例法を制定するなど、性暴力犯罪に関して先進的な取り組みを行っている。われわれはソウルを訪問して、ワンストップ・センターなどの現地調査を行い、その成果を『韓国性暴力調査報告書』にまとめ、2011 年秋には被害者供述に関する「陳述録画制度」をテーマとするシンポジウムを開催した。

　続いて 2012 年には、2009 年の最高裁強制わいせつ事件無罪判決以後、無罪判決が続く傾向にあることに疑問を抱き、近年の無罪判決を収集・分析する作業を行い、「性犯罪の無罪判決を検証する」と題するシンポジウムを開催した。無罪判決の分析結果は、本書にて詳細に紹介したように、まさにわが国の性暴力を取り巻く刑事司法の問題点を浮き彫りにするものであった。

　プロジェクトチームが行った無罪判決の分析により、性暴力に関するわが国の刑事司法の改革が喫緊の課題であることを改めて認識した。そこで、今後の改革に向けた議論を起こし、活性化するため、シンポジウムの成果をはじめとした議論の素材を提供したいと考え、本書の出版を企画した。2013 年には、判例の分析に加えて、アメリカ、ドイツ、フランス、イギリス、韓国の性刑法改革に関して、研究者に報告を依頼し、討論をする機会を得た。出版にあたり、これらの研究者の皆様からも、論稿を提供いただいた。

　先進的な諸外国の法制度を参考にしながら、日本の遅れた刑事司法の現状を

あとがき

　国際的な人権に水準に引き上げるため、現状を憂いている方々とともに具体的な方策を探求していきたい。

　最後に、ご多忙な中、ご講義をいただき、熱心に議論に参加いただくなど、多大な助言と協力をいただいた後藤弘子さん、井上摩耶子さん、髙瀬泉さん、平山真理さん、島岡まなさん、高山佳奈子さん、川本哲郎さん、崔鍾植さんにこの場を借りて深く感謝を申し上げる。

　本出版の編集はプロジェクトチームの斉藤豊治、雪田樹理が行い、執筆・議論には宮地光子、島尾恵理、養父知美、太平信恵、髙坂明奈、野澤佳弘、新倉明、中井真雄、笠原麻央、弘川欣絵、三輪晃義、角崎恭子、斉藤豊治、雪田樹理が参加した。

　　　　大阪弁護士会人権擁護委員会　性暴力被害検討プロジェクトチーム
　　　　　　　　　　　　　　　　　　　　　　　　　　座長　雪田樹理

―― 執筆者紹介（執筆順）――

雪田樹理（ゆきた じゅり）	弁護士
斉藤豊治（さいとう とよじ）	弁護士、甲南大学名誉教授
宮地光子（みやち みつこ）	弁護士
島尾恵理（しまお えり）	弁護士
太平信恵（たいへい のぶえ）	弁護士
野澤佳弘（のざわ よしひろ）	弁護士
髙坂明奈（こうさか あきな）	弁護士
養父知美（ようふ ともみ）	弁護士
後藤弘子（ごとう ひろこ）	千葉大学法科大学院教授
井上摩耶子（いのうえ まやこ）	ウィメンズカウンセリング京都・代表
髙瀬　泉（たかせ いずみ）	山口大学大学院医学系研究科准教授
平山真理（ひらやま まり）	白鷗大学法学部准教授
島岡まな（しまおか まな）	大阪大学大学院高等司法研究科教授
高山佳奈子（たかやま かなこ）	京都大学大学院法学研究科教授
川本哲郎（かわもと てつろう）	同志社大学法学部法学研究科教授
崔　鍾植（ちぇ じょんしく）	関西大学法学部講師

編　集

大阪弁護士会人権擁護委員会
性暴力被害検討プロジェクトチーム

性暴力と刑事司法

2014年(平成26年) 2月28日　第1版第1刷発行
8637-3 P288 ￥2900E

編　集　大阪弁護士会人権擁護委員会
　　　　性暴力被害検討プロジェクトチーム
発行者　　今井　貴　稲葉文子
発行所　　株式会社　信　山　社
　　　　　　　　総合監理／編集第2部
〒113-0033　東京都文京区本郷 6-2-9-102
　　Tel 03-3818-1019　Fax 03-3818-0344
　　henshu@shinzansha.co.jp
笠間才木支店　〒309-1611 茨城県笠間市笠間 515-3
　　Tel 0296-71-9081　Fax 0296-71-9082
笠間来栖支店　〒309-1625 茨城県笠間市来栖 2345-1
　　Tel 0296-71-0215　Fax 0296-72-5410
出版契約 No.2014-8637-3-01011　Printed in Japan

Ⓒ大阪弁護士会, 2014　印刷・製本／ワイズ書籍・渋谷文泉閣
ISBN978-4-7972-8637-3 C3332

JCOPY 《社》出版者著作権管理機構 委託出版物》
本書の無断複写は著作権法上での例外を除き禁じられています。複写される場合は、
そのつど事前に、(社)出版者著作権管理機構(電話 03-3513-6969、FAX 03-3513-6979、
e-mail: info@jcopy.or.jp)の許諾を得てください。

危機をのりこえる女たち
DV法10年、支援の新地平へ
戒能民江 編著

市民社会向けハンドブック
国連人権プログラムを活用する
国連人権高等弁務官事務所 著
特定非営利活動法人 ヒューマンライツ・ナウ 編訳
阿部浩己 監訳

女性に対する暴力に関する立法ハンドブック
国連 経済社会局 女性の地位向上部 著
特定非営利活動法人 ヒューマンライツ・ナウ 編訳

女性差別撤廃条約と私たち
林陽子 編著
弁護士（アテナ法律事務所）・女子差別撤廃委員会（国連条約機関）委員

信山社
SHINZANSHA

クラウス・ロクシン 著 **ロクシン刑法総論**
監修 平野龍一／監訳 町野朔・吉田宣之
第1巻（第3版）翻訳第1分冊

監訳 山中敬一
第1巻（第4版）翻訳第2分冊
第2巻 翻訳全2分冊〔最新刊〕

ハンス=ユルゲン・ケルナー 著
小川浩三 訳
ドイツにおける刑事訴訟と制裁
成年および少年刑事法の現状分析と改革構想

クラウス・シュテルン 著
ドイツ憲法 I
総論・統治編
赤坂正浩・片山智彦・川又伸彦・小山剛・高田篤 編訳
鵜澤剛・大石和彦・神橋一彦・駒林良則・須賀博志・
玉蟲由樹・丸山敦裕・亘理興一 訳

ドイツ憲法 II
基本権編
井上典之・鈴木秀美・宮地基・棟居快行 編訳
伊藤嘉規・浮田徹・岡田俊幸・小山剛・杉原周治・
西土彰一郎・春名麻季・門田孝・山崎栄一・渡邉みのぶ 訳

信山社

医事法六法
甲斐克則 編
学習・実務に必備の最新薄型医療関連法令集

◆**医事法講座**〔甲斐克則 編〕◆

- 第1巻 ポストゲノム社会と医事法
- 第2巻 インフォームド・コンセントと医事法
- 第3巻 医療事故と医事法
- 第4巻 終末期医療と医事法
- 第5巻 生殖補助と医事法 (近刊)

ブリッジブック医事法　甲斐克則 編

実践医療法　山口 悟 著

医事法講義(新編第2版)　前田和彦 著

刑事医療過誤III　飯田英男 著

信山社

講座　国際人権法 1　国際人権法学会15周年記念
◆**国際人権法と憲法**
　編集代表　芹田健太郎・棟居快行・薬師寺公夫・坂元茂樹

講座　国際人権法 2　国際人権法学会15周年記念
◆**国際人権規範の形成と展開**
　編集代表　芹田健太郎・棟居快行・薬師寺公夫・坂元茂樹

講座　国際人権法 3　国際人権法学会20周年記念
◆**国際人権法の国内的実施**
　編集代表　芹田健太郎・戸波江二・棟居快行・薬師寺公夫・坂元茂樹

講座　国際人権法 4　国際人権法学会20周年記念
◆**国際人権法の国際的実施**
　編集代表　芹田健太郎・戸波江二・棟居快行・薬師寺公夫・坂元茂樹

国際人権法
―国際基準のダイナミズムと国内法との協調―
申　惠丰　著

──── 信山社 ────

◆刑事訴訟法基本判例解説◆
渥美東洋・椎橋隆幸 編集

刑事訴訟法に関する判例理論を分析し、判例の問題点を提示する。203件の重要判例を199項目に分け、1項目ごとに見開きで解説。各項目ごとに設けられた「争点」により、裁判例を読む際の着眼点も学び取ることができる。

◆ヨーロッパ人権裁判所の判例
戸波江二・北村泰三・建石真公子・小畑郁・江島晶子 編集代表

◆ドイツの憲法判例〔第2版〕
ドイツ憲法判例研究会 編　栗城壽夫・戸波江二・根森健 編集代表

◆ドイツの憲法判例Ⅱ〔第2版〕
ドイツ憲法判例研究会 編　栗城壽夫・戸波江二・石村修 編集代表

◆ドイツの憲法判例Ⅲ
ドイツ憲法判例研究会 編　栗城壽夫・戸波江二・嶋崎健太郎 編集代表

◆フランスの憲法判例
フランス憲法判例研究会 編　辻村みよ子 編集代表

◆フランスの憲法判例Ⅱ　〈2013年最新刊〉
フランス憲法判例研究会 編　辻村みよ子 編集代表

―― 信山社 ――